U0147590

左宗棠

在西北的那些事儿

陈明福 著

青岛出版集团 | 青岛出版社

图书在版编目(CIP)数据

左宗棠在西北的那些事儿 / 陈明福著. — 青岛：
青岛出版社, 2023.9

ISBN 978-7-5736-0501-6

Ⅰ.①左… Ⅱ.①陈… Ⅲ.①左宗棠(1812—1885)
—生平事迹 Ⅳ.①K827=52

中国版本图书馆CIP数据核字(2022)第184747号

ZUO ZONGTANG ZAI XIBEI DE NAXIE SHIER

书　名	左宗棠在西北的那些事儿
著　者	陈明福
出版发行	青岛出版社
社　址	青岛市崂山区海尔路182号(266061)
本社网址	http://www.qdpub.com
策　划	张　潇　李忠效
责任编辑	李康康
特约编辑	吴清波
封面设计	李开洋
照　排	青岛新华出版照排有限公司
印　刷	青岛新华印刷有限公司
出版日期	2023年9月第1版　2023年9月第2次印刷
开　本	16开(710mm×1000mm)
印　张	25.5
字　数	330千
书　号	ISBN 978-7-5736-0501-6
定　价	79.00元

编校印装质量、盗版监督服务电话：4006532017　0532-68068050

序一

我写此书的缘起

实话实说,我写这样一本书,包括写这个序言,都是被朋友"绑架"的结果。当然,我也是很配合的,其原因是,朋友出于友情,皆为我好。

1963年,我毕业于大连海军指挥学校(现海军大连舰艇学院),曾是驱逐舰上的鱼水雷部门长,说是科班出身的军事干部也无愧色。后来,驱逐舰支队政治部的领导认为我的文笔不错,就把我调去机关当干事了。再后来,我又被调去大连海军政治学院当政治教员,并成为1988年6月全军首次评出的四名军队政治工作教授之一。因爱好文学,退休之前,我曾经利用业余时间写过一些纪实文学作品,如《"重庆"舰举义纪实》《"中山"舰沉浮纪实》等。2000年退休之后,我才有大块的时间来圆自己的"文学梦",出版了《晚清名将左宗棠全传》《沧桑旅顺口》《苏东坡大传》等几十部作品。

《晚清名将左宗棠全传》出版后,荣获第四届中国传记文学优秀作品奖,后多次重印,在社会上产生了一定的影响。但是,这部书有一百多万字,分上下两册,读一遍要花很长时间,这就为读者了解左宗棠增加了难度。

　　左宗棠是晚清名臣,有人将他与曾国藩、李鸿章相提并论,但我个人觉得,左宗棠对中华民族的贡献,远在他们二人之上。特别是在收复新疆方面的伟大功绩,无人能与左宗棠比肩。

　　海军作家李忠效,是我相交四十多年的老朋友。在认真阅读《晚清名将左宗棠全传》之后,他给我出了一个主意:把左宗棠收复新疆的故事单独拎出来出一本书,就叫《左宗棠在西北的那些事儿》,让更多的读者了解新疆的那段历史。我觉得这个主意很好。与左宗棠收复新疆有关的故事挑出来,整理过后,先后在人民日报社山东分社微信公众号"东岳客"、人民日报客户端和"金羽毛文苑"公众号上连载,社会反响还不错。后来青岛出版社决定要出纸质书,我又根据出版社的意见对内容做了一些修改。

　　我说被朋友"绑架",主要是说,此书从"出题"到"出书",整个过程都不是我自主进行的,算是朋友的一种友好的"绑架"吧。

　　我原来的序言比较长,有六七千字,主要是介绍我写《晚清名将左宗棠全传》的缘起,同时评价了左宗棠的一生。然而,编辑和我的朋友都认为,那个序言可以作为文章单独发表,不适合作为此书的序。于是我从善如流,重新作序。

　　前面说了编写此书的"缘起",下面再说说晚清名臣。说起晚清时期的名臣,人们熟悉的莫过于曾国藩、左宗棠、李鸿章三位。那么,左宗棠与曾国藩、李鸿章有哪些不同呢?

先说曾国藩。

左宗棠和曾国藩都是湖南人,曾国藩出生于1811年,比左宗棠大一岁。曾国藩的仕途要比左宗棠顺得多,他于1838年(二十七岁)中进士,入翰林院,为军机大臣穆彰阿的门生,累迁内阁学士、礼部侍郎,署兵、工、刑、吏部侍郎。而左宗棠却三次应试落第,后来干脆不考了,在家乡做起了"湘上农人"和书院山长(院长),直到四十岁才应邀出山给湖南巡抚当幕僚。有人评价曾国藩是"布道之人,办事之人",评价左宗棠是"办事之人"——左宗棠比曾国藩少了一个"布道之人"。

为什么说曾国藩是"布道之人"? 因为曾国藩爱写日记和家信。曾国藩死后,有人整理他留下的文字,编辑出版了《曾国藩家书》等,流传很广,于是给人留下了曾国藩是"布道之人"的印象。至于说曾国藩是"办事之人",真是有点儿勉强。查查曾国藩的经历就会发现,他确是办过一些事的。比如,为了镇压太平军,他奉朝廷之命组建了团练、湘军。可他就没打过一次像样的胜仗,甚至可以说是屡战屡败。他还喜欢"表演自杀"。在靖港之战和鄱阳湖口之战两次惨败以后,曾国藩都"自杀"过,都被人救了下来。当然,最后攻陷太平军老巢天京(南京)的是湘军,但那是他弟弟曾国荃干的,基本没有曾国藩什么事儿。之后清剿捻军,湘军也没有什么成果,还是李鸿章的淮军替代湘军,灭了捻军。1872年,曾国藩去世,时年六十一岁。到了民国初期,青年时代的蒋中正非常推崇曾国藩,明确表示要师承曾国藩,要求国民党军队中的将领必须"认清历史,效法曾胡(林翼)"。最近几十年,出版界争相出版推崇曾国藩的书籍,几乎将其推到了"圣人"的程度,实在令人不解。根据他的历史贡献，说他是"办事之人"，有点言过其实。但除了上述，他毕竟也办过一件大好事，即把老湘军的主力调遣给左宗棠指挥，使左宗棠收复新疆大业有了一支能征善战的主力军。正因为如此，左宗棠在给曾国藩写的挽联中对其评价甚高。

至于说左宗棠是"办事之人"，倒是符合实际。且不说他累胜太平军，平息陕甘"回乱"，也不说他创建福州船政，成了中国近代海军的"元勋"，单说他收复新疆一事，那他也算得上是响当当的"办事之人"。他是一位敢于担当、万难不惧、百折不回、鞠躬尽瘁办大事创宏业的人，他为收复新疆建立了盖世功勋，多高的赞誉都不为过。

再说李鸿章。

李鸿章出生于1823年，比左宗棠小11岁。李鸿章的仕途也比较顺畅。1847年，二十四岁的李鸿章高中进士，后来他和曾国藩关系密切，却与左宗棠成了死对头。

在我的眼里，李鸿章根本不能与左宗棠相提并论。

左宗棠是卫国，李鸿章是卖国。尽管李鸿章是替朝廷卖国，可很多时候，外国列强常指名要李鸿章去谈判签协议。为什么？李鸿章骨头不硬，好对付，且是出了名的崇洋媚外。这些都有历史事实依据的。

在收复新疆的问题上，李鸿章是持反对态度的。他认为："新疆旷地，收复不值，将来亦断不能守；宜停撤西征军，以匀作海防军饷。"左宗棠则认为"东则海防，西则塞防，两者并重"，坚持进军新疆。后来，在慈禧太后的支持下，左宗棠运筹帷幄，并携带棺材亲自出征，收复新疆失地。

李鸿章比曾国藩和左宗棠小十几岁,在曾国藩和左宗棠死后,他成为晚清洋务运动的主要领导人,北洋水师就是在他的主导下创建的。清廷购买外国战舰花了很多银子,结果在甲午年间的一次海战中,因为李鸿章主导实施的为保存实力而消极避战的错误战略,曾是"亚洲第一"的北洋水师龟缩在威海军港,最后全军覆没,这也加速了大清王朝的灭亡。

综上所述,曾国藩的贡献是帮助大清灭了太平天国,留下了《曾国藩家书》等一批"圣人"著作;李鸿章的"贡献"是参与剿灭太平军和捻军,代表清政府与外国签订了一大批卖国条约;左宗棠的贡献是参与剿灭太平军、捻军,平息西北回部起义,收回了新疆丢失的大部分土地(约占现有陆地国土的六分之一)。撇开大清不说,站在中华民族的历史角度评判三人对中华民族的贡献大小,高下立见。

曾国藩是一个被他自己用"布道"的光环包装起来的"圣人",而左宗棠是一个用"办事"能力把自己塑造成"中华脊梁"的古人,是中华民族的英雄,亦可称之为心怀天下、一身正气的圣贤。

如果用一句话分别概括曾国藩、李鸿章和左宗棠的历史地位,那么我能想到就是:曾国藩的《曾国藩家书》影响巨大;李鸿章签订的丧权辱国条约比谁都多;左宗棠不仅创建了中国近代海军,更为中华民族保住了约六分之一的陆地国土。

左宗棠收复新疆,是晚清历史扬眉吐气的一件大事,是晚清夕照图中光彩的一笔! 在当时国家内忧外患极为严重的形势下,倘若没有雄才大略的左宗棠这一进军新疆的壮举,不仅新疆会全境沦丧,而且陕、甘、宁和内蒙古也岌岌可危,我国西北边界线或许就将划在离京城不远的张家口一带。

正因为如此，王震同志曾经指着中国地图对部下说："可惜左宗棠只有一个，不然我们的领土面积比现在要大得多。"

一个人一辈子能做一件让人记住、让人崇敬的事，这个人就很了不起。

左宗棠就是这样的一个人。

本书的"附录"比较多，原因在于，仅写左宗棠在西北的故事，总觉得挂一漏万，就想以各种形式进行弥补，以便让读者从更多的方面了解左宗棠。本书还收入了由军旅作家李忠效根据我的《晚清名将左宗棠全传》执笔改编的电影文学剧本。剧本集中表现了左宗棠在收复新疆的过程中所经历的艰难险阻，是对本书纪实部分的一个重要补充，有兴趣的读者朋友不妨一读。

陈明福

2022 年 6 月 1 日

序二

　　2022年6月1日，陈明福先生在撰写此书序言的时候，绝对没有想到几个月后的变故——2022年8月6日，先生在大连傅家庄海域游泳时，突发疾病，踏浪西行，享年85周岁。作为他的昔日学生，也是这部作品的见证者，我有必要留下一段文字，忝作序二，权为先生的人生划一个句号。

　　先生是浙江宁波人，生于战乱年代，家境贫寒，12岁还没穿过棉衣，小学时曾辍学务农，砍柴谋生。中学寄宿时生活清苦，以盐当菜，在哥哥的资助下，艰难完成学业。1958年7月，考入大连海军指挥学校（现海军大连舰艇学院），从此将毕生心血献给人民海军事业。1963年底，被分配到北海舰队驱逐舰部队，先后从事舰艇军事工作和机关政治工作，崭露出众才华。1981年5月，调入现大连海军政治学院任教，从此教书育人、诲人不倦，桃李满天下。

　　课堂上，先生旁征博引、妙语连珠，古诗名句信手拈来，名人逸事脱口而出，深受学员欢迎，是学院的明星教员。先生曾先后三次荣立三等功，两次被评为全军优秀教员，两次被评为海军优秀教员,受到解放军原总参谋部和原总政治部的表彰,是全军教材编审委员会委员、全军学术成果评委。1988年6月,被评为全军首批4名军队政治工作教授之一。1989年,被授予专业技术大校军衔、专业技术四级。

课堂外,先生又是一位勤奋多产的作家,曾出版《"重庆"舰举义纪实》等9部纪实文学作品、《朱可夫兵法》等8部军事论著和科普作品、《军人违法犯罪与预防》等5部军队政治工作专著和论著、《杞忧集》等3部杂文集,共计25部作品,630多万字。

先生将人生分为三个阶段:30岁以前是人生起步阶段,30至60岁是奋搏创业阶段,60岁以后是人生自由阶段。2000年先生退休,而后"老夫聊发少年狂",立志"写出几部传世精品,丰富民族文化"。

退休前,先生有一个撰写"中华名舰系列"的计划,并出版《"重庆"舰举义纪实》和《"中山"舰沉浮纪实》。退休后,他又开始了第三部和第四部的采访和写作。他自费到全国各地寻访邓世昌的后裔,用4年时间,推出力作《海疆英魂》,第一次为民族英雄邓世昌立传,《人民日报》称赞此书"是一本宣传爱国主义的好书"。

古稀之年,先生以高度的历史责任感和充沛的激情,历时6年,历尽艰辛,踏遍关内塞外,叩访万里海疆,苦苦寻觅左宗棠踪迹。他查阅数千万字的史料,搜集大量趣闻轶事,终于出版120多万字的《晚清名将左宗棠全传》。作品气势恢弘,文笔流畅,叙事生动,成功塑造了左宗棠鲜明的人物性格,展现了这位民族英雄传奇的人生历程,填补了百余年来在左宗棠传记写作中的缺憾和不足,对有关左宗棠的种种争议力求给予客观公允的评价。该书荣获第四届中国传记文学优秀作品奖——这是五年一度的奖项，也是中国传记文学创作的最高奖。随后，先生再接再厉，先后出版《左宗棠传略》《湖南出了个左宗棠》和《卫国英雄左宗棠》等作品。

"一个旅顺口，半部中国近代史。"旅顺口是苦难旧中国的缩影。苏联作家曾出版一部长篇历史小说《旅顺口》，名噪一时。周恩来总理阅读后，对其美化沙俄侵略战争的写法十分不满。为了告慰周总理，也为了真实地反映旅顺口的屈辱历史，先生夜以继日，苦干一年，出版80万字的《沧桑旅顺口》(上、下册)。大连《半岛晨报》请先生节选《沧桑旅顺口》的部分内容，以每天一个整版的篇幅，连续刊登32天，被国内媒体广泛转载。《半岛晨报》一时洛阳纸贵，读者纷纷收为藏品。

先生阅读能力极强，博闻强记，过目成诵，学富五车，满腹经纶。他不顾年迈，又向新的目标挑战，立志写出一批大书，为中华民族的历史名人树碑立传。近60万字的《苏东坡大传》已于2020年出版，已经完稿的有70多万字的《旷世奇才柳宗元》、100万字的《司马光正传》、110万字的《司马迁与史记》、60万字的《唐太宗大传》。如今，先生仙游，这些作品恐难问世，实在痛惜！

先生自退休以来，劳顿奔波，踽踽独行，激情创作，拼搏不息，著书立说，达1200多万字，已出版15部，尚有11部待出版。加上他在职时出版的作品，先生共著述51部，达1800多万字，其中出版40部(加上本次出版的《左宗棠在西北的那些事儿》，共41部)，真正做到了著作等身。

先生不是天才，只是一位苦难修行者。他的才学和成就，不能证明他天赋高，只能证明他比别人付出了更多努力，经历了更多苦难。但他没有被苦难压倒，而是把苦难踩在脚下。他没有顾影自怜，而是忍辱负重，挺起胸膛，把目光投向天际，把世界揣在怀里。铁肩担道义，妙手著文章。先生的视野里，既有帝王将相、文豪大家，也有平民百姓、芸芸众生。先生的胸怀里，既有国域疆土、民族兴亡，也有愤世嫉俗、怜贫惜弱。

如今，斯人已逝，风范长存。我们怀念先生，敬仰他自强不息的进取，敬仰他夙兴夜寐的勤奋，敬仰他锲而不舍的执着，敬仰他心怀天下的担当。而这些，正是共和国一代知识分子的可贵品格，也正是我们这个时代所需要的精神脊梁。

我在大连海军政治学院求学时，先生是闻名遐迩的名师，我有幸聆听过他的课，从此结下不解之缘，密切交往30多年，情同父子。人的一生学无止境，师亦无数，虽说"一日为师，终身为父"，然真正敬若父母的老师毕竟少数，而数十年密切交往、念兹在兹、肝胆相照、亦师亦友的老师，更是寥若晨星，我很庆幸有这样一位恩师。

在先生八十华诞之际，我经过数年准备，为先生撰写了近40万字的传记《大器晚成》。此作虽动念于为先生祝寿，但撰写一部长篇传记，毕竟不像购买一份寿礼那么简单，需要付出大量的时间精力，需要具备足够的情感动力。著书立说大半辈子的先生深知这一点，因此，当我把书敬献给他时，他动情地说："有这一本书，我死可以瞑目了！"

先生仙逝后，其亲属经过商议，一致决定由我写悼词、致悼词。

他们说:"你比我们还了解他,最有资格写悼词,也最有资格致悼词。"这是对我的最大认可。致悼词时,我泪眼婆娑,几度哽咽。

《左宗棠在西北的那些事儿》是先生出版的最后一部作品。此书的顺利问世,是对先生最好的怀念和告慰。先生地下有知,必当含笑九泉。

徐锦庚

2022 年 12 月 20 日

(作者系人民日报社山东分社原社长,高级记者,中国作协会员,十三届、十四届全国人大代表,曾获第六届鲁迅文学奖、中宣部第十三"五个一工程奖"、中宣部第十六届"五个一工程奖"特别奖、第八届徐迟报告文学奖。)

目　录

一 羽书皇命急如星火,催左宗棠西行

1866年(同治五年)9月,左宗棠接到朝廷任命他为陕甘总督的谕令。此时的左宗棠正在闽浙总督的任上,热火朝天地筹建马尾造船厂和求是堂艺局(后来改名为船政学堂)。

朝廷派左宗棠去西北,给他的主要任务是围剿捻军,平息"回乱"。

马尾造船厂项目刚刚启动,很多事情需要交接,因此左宗棠向朝廷请求推迟三个月出发。

1863年,左宗棠出任闽浙总督。1865年12月,太平军战事平息,左宗棠开始考虑闽、浙两省的经济建设问题。福建靠海,发展船政事业成了左宗棠的一个重要奋斗目标。

1840年鸦片战争爆发,英国一支约四千人的军队就是从海上来的。他们跨洋过海打到中国的土地上,大清八十万军队打不过他们,最后只好和入侵者签订屈辱的城下之盟。主导虎门销烟的林则徐被连续降职,后被革职流放新疆伊犁。当时还是一介书生的左宗棠因此事深受刺激。他对历史和现状进行考察,认真研究对付英军作战的战守机宜,写出六篇军事策略:《料敌》《定策》《海屯》《器械》《用间》《善后》。这些军事方面的思考,为他日后统军作战打下了良好的基础,也为他日后与林则徐的交流做好了铺垫。

后来,流放伊犁的林则徐被朝廷重新起用,在其担任云贵总督期

叮嘱左宗棠"西北与新疆乃中华安定的屏障"的林则徐

间,左宗棠的好友胡林翼曾经推荐左宗棠到林则徐那里谋职,左宗棠因家中有事,未能成行。

1849年(道光二十九年)11月,林则徐乘船回乡养病。路过长沙,他特地派人邀请左宗棠到船上一叙。六十四岁的林则徐与三十七岁的左宗棠初次见面,两人一见如故,在湘江船上畅谈了一夜。最后,林则徐把自己收集的一些关于新疆的材料全部交给了左宗棠。当时,左宗棠只是一个教私塾的先生,并未参与任何朝廷事务,更与新疆毫无关系。林则徐竟将一些有关新疆的材料托付给左宗棠这样一个布衣书生,难道他预见到左宗棠未来会建功立业于新疆?

1852年(咸丰二年),太平军袭扰湖南。年已四十的左宗棠为保卫家乡,应邀出山,辅佐湖南巡抚抗击太平军。从此之后,左宗棠走南闯北,职务不断升迁。但不管走到哪里,他都一直随身携带着林则徐送给他的关于新疆的资料。

林则徐出生地:福州左营司林家支祠

如今,朝廷调任左宗棠为陕甘总督,左宗棠必须寻找一个合适的人选来替代他负责福州船政事务。经人推荐,他选中了一个叫沈葆桢的人,此人还是林则徐的外甥、女婿。左宗棠先是给沈葆桢写信,邀请其主持船政事务,沈葆桢以"丁忧"为由拒绝。左宗棠再次写信,沈葆桢再次婉拒。最后,左宗棠只好亲自登门拜访,可沈葆桢仍然不肯答应。沈葆桢说:"左大人亲自登门来请,沈某本当前去效力,只是我还未丁忧尽孝,实难应命。再说,官场我早已看破,不会再入其中。左大人在上,请恕沈某难以从命啦!"

第一次登门无果,左宗棠又第二次登门,可是左说右说,仍未能说服沈葆桢。

左宗棠曾三顾的沈葆桢故居

左宗棠突然想到一个办法：请将不如激将。

于是，左宗棠第三次登门。此时，沈葆桢已有些过意不去："左大人屈驾，竟然三顾寒舍，令幼丹诚惶诚恐。"

左宗棠再次耐心地向沈葆桢解释："总理船政究与服官不同，所履之地，并非公署，所用之人，亦非印委。无宴会之事，不以素服为嫌；公事交接，可用函牍往返，不以入公门为嫌。且在籍监造，不为夺情，久司船政，可侍养严亲，于忠孝之义究亦两全无害。若以事非金革勿避非宜，则此局所关，非徒一时一地之计，谓义同金革也可，谓更重于金革也亦可。"

接着，左宗棠把一个木匣双手递到沈葆桢面前。

沈葆桢以为左宗棠给他带来了什么礼物，连忙说："左大人，沈某是从来不收礼的，还望左大人海涵。"

左宗棠一本正经地说："沈大人误会了。这不是礼物，也不是我的东西。这些本就是你们家的东西，我只是完璧归赵。"

沈葆桢接过木匣打开一看，只见里面装了一些旧得发黄的书稿。

左宗棠说："这是令岳大人林文忠公被发配新疆时留下的墨宝。他是一个有心人，根据在新疆时的耳闻目睹，写下了这些札记。当年林公回福建路过长沙，特约我见面，把这些东西送给了我。我不知道他老人家此举何意。他强调西北国土之重要，要我为国操心。今番西北多事，圣旨下达，命我移督陕甘。怎奈马尾船局方在草创，我不能丢下不管，我只有回复圣上，实在是福州的事弃之不下。而今特将林大人的重托交还给他的晚辈，你们怎么处理，我左宗棠就不再干涉了。"

左宗棠的一席话，让沈葆桢听得目瞪口呆。沈葆桢深知左宗棠所言都是"激将"之词，却也不由得陷入沉思：圣上之命，谁敢不从？若左宗棠因船局之事而罔顾西北，届时圣上怪罪下来，左宗棠如何应对？

接任船政大臣的沈葆桢

船政监督日意格

岳丈大人生前为何将新疆之事相托于左宗棠？他怎么知道左宗棠会去西北任职？岳丈大人果能料事如神？

就在沈葆桢沉吟思索时，左宗棠已悄然离去。待沈葆桢回过神来，早不见左宗棠的身影。

左宗棠"三顾沈门"请沈葆桢出山主持福州船政，确有其事。同治五年(1866)九月廿三日，左宗棠在其奏折中说：

> 臣曾三次造庐商请，沈葆桢始终逊谢不遑。可否仰恳皇上天恩，俯念事关至要，局在垂成，温谕沈葆桢勉以大义，特命总理船政，由部颁发关防，凡事涉船政，由其专奏请旨，以防牵制。

在左宗棠的劝说与"激将"下，沈葆桢终于以国家利益为重，接手经办福州船政局。这也是为了继承舅父和岳父的夙愿和遗志。

在此期间，圣旨接二连三地传来。

第一道圣旨是御赐左宗棠为进士头衔，并授左宗棠钦差大臣。第二道圣旨是"六百里加急"送到的。

周围的人都屏声静气。左宗棠展开廷谕，上写："陕西捻情益急。西捻由许州西上，已绕过潼关、商州，越过秦岭，扑向华阴。陇州、分州之刘蓉军堵截不利，在华州被捻军击败，伤亡达七百余人。兹着左宗棠即赴陕甘，暂毋庸来京……"

左宗棠认识到，转战陕甘不比在东南的任何一次军事行动，这次行动的粮草、给饷的准备调运将起到决定性作用。他毅然决断，对大管家虞绍南说："绍南，你抓紧办几件事。第一，给胡雪岩去封急函，从上海速调五万斤火药至汉口；第二，复告江宁曾国藩，求他命刘松山部十七个营火速开赴潼关；第三，命陈湜在山西待机而动。"

自出山以来，左宗棠久经沙场，积累了丰富的作战经验。战场一铺开，他必须方方面面都要想到。所以，左宗棠一边统筹调集兵力，一边向朝廷提出要求。

左宗棠心里很明白，朝廷任命他为陕甘总督，就是让他来解决西北的捻、回和新疆问题的。而这些问题，历史原因复杂，再加上山高皇帝远，远非一朝一夕即可垂成。大军远征，当务之急就是需要保证军粮和军饷。所以他在12月5日的奏折中强调了两件事：一，兴屯以解决军粮；二，切实保证军饷。临到快要走了，台湾告急。台湾军备荒废多年，几无守备可言，在福州的最后几天，他还得抓紧做出部署。他没有时间东渡台湾海峡，只能对有关将领作郑重交代，宜未雨绸缪，以为东南奠此岩疆。

船政局建造的"扬威"号兵舰

船政局建造的"福星"号兵舰

　　12月9日,左宗棠将设厂造船各事料理完毕,进城向官员们和百姓辞行,准备西行。百姓听到此消息,都蜂拥而至,挤满了街道和衙署,摩肩擦踵,攀辕挽留。左宗棠向大家再三解释,可是人们不肯散去。回营次日,又有几十位代表跑来,挽留左宗棠再多住些日子。百姓和官绅的盛情难却,左宗棠只好将行期推迟至16日。左宗棠任闽浙总督四年半时间,一直忙于与太平军作战,于国计民生建树不多,如今受到福建人民如此爱戴,不由得动情地说:"吾何施而得斯于民哉?愧怍之余,不觉泪落。""吾方歉恨之不暇,乃闽人相与歌诵而挽留之,其益使余悲也。"

　　临行前,左宗棠应福建湖南会馆之请题写了匾额,又写了一副对联:

　　　　瓯浙越梅循,海国仍持使者节;
　　　　陇秦指疏勒,榕垣还作故乡看。

　　左宗棠和福建人民产生了深厚的感情,他把福州看作自己的第二故乡。大约二十年后,他又回到这个"故乡"来了。但他没有料到,也就是在这里,他走到了自己人生的终点。

二　左公西征，兵饷粮运艰难万状

在中国版图的西北部，有一片辽阔、富饶而神奇的地方，它是我国西北边疆的战略要区和安全屏障。它东接甘肃、青海，南与西藏相接，西南以喀喇昆仑山与克什米尔、巴基斯坦为邻，西以帕米尔高原与阿富汗为邻，西北与塔吉克斯坦、吉尔吉斯斯坦、哈萨克斯坦和俄罗斯接壤，东北与蒙古国毗连。它是中国陆地面积最大的省级行政区，约占我国陆地领土总面积的六分之一。

它，便是新疆。

中国文献上的"西域"，指中国的西部疆土，还包括中国西方疆界外有联系的地方，这些地区从远古时代起即与中国内地有着密切联系。汉、唐、元统一西域，为清朝的西部疆界奠定了历史基础。

沙俄蚕食、鲸吞中国西北的领土为时已久。从18世纪中叶开始，沙俄就向中亚进行领土扩张。1803年（嘉庆八年），沙俄侵略军侵入中国新疆西北部的斋桑泊地区，之后继续向东扩张其侵略势力，对中亚三汗国浩罕、布哈拉和基发进行征服战争，并力图把魔掌伸向新疆。

清朝政府害怕与列强打仗，只有割地求和。1864年（同治三年），清政府被迫与沙俄签订了《中俄勘分西北界约记》，沙俄割去了巴尔喀什湖以东、以南共四十四万平方千米的中国领土。此后，沙俄还并吞了浩罕汗国、布哈拉汗国和基发汗国。沙俄领土与中国西北边境接壤后，新疆岁无宁日。

曾纪泽曾在奏折中说，英、法将伊犁视为"中国镇守新疆一大炮台"。伊犁地区在经济上是富庶之区，是新疆西部的粮仓；在军事上是北疆的门户，易守难攻。沙俄对伊犁地区蠢蠢欲动。俄将库鲁巴特金曾说："向东延伸的伊犁地区，像一座坚固的堡垒，合并了这块地区，会给我们在防御上带来很多的利益，却给中国造成了很大的军事威胁。"1870年（同治九年），阿古柏的势力扩张到了乌鲁木齐等地。次年，沙俄乘虚而入，派兵侵占伊犁，宣布"伊犁永远归俄国管辖"。沙俄估计中国再也无力收回乌鲁木齐等城，所以用外交辞令掩盖其真实目的。沙俄驻华公使照会总理各国事务衙门，谎称其此举是为了安定边境秩序，"只以中国回乱未靖，代为收复，权宜派兵驻守，俟关内外肃清，乌鲁木齐、玛纳斯各城克复之后，即当交还"。沙俄一方面侵占伊犁，一方面还竭力拉拢阿古柏匪帮，企图使阿古柏变成其侵吞南疆的工具，进而形成南北夹击的态势，鲸吞整个新疆。

当时的清朝政府焦头烂额。太平军余部会合捻军侵入陕甘，回部起义阻塞了河西走廊。加之民族分裂主义者引狼入室，西北和新疆处于全面危急之中。

左宗棠总督西北事务后，向清廷提出了用兵程序，即"欲靖西陲，必先清腹地"。

慈禧太后久闻左宗棠之名，对其颇能打仗与忠心耿耿也印象深刻，寄予厚望。

同治七年（1868），清政府对左宗棠"赐紫禁城骑马"特恩。慈禧太后问他："西事何时可了？"左宗棠从容答道："剿抚兼施，一了百了，得五年工夫。"

慈禧太后觉得时间长了一些，但左宗棠是考虑了进兵、运粮、筹饷等许多困难因素。他说道："西事艰险，棘手事甚多，五年功成，已属幸事。臣不敢在太后面前虚言承诺，也不敢拖延时日。"

"那你就抓紧时间去办吧！"

正如左宗棠预计的那样，五年时间，腹地已清，河西走廊畅通。接下来，左宗棠便开始筹划收复新疆。

收复新疆直接关系到中国的领土完整、国家统一、国防巩固、长治久安，以及政治、军事、经济、外交等多方面的根本性利益，是一场反侵略的正义战争。

早在俄国侵占伊犁、新疆局势危急之时，左宗棠就提出"在理而亦在势"的主张，强调如果没有兵威和兵势，在理也等于无理。他还提出"整军乃可经武"，把组调一支能征善战的军队作为西征准备的重要课题。故他在组调西征军时，把精选能将放在首位。

左宗棠西征进军图

　　有一位清军将领名叫金顺,左宗棠很看好他,并以之帮办新疆军务。在左宗棠看来,金顺虽无独立担当大任之才,但有顾全大局、深知缓急之能。而刘锦棠更是左宗棠尤为青睐和重用的人物。1875年(光绪元年),左宗棠以自己年老体弱、精力不济为由,向清政府推荐刘锦棠,称其"英锐果敏,才气无双,近察其志虑忠纯"。后来,他让刘锦棠率领老湘军,"总理行营事务",以之作为中军,与金顺合力收复新疆。

　　西征军的兵锋首先指向侵略者阿古柏。清政府在谕令中明确规定,西征军的任务是"复疆圉而御外侮",也就是反对侵略、光复故土。"用兵所以卫民。"左宗棠如是说。西征军要把新疆人民从被侵略者蹂躏的苦难中解救出来,做好安置救济工作,帮助其恢复和发展生产,绝对不能扰民、困民、害民。何况,军赖民而存在,不能竭泽

阿古柏像

而渔。"若不图从新布置,稍纾民力,势必寸步难行。"左宗棠指出,在收复乌鲁木齐后,"兴屯政以为持久之谋,抚诸戎俾安其耕牧之旧"。

　　大军出征,粮饷先行。左宗棠深知这一道理,故而他在组建西征军时就特别重视筹饷,并把"可恃之兵,资以足用之饷"视为化弱为强的关键。

尽管如此，西征军筹饷仍然比左宗棠想象的要困难得多。西征军的军饷，是按协陕甘军费由各省关每年协饷八百二十余万两。当时朝廷银根紧俏，国库名义上拨下五百多万两，实际到位的只有二百多万两，中间有约四分之三的缺口。军营粮草极度紧张，将士们忍饥挨饿已属家常便饭。按说拖欠军饷本来是朝廷的事，与左宗棠无关，左宗棠并不负有直接责任，可他仍觉得内疚，其原因盖出于对士兵的体恤，"爱兵如子"。也正因为这样，将士们才甘愿吃苦，却无怨言。

1876年西征军整装待发之际，军饷问题依然没有解决。眼看局势难支，左宗棠只好上奏朝廷说："现在西师既不可撤，且须增出塞之师。筹塞外之粮运、屯垦经费日增于前，而各省关应协西饷且愈减于前。全陇瘠苦情形甲于天下，就地既无可筹，专盼各省厘金协济，而各省厘金大宗又均为洋防占尽。"他奏请朝廷，允照沈葆桢前筹办台防借款一千万两、年息八厘、分作十年筹还的办法，以济急需。此后，为了缓和以李鸿章为首的反对派的意见，左宗棠又主动提出将借洋款的数目由一千万两减到四百万两。慈禧太后阅完左宗棠的复奏非常满意，觉得应该接受左宗棠的最低请求。她发话道："左宗棠真心为朝廷着想，也不能太为难他！那四百万两也太少了吧？"

慈禧太后发话了，具体办事的大臣们谁敢不听？于是，借洋款的数目立即增加到了五百万两，又从户部库存里拨给二百万两，并命令各省将西征协饷提前拨付三百万两，终于凑足了一千万两饷银。

中国关于钱的俗语很多，比如"一文钱逼死英雄汉""有钱能使鬼推磨"等。前者是说没有钱，英雄无奈能被逼死；后者是说有了钱，鬼会听从使唤乖乖推磨。筹饷难题得以解决，而筹粮比筹饷还难，这就有点不可思议了。左宗棠说："粮、运两事，为西北用兵要着，事之利钝迟速机括，全系乎此。千钧之弩，必中其机会而后发，否则，失之疾与失之徐，亦无异也。"就是说，及时解决粮、运两事，是制胜的关键，其重要性非同一般。换句话说，关键时刻没有粮，或关键时刻不能及时运到，就会导致战争的全面失败。

按当时的规定，西征军步勇每人每日需粮一斤十两（按：旧时一斤为十六两），每月四十八斤，一个营有七百人左右，每日需粮一千一百三十七斤，全月为三万四千一百一十斤。马队一营二百五十骑，一骑需料五斤、草十二斤，兵勇、长夫两名，需粮九十六斤，全月需粮七万两千斤、料三万七千五百斤、草九万斤。整个西征军是一百二十一营计八万多人，每月仅食粮就要三百八十四万多斤，全年约需四千六百零八万多斤。若加上大批马骡的饲料，则需要粮数之大是可想而知的。如此大量的粮食，从何处筹办？这些粮食和武器装备又如何运送到前线？这些都是十分艰巨而又相当严峻的问题。左宗棠道：

> 惟秦、陇之事，筹饷难于筹兵，筹粮难于筹饷，而筹转运尤难于筹粮。

此处所言，反映出粮运比筹兵、筹饷更难。左宗棠筹划用于新疆的军粮，有几个来源：一是河西，二是口北，三是就地采买，四是在俄边境采买。

1875年3月，左宗棠说：在凉、甘、肃、安西订粮十九万石，尚有五万石未收，虽缺粮亦不能再加，否则，"贫户无粮出粜者买食维艰，青黄不接时无从设措",且"价愈增,则富者之欲未厌,而贫者之苦愈甚。揆之事理,实不可行。且新粮订买已多,民间搜括殆遍"。他还说:"今采买至十九万石,抵承平时全省一年额赋,犹疑其尚可加采!夺民食以饷军,民尽而军食将何从出乎?""要筹军食,必先筹民食,乃为不竭之源。"一句话:虽费九牛二虎之力筹到了钱,却买不足粮。因为当时的情况是:"兵燹之后,人物凋残,丝毫不能借资民力,与承平时迥异,无论孑遗之民尚须官赈、赈粮尚须官运也。"

筹钱难,筹粮更难,几千里转输难于筹粮,可谓难上加难。这其中的道理和原因,不用笔者喋喋不休,读者略微一想就知道了:近一百五十年前,西北方向有没有铁路?有没有公路或大道?筹粮地点很远、很分散,有什么"高招"?

由于左宗棠在粮运方面的正确政策和有效措施,西征军得以在甘肃的凉、甘、肃、安西等地采购了大批粮食。这些粮食,除了供应关内各军,其余由民、官、商用车、驴、骡、马和驼只经安西向关外转运。到1876年5月西征军大批出关时,巴里坤存粮六百余万斤,安西、哈密之粮运到古城的有四百余万斤,还有上千万斤的粮食存在仓库。

运输主要依靠人畜,极为艰难困苦。左宗棠善于调动运粮者的积极性。在运夫或其他人面前,左宗棠常说:"现在,运夫是老大,百姓是老二,我左宗棠是老三。"

这一"口封"传开后,运夫受到极大鼓舞,觉得自己的工作和地位至关重要,颇感自豪:"左大帅把我们捧为'老大',我们可不能不识抬举呀!"

有一天,运送粮草给养的运夫队伍走到一块萝卜地旁,其中一个运夫忍不住饥渴,到地里拔了一个萝卜,在身上擦了几下,便大口吃起来。刚巧被老农看到了,老农跑过来论理:"你怎么可以随便拔我的萝卜吃?"

"我们千里迢迢运送粮草,唇焦舌干,拔个萝卜解解渴,你吆喝什么?"

"你这个人好不讲理,我在这片干旱的沙漠边缘种点儿萝卜,下了多大的气力!我种下的萝卜是给你吃的吗?"

"不给我们吃,给谁吃?"运夫强词夺理,一个劲儿地与老农争吵,并不认错。

"左大帅带的兵和雇的运夫,都是不欺压百姓、不乱拿百姓东西的,你怎么敢违反军规。我找左大帅评理去!"老农也毫不示弱。

老农气愤之极,便拉着运夫来到左宗棠的大帐,向其告状。

左宗棠听完老农的诉说,笑道:"他是老大,你是老二。老二理应尊敬老大。现在老大因饥渴吃了老二一个萝卜,不是什么大事,不值得争吵。在我看来,老二种萝卜有功,老大吃萝卜合理。"

老农见左宗棠如此态度,十分惊愕。这时左宗棠又问老农:"你种萝卜全是自己吃的?"

老农说:"我自己留下一小部分,大部分是拿出去卖。"

左宗棠吩咐随从,从他的住房里拿出一串铜钱,交给农夫,说:"老二种萝卜,老大吃萝卜,我这个老三付萝卜钱,合情合理。这不是就解决了吗?够不够?"

"够了够了。还多拿了呢!没有这么值钱。"

"多了就不必退还了,算是奖赏给你荒漠种菜,还敢于较真。"大家都哈哈大笑起来。

这个故事广为传播。农夫受到保护,运夫们也都受到教育,此后都自觉地不随便拿百姓的东西。运夫们都表示:"我们不能违反纪律,每次让大帅亲自掏钱,多不好意思呀!"

历史学家在评述左宗棠西征过程中筹粮、运粮时,有"难以想象的困难""不可克服的困难"等说法。然而,雄才大略的左宗棠硬是克服了困难,创造了奇迹。

运货人翻越天山艰险的山路

三　制定"先北后南,缓进急战"战略方针

　　古今中外的军事家,为了"决胜于千里之外",极为重视运筹帷幄,精心谋划。正如诸葛亮所说:"用兵之道,先定其谋,然后乃施其事。"从某种意义上而言,战略上的漫长迂回,常常又是达到目的的捷径。左宗棠对军事战略有很深的造诣,自然深谙此道。

　　左宗棠在筹办西征的兵、饷、粮、运时,就积极筹商进军新疆事宜。

　　天山横亘东西,将新疆分为南、北两部,南部和北部各有八城。北八城广,南八城狭,地势上来看,是北高南低。位于天山北路西端的伊犁,如今被俄国侵占;去伊犁要经过的乌鲁木齐,如今被阿古柏侵占。不仅如此,阿古柏还侵占了天山南路的吐鲁番以西地区。面对这两个敌人,而且分在天山南、北两路,西征军先打谁呢? 从何处入手呢?

　　1873年3月,左宗棠在上总理衙门书中,明确提出要先北后南,首攻乌鲁木齐。他说:"就兵事而言,欲杜俄人狡谋,必先定回部,欲收伊犁,必先克乌鲁木齐。如果乌城克复,我武惟扬,兴屯政以为持久之谋……即不遽索伊犁,而已隐然不可犯矣。"

　　"先定回部"与"先克乌鲁木齐"这两着棋至关重要,是很有见地的战略方针。从选择打击敌人的方向来看,左宗棠是把抵制沙俄侵略与收复伊犁作为战略首要问题考虑的。他没有选择直接去收复伊犁而把兵锋首先指向俄国,而是决定先去讨伐阿古柏,首攻乌鲁木齐,先打

弱敌，再图进取。这样做，就避免了兵力分散，可以集中优势力量对敌人各个击破。

左宗棠认为，阿古柏虽然能以诈力制其众，又从印度购进西洋枪炮，势益猖獗，但他却不敢明面上与俄对抗，这充分说明了沙俄的强大。只有选择先打弱旅，才容易奏效，达到剪其羽翼、杜其狡谋的目的。另外，俄国曾有"俟关内外肃清，乌鲁木齐、玛纳斯各城克复之后，即当交还"之说，以之作为其拒不归还伊犁的搪塞之词。西征军首先收复乌鲁木齐，在政治上是对俄国借阿古柏盘踞乌鲁木齐而推诿归还伊犁的沉重打击，也是在为收复伊犁扫清障碍。

1875年（光绪元年）夏，左宗棠在兰州陕甘总督署内召集军事会议，商讨复疆战略与进军办法。会上，将领们经过认真研究，都赞同左宗棠制定的"先北后南，缓进急战"的战略方针与军事部署。

"先北后南，缓进急战"的战略方针是左宗棠经过深入研究新疆地舆及敌我形势之后而制定的，这一战略方针得到了朝廷的批准。

阿古柏侵占天山南、北两路，左宗棠不先走南路去收吐鲁番，而是先从北路首攻乌鲁木齐，是将它作为讨伐阿古柏的重要突破口。当时阿古柏的兵力约六万人，除了其长子伯克胡里率重兵驻守喀什噶尔外，派驻前沿阵地的兵力有四万五千多人。乌鲁木齐虽是阿古柏的一个重要防区，但阿古柏自己的人马不多。阿古柏侵占乌鲁木齐、兼并妥明后，"尽掠其遗资，搜括汉回民人金帛转输南路，实其窟穴，而驱其丁壮踞守乌垣，以为屏蔽"。白彦虎由陕甘逃来，"自知势力不敌安集延，思借为声援以自固，凡帕夏所欲，不敢违也"。这时，白彦虎"剃发易服，窃附于安集延。其纠死党与土回坚拒官军，自观成败，伺间脱走"，因此缺乏战斗力。

阿古柏的注意力当时主要放在达坂城、吐鲁番、托克逊一线。其在吐鲁番有步兵五千人，骑兵三千五百人，本地回族兵员一万人，各种型号的炮二十门，得力亲信艾克木汗在此驻守。达坂城地居天山南北要冲，阿古柏在这里加修城堡，除了原有配备枪炮的九百人，又增派骑兵五千人和大炮两门。托克逊是吐鲁番和达坂城的支撑点，有骑兵四千人，步兵两千人，后膛炮五门。阿古柏派次子海古拉驻守托克逊。

阿古柏的军队

这种形势，正合左宗棠根据探报所做的分析："南路贼势，守吐鲁番者拒哈密官军，守达坂城者拒乌垣官军，皆所以护托克逊坚巢也。而达坂、托克逊，尤悍贼麇聚之区，贼骑皆多至数千，守御甚固。"这说明，阿古柏在这些地区的兵力是南比北强。

与此相反，对西征军说来，北疆地广土沃，泉甘物阜。清军控制的古城、巴里坤是粮食储运和采购的基地。而且,在阿古柏侵占的乌鲁木齐地区,一直有徐学功等民团活动。徐学功虽一度站在阿古柏一边,但很快与妥明、马明等联合反抗阿古柏,是西征军的得力助手。南疆虽然有哈密可以作为前进的支运点,但由哈密到吐鲁番有一千三百余里,不仅路远难行、中间无屯驻大量军队的地方,而且反阿古柏的力量不如北疆那样活跃。因此西征军先由北路攻乌鲁木齐,比先由南路攻吐鲁番更为有利。

另外,乌鲁木齐既是北疆重镇,又可称为全疆的中心。西征军首攻乌鲁木齐,不仅比先攻吐鲁番容易得胜,而且北疆的胜利也会震慑南疆的敌军。

左宗棠说:"官军出塞,自宜先剿北路乌垣等处,而后加兵南路。当北路进兵时,安集延或悉其丑类,与白彦虎合势死拒,当有数大恶仗。如天之福,事机顺利,白逆歼除,安集延之悍贼亦多就戮,由此而下兵南路,其势较易。是致力于北而收功于南也。"他在给张曜的信里亦说:"此次进兵,先北路而后南路。如大军攻剿古牧地、乌垣、红庙一带,帕夏敢赴北路之援,官军猛打数仗,自可挫其凶锋,将来下兵南路,声威已张,或易着手。"

同时,左宗棠从全局和长远考虑,需要将乌鲁木齐作为军队驻地和军储基地。左宗棠说:"此次兵由北路而进,一在扼其纷窜,以省防兵;一在下兵南路,防其牵缀……盖不得乌鲁木齐,无驻军之所,贼如纷窜,无以制之,不仅陕甘之忧,即燕晋、内外蒙古将无息肩之日。即使时局是四海宴安,军储赡裕,亦断难为持久之计!"左宗棠对刘锦棠说:"将来南路底定,伊犁收回,并可以实边圉,为不拔之基,不比南人不肯轻弃乡土也。若辈不肯回故土,盖畏向日仇怨也。区区意念,不遽告人,惟高明自能鉴之。"

这一切都说明:"先北后南,首攻乌鲁木齐"是切合实际、考虑周全、具有远见的正确的战略方针。

为什么必须"缓进急战"呢?所谓"缓进",就是不要匆忙进军,出征之前必须要做好物质上和精神上的充分准备,兵、饷、粮、运都要有周密的筹划。要有强大的前线部队、稳固的后方以及源源不绝的运兵、运粮的通道。要对敌人的情况了如指掌,"知己知彼,百战不殆";要有正确的进兵路线、打击对象和长远的战略目标。每一次战役都要求速战速决,以雷霆万钧之力一举将敌歼灭。在运输线达数千千米的新疆,如果拖延时间,甚至旷日持久,对作战就极为不利。

"急战"的战略是受到欢迎的。清廷上下都希望尽早、尽快取得胜利,"缓进"虽是为了给"急战"作必要的准备,但不易为人理解,甚至受到不少非议。不要说一般的官兵,连朝廷也对"缓进"颇为心急,常来责备,后来甚至给左宗棠扣上一顶"拥兵自重"的大帽子。在西征军内部,意见也不一致。有的将领在准备未成熟时就要求进军,有些人则畏葸不前。在从上到下、从内到外的压力下,左宗棠谨慎而积极地备战。用兵前夕,他更须反复考虑敌我力量、地理形势和作战方针,"每一发兵,头须为白"。西征的军队远在边塞,缺饷缺粮,运输艰难,战线漫长,气候恶劣,不要说作战,就连军心也难维持,左宗棠作为统帅,真是身心疲惫。

1875年底,左宗棠又召刘锦棠到兰州,商讨严防阿古柏和白彦虎窜扰乌鲁木齐、吐鲁番的方案,还指示出关各营"齐集凉州,日加训练",刘锦棠所部各营分四批由凉州开到肃州待命。

四　西征大军提振士气，出关祭旗

光绪二年（1876）三月十三日，左宗棠率军到达肃州，驻城东南大营。大营对面，就是长年不化的雪山。

左宗棠正准备指挥大军进军新疆，驻扎在肃州的主力部队内部却出现了畏战厌战的情绪，很多人不愿出关作战。这支部队是刘锦棠率领的老湘军，大都是南方人。有人说，自己从小生长在南方，如今到了沙漠地带，水土不服，气候也不适应，九死一生，恐怕是有去无回了，与其死在关外戈壁滩上，不如死在关内算了。还有人说得更是吓人，说沙漠地带一遇大风就是飞沙走石，到了夏天，热气蒸腾，能把鸡蛋烤熟；冬季则是朔风大雪，能把手指冻掉。

刘锦棠像

湘军的怯战情绪很快影响到担任先锋的张曜与金顺两军。先锋部队军心不稳,更不敢打先锋了。刘锦棠看到自己的队伍士气低落,不由得心急如焚,可一时又没有什么好办法可以解决这个问题,总不能只靠军法处置。无奈之下,他只好向左宗棠报告了这一情况。

左宗棠听后,对刘锦棠说:"这种情况,如果是个别士兵的问题,可以军法处置,杀一儆百;然而若是人数较多,那就要认真对待了,不能简单化,要想办法鼓励他们去克服困难。"

刘锦棠听了左宗棠这番话,忽然想起一件事来。他走到左宗棠身边,附耳说道:"您曾经讲过宋朝大将狄青用占卜的办法鼓舞将士战斗情绪,收效甚好。我们不妨也试一下,怎么样?"

左宗棠听了,笑道:"此法可以尝试一下。"

于是,二人一番密商,精心策划,而后便各自回去依计准备。

次日一早,大队人马集合起来,等待左宗棠宣布出征新疆的命令。这时候,刘锦棠正陪着左宗棠向台上走去,突然间,有一个士兵从行伍中跳了出来,高声叫喊着,向左宗棠冲过去:"左大人!左大人!我有要事报告——"

亲兵一见,急忙跑过去拦住他,不让他靠近左宗棠。

那士兵却叫得更响了:"左大人!我是刘老将军派来的,有事要向您报告!……刘老将军派我来的——"

那士兵像疯了一样大叫大嚷,其他士兵见状,顿时乱了起来。左宗棠只得停下脚步,对亲兵挥挥手,说道:"别拦他,让他过来说话。"

亲兵这才闪开一条路,放那士兵走到左宗棠面前。只见那士兵走上前去,双膝一跪,喊道:"我是刘老将军派来的。刘老将军要出关打先锋，到新疆去活捉叛贼白彦虎。可是好长时间不发军饷了。无衣无食，怎么能打仗？"

左宗棠听后，忙大声问道："你说的是哪个刘老将军？"

那士兵又喊道："难道左大人忘了您的老部下？刘老将军不就是刘松山吗？他的队伍不发粮饷，怎么到新疆去打仗？刘老将军派我来向您报告，请左大人快发给我们三个月的粮饷……"

左宗棠这才恍然大悟般说道："放心吧！你快去向刘老将军回报，我现在就派人给你们发粮饷。"

那个士兵听后，"啊呀"一声，仰面倒在地上。亲兵赶忙上前把他扶起来，过了好长时间，他才清醒过来，又像什么事也没有发生一样，走回队伍里去了。

经过这一闹腾，全军都知道了。原来这支湘军队伍是刘松山生前所率领的军队。刘松山战死之后，全军无不为之悲痛。如今，这支湘军归刘锦棠统领，因为他是刘老将军的侄儿，士兵都称他为"少将军"。刘老将军一"显灵"，还口口声声请战去新疆活捉叛贼白彦虎，让将士们非常激动。大家热血沸腾，议论纷纷。

趁着将士们激情澎湃之时，左宗棠说道："刘老将军是一位可敬可爱的爱国将领，他虽然战死了，但是精神永在，仍然想着收复新疆，抓住叛贼，这种崇高的思想境界令人肃然起敬！现在，我提议，全军将士对空遥拜，以表示我们对刘老将军的敬意！"

说完，左宗棠带头向空中施礼，全军将士一个个屏声敛息，也跟着向空中鞠躬致敬。接着，左宗棠命令全军设祭，祭奠刘松山老将军。经过这次祭奠活动，全军将士都知道了刘老将军仍要带领湘军打先锋。刘锦棠说道："老将军的英灵在召唤着我们，大家决不能辜负老将军的期望！"

这次祭奠活动，更像是西征大军出征前的一次誓师大会，全军将士的战斗情绪异常激昂。特别是老湘军，人人摩拳擦掌，个个斗志昂扬，前些时日的那些厌战、畏战的消极情绪哪里还能找到。

根据既定的战略方针，金顺、张曜与徐占彪的军队，遵照左宗棠的命令出关西进。

收复新疆的战争帷幕，就此正式拉开。

刘锦棠命令谭上连、谭拔萃、余恩虎三位将领，分别率领部队先行出关，自己带领大队人马随后跟进。

4月26日（四月初三日），左宗棠在肃州举行西征军出关祭旗仪式。

肃州西征军大本营广场中间搭设了祭台，台上高插西征军大旗一面，两旁数十面旌旗迎风飘扬。场内是整齐威武的西征军队列，四周站满了参观的人群。

原陕甘总督府（后为甘肃省政府）

上午九时，左宗棠、刘锦棠等人步入场内。台下全体将士军容严整，挺身肃立，会场鸦雀无声。鹤发童颜的左宗棠精神昂扬地走到台前，宣布祭旗仪式开始。顿时，鸣炮声、金鼓声、欢呼声一浪高过一浪，声震大地，响彻云霄。

接着，施补华宣读祭文，左宗棠将大旗授予刘锦棠，刘锦棠庄重地接过，而后手持大旗挥舞了几下，场内、场外又沸腾起来。

在这豪壮的氛围中，刘锦棠亲率汉、回马、步各营依次启行。肃州西征军大本营气氛热烈、马欢士腾，而在前期到达安西一带的先头部队中也有不少感人的故事。

一天，一位衣衫褴褛、蓬头垢面的老太婆挎着一只破篮子，步履维艰地向驻军大营走来。卫兵立即对其驱赶，但老太太怎么也不肯走，说是要找一个名叫徐占彪的人。

"徐占彪？他是我们的将军呀，你会不会弄错了？"

"我是从四川来的，你去问问他小名是不是叫阿牛？"

卫兵进去通报后，徐占彪大吃一惊，猜想到是自己的母亲来了，赶快出营门前去迎接。

出营一看，果然是年迈的母亲，她不远万里路来到安西。母子相拥而泣。

"阿牛啊，你十年没有回家啦，阿妈天天想你。阿妈宁可死在路上，也要来见你一面。"

"妈呀，儿子做梦也在想你。我想告假探亲，只因军务繁忙，实在抽不出时间。"

"妈能活着见你一面,死也闭眼了。"

徐母抚摸着占彪身上的累累创痕,涕泗交流,泣不成声。周围的官兵也深为感动。

徐母深明大义,对徐占彪说:"阿牛呀,你要一心立功报国,爱兵如子,不必顾家。"

"妈呀,儿子记住了! 只是忠孝不能两全,儿未能尽到孝心,没能让您老人家安度晚年,儿心里实在有愧啊!"

…………

这件事记载在左宗棠向朝廷的奏稿中。他写道:"徐占彪之母闻其不能遽归,比营葬甫毕,即亲赴甘州探视其子,盖母子不相见者,十有余年矣。每抚其子创痕遍体,辄为流涕,然犹以立功图报、善抚士卒、不必顾家为言。"

这些固然与左宗棠的治军和领导有关,但更重要的是,他们发扬了中华民族吃苦耐劳的优良传统和勇于反抗外国侵略的爱国主义精神。

西征军由肃州到安西后,去哈密一段多戈壁荒滩,"惟水泉缺乏,虽多方疏浚,不能供千人百骑一日之需,非分起续进不可也"。

"车辚辚,马萧萧,行人弓箭各在腰。"在左宗棠的旌麾下,刘锦棠率领八万清军,浩浩荡荡向西进发。将士们同仇敌忾,向阿古柏匪帮以及沙俄侵略者发出了惊天地、泣鬼神的呐喊:"收复新疆,还我河山!驱逐强盗,光耀疆域!"

这是近代以来难得听见的中国人民的心声!

这是为入侵者敲响的丧钟!

五　威猛雄师"一炮破三城"

刘锦棠带领大军出关之后,映入眼帘的是一望无际的荒凉地带。大军行经之处,空中常有一大群乌鸦。乌鸦黑压压一片,在队伍的上空盘旋,不离左右。

在中华民族的传统风俗中,喜鹊被视为吉祥的象征,而乌鸦是不祥之鸟。"喜鹊迎头叫,喜事要来到。"但是乌鸦当头叫,便被认为是"灾祸快到了"。

刘锦棠是一名足智多谋的将领。面对着漫天的乌鸦,他灵机一动,对部下说道:"看!刘老将军的英灵在护卫着我们!他老人家派来那么多的乌鸦兵来助战,是我们西征大军最好的向导啊!"

刘锦棠的这一番话,顿时激发了全军的情绪。原先可能被认为是不祥的"乌鸦兵",现在变成了刘老将军派来助阵的"神兵",怎能不令大家感到振奋呢?

后来,每到部队停下来时,成群结队的乌鸦也呱呱鸣噪着落在队伍的周围。士兵们纷纷感叹:"看呀,刘老将军的神兵在护卫着我们!"

其实,真正原因是广漠无际的西北荒原人迹罕至,乌鸦觅食困难,大军经过之处,往往会留下许多食物残屑,这正是乌鸦求之不得的美食。

因此,空中的乌鸦紧紧跟随着西征大军,而且越聚越多。乌鸦在部队的头上盘旋,形成了一片真正的"乌云"。在这荒无人烟的地方行军,除了黄沙戈壁,再没有什么可以欣赏的风景,将士难免寂寞枯燥。空中那不计其数的乌鸦,不时呱呱地鸣叫,为这静寂的荒漠平添了一种生气,不仅替将兵解除了寂寞之苦,也成了难得一见的特殊风景。

常言道:"千军易得,一将难求。"刘锦棠把"乌鸦兵"的出现说成是刘老将军英灵的降临,这是他智慧火花的闪现,也证明了左宗棠慧眼识人才。

西征军除了每人携带军装粮草,左宗棠还要他们多带柳条筐和扁担,以备挑安西城外积沙。

冯玉祥将军的父亲当年曾参加西征军,亲历了收复新疆之役。他回忆道:

> 当初一路徒步出关,背着一袋十多斤的生红薯,很是沉重,并且饥也吃红薯,渴也吃红薯,吃得很腻烦,以后见着红薯,就要打恶心。

西征军既是战斗队,又是工程队,还兼运输队,其负担之重、行军之难,可想而知!可是,西征军并未因艰苦而畏缩不前。刘锦棠率领的马步各军,士气高昂,整列齐行。

1876年7月1日(光绪二年闰五月初十日),经过十几天的长途跋涉,刘锦棠大军终于抵达新疆北麓的古城。接着,刘锦棠未洗征尘,立赴三台、滋泥泉、阜康一带察看地形,而后研究部署驻军。金顺所部进驻阜康县城,刘锦棠所部则进驻于城东九运街。阜康西南九十里处是古牧地,古牧地东北数十里处是乌鲁木齐,敌北路精锐多集中在古牧地。古牧地是敌方在乌鲁木齐外围的重要据点,守敌为从陕甘逃窜新疆投靠阿古柏的白彦虎和马人得,而且还有阿古柏从南疆调遣而至的六百名骑兵。阿古柏亲率一万部众作为后援。

刘锦棠率队攻取古牧地时,左宗棠认为"此关一开,乌垣、红庙子贼不能稳抗",到时候白彦虎必定会窜至吐鲁番去另寻出路。事态的发展也正如左宗棠所料。刘锦棠作为前线统帅,在大的方向上遵照左宗棠的指示,同时审时度势,根据形势的变化行使自己的临机处置权。刘锦棠认为"贼中正收麦豆,有粮可因,虽后队尚未到齐,然师期不宜再缓",事不宜迟,必须马上发动进攻。为了迷惑和麻痹敌人,刘锦棠派士兵在甘泉堡列队训练,挖掘枯井,做出一副要走大路的样子。

次日晚后半夜,刘锦棠率军秘密出动,由小路直取黄田。刘锦棠分兵五路猛攻黄田的敌军。隆隆的炮声惊醒了正在酣梦中的守敌。敌军见清军锐不可当,便纷纷丢下辎重四处逃窜。刘锦棠命马步军在后紧追不舍,直抵古牧城下。他命士兵在古牧地城四周结垒并修筑炮台,只用了三天的时间

重建的"一炮成功"古炮台

就完成了对古牧地城的合围,还用炮台大炮将正东和东北面两处城垛轰塌。

在刘锦棠看来,屯兵于坚城之下,就必须要速战速决,尤其应该严密封堵住敌人逃跑的路线,防止其逃窜,从而实现对敌人的聚歼。他认为总攻的时机已经到来,便召集将领部署攻城作战任务,其部署之精密,算计之精当,令众将领叹服不已。

十多位将军各自领命去做准备,刘锦棠自己则亲率老湘军的马队在山上的工事居高督阵。

8月17日(六月廿八日)黎明时分,全面进攻开始了。南面的开花大炮将城墙轰塌多处,潜伏于城壕内的谭慎典、谭和义、董福祥等部开始攻城。南面炮台之"标针快响枪、七响枪、劈山炮连发,子注如雨",将城头敌军的火力死死压制住。谭慎典、谭和义强行攻城得手,将城垣守敌悉数歼灭,与城中之敌展开巷战。接着,金顺部也从城东北处攻入城内。清军以轻微的代价攻占了古牧地,全歼守敌六千余人,敌将马十娃、王治、金中万均被击毙,俘敌二百余人。白彦虎因未入城而侥幸逃脱。

攻城战斗刚一结束,刘锦棠即率兵入城。在入城的路上,他拾得一封用汉、回两种文字写的信,阅看后得知,是敌守将金中万、王治写给乌鲁木齐阿奇木伯克马人得的求援信。马人得在信中批示:"乌城精壮已悉数遣来,现在三城防守乏人,南疆之兵不能速至,尔等可守则守,否则退回乌城,并力固守亦可。"信中所说的"三城"即乌鲁木齐城、迪化州城和"清真王"妥得璘所筑之王城。刘锦棠认为,既然三城防守乏人,那么可一鼓而下,速攻乌垣"三城"。

　　刘锦棠留谭和义和唐国华二将驻守古牧地城,自己亲率其余部众于二十九日黎明直捣乌鲁木齐。在刘锦棠大军的凌厉攻势面前,乌鲁木齐守敌已如惊弓之鸟。乌鲁木齐守将白彦虎和马人得自感无力相抗,在攻城之初,率亲信逃往距乌鲁木齐一百八十里的达坂城。西征军一声炮响,千余名守敌便弃城溃逃。

　　刘锦棠一边命令部队追杀逃敌,一边令几股部队冲入城内。西征大军占领迪化州城后,乌垣其余两城全部被刘锦棠兵不血刃收复。这段"一炮破三城"的史实在全疆各地流传,为后人津津乐道,至今遗址仍在。

　　从收复古牧地和乌鲁木齐的战斗中,我们可以看出,仗打得顺与刘锦棠的周密调查、精心部署有很大的关系。刘锦棠在军事部署上,无论是攻坚还是追剿,都力求全歼。更重要的是,他能抓住有利战机,出其不意,连续作战,不给敌人以喘息之机。对此,连统帅左宗棠也感到意外:"出塞偏师幸获数捷,甫及旬日,连下数城,颇非始愿所及。"他对刘锦棠由衷赞叹,称其"忠勇罕俦,敏机神速,有谋能断,履险如夷,实一时杰出之才"。他还在上朝廷的奏折中说:"金顺所部与刘锦棠所部之派攻东北各营亦踊跃齐登,将城中悍贼五六千人砍杀净尽,有逸出者亦经预派各马队截杀,无一漏网。"清廷据此也对刘锦棠大加赞赏,并赐刘锦棠骑都尉世职。

　　古牧地和乌鲁木齐三城战斗的胜利,极大地鼓舞了西征军将士的士气,大挫了敌军的嚣张气焰,使西征大军进可攻、退可守,为进一步消灭南疆守敌创造了条件。仅此一役,就使西征军在战略大势上占了上风。

乌鲁木齐三城的收复,使昌吉、呼图壁各城守敌闻风而逃。白彦虎先是率残部退守南疆玛纳斯,后又继续逃窜。

不久,玛纳斯全境收复,阿古柏统治下的北疆所有地区得以光复。至此,从肃州到哈密再到塔城,这一线连成一片,以上地区重新回到了祖国的怀抱。西征大军既粉碎了俄军东进的图谋,又防止了阿古柏匪帮的北窜。左宗棠极力称赞西征军,热情表达在取得首攻乌鲁木齐胜利时的喜悦心情:"两覆坚巢,两下坚城,摧朽拉枯,莫喻其易,军威之盛,近无伦比,拊髀称快,遐尔(迩)攸同。"

六 衔枚疾走,"达、吐、托"一周连克

按原定计划,首攻乌鲁木齐后,便要由北向南,乘胜收复阿古柏侵占的天山南路。1876年9月20日(光绪二年八月初三日),清廷上谕亦说:"现在乌鲁木齐既克,即须规复吐鲁番城,扼贼咽喉,则南路各城不难次第戡定。"

玛纳斯战事结束后,新疆已到严冬。刘锦棠率老湘军在乌鲁木齐东南山谷间清剿残匪时,大部分老湘军将士因感染了时疫而病倒。刘锦棠也差一点命殒南山,一直到八月才恢复健康。老湘军几经战斗,已伤亡一千多人,兵员建制不齐,尚需补充兵源。再者,北路敌军兵力薄弱,而南路兵力强大,尤其是南疆门户达坂城、托克逊、吐鲁番三角地区集中了阿古柏的精锐部队两万七千人。西征军不能贸然南进,要做好充分的准备才是。

正因为西征兵力相对薄弱,而敌方兵力强大,故坐镇肃州的左宗棠心里非常清楚:以现在的局势而言,今年无进兵之理。

左宗棠坚定地认为,南下清剿阿古柏匪帮须做好各方面的准备,急不得,快不得,该缓则缓,该慢则慢,南下时日选定在明春是合时宜的。他提出的理由是很充足的:"总统(刘锦棠)新病甫愈,将养复元尚须时日,所部患病甫痊者亦多,非缓养不可即戎,一也;玛纳斯南城未复,助剿之军未能归营,二也;蜀军(徐占彪部)、嵩武(张曜部)转运军

粮子药未能加以迫促,三也;古城采运不能迅速,民车、民驼既经周守迫压从事,人多逃散,现难招致,而伏贼四出,劫掠频仍,人皆视为畏途,该总统前存之粮尚未运竣,后采新粮凭何转挽?四也;节届大雪,冰凌载途,南进之后战事、运事均难着手,而人马已形困瘁,五也。思之,思之。察看情形,通筹利病,进兵之期非俟明岁春融不可。"刘锦棠也认为左宗棠的分析有理,赞同按左宗棠的要求去筹划。

可是在清廷内部,"停兵不进"的议论仍存在。支持西征的文祥,就曾主张收复乌鲁木齐后,"赶紧收束,乘得胜之威,将南八城及北路之地,酌量分封众建而少其力;以乌垣为重镇,南钤回部,北抚蒙古,以备御英、俄,实为边疆久远之计。"

乌鲁木齐城东的左宗棠汉白玉雕像

左宗棠的主张与此相反。但是，为了减少阻力，避免麻烦，他对此采取充耳不闻的态度。按照既定方针和清廷上谕，左宗棠向清政府提出了"搜剿窜贼，布置后路，进规南路"的建议，将"搜剿窜贼"与"进规南路"紧密结合起来，最终目的是"进规南路"。清廷既然已命左宗棠全权办理新疆收复事宜，也觉得说三道四或干预指挥不妥，便不再有异议。

1877年4月14日，刘锦棠率老湘军马步各营及开花炮队，由乌鲁木齐开拔，踏着冰霜雪花，翻越冰凌陡峭的天山，逾岭南进；张曜、徐占彪分别率嵩武军和蜀军，由哈密、巴里坤西进。

刘锦棠派了数路大军，于是夜初鼓时分，衔枚疾走，意图乘敌军不备之时，直奔达坂城，并约定五鼓时会集达坂城下，"立合锁围，杜贼窜逸"。起初，达坂城的敌军不知西征军将至。当清剿大军兵临城外时，发现守敌为了阻止大军进攻，早已将湖水引进草泽，在城外形成一大片没膝的淤泥地，淤泥深及马腹。但即便这样，清军仍然艰难地越过大片泥淖，完成合围。

是日中午，为了检查围城实情，刘锦棠冒着密集的子弹四处巡视，引诱敌军出击。据史书记载：刘锦棠所到之处，"贼枪密注，子下如雨"，随行人员中有人负伤，连刘锦棠的坐骑也中弹倒毙，他不得不换了一匹马继续前进。

初五日，正当开炮攻城时，忽有探报告知，山后有五六百敌人骑兵来援。刘锦棠即派马队迎敌而上，将敌军击退后又乘胜追击，在追击途中又遇新增的援兵一千多人。然而败敌只顾疯狂逃窜，反倒将新增援的队伍冲散，于是新增之敌也跟着逃跑。城中敌军眼见得援敌被击溃,更是惊慌失措,妄图突围逃窜。有维吾尔族老乡从城内潜出城来,将此消息报告给刘锦棠,刘锦棠闻讯后便传令军中严加防范,提高警戒,夜间阵中也如白昼一般。

初六日,炮台建成。西征大军三尊开花大炮齐发,先摧毁了敌人的炮台,接着轰塌城墙数处,最后一炮击中了城中的弹药库,引发城中大火。又值大风骤起,火借风势,延烧更广,敌所存弹药库全部引爆,敌军死伤众多,乱成一团,四处逃窜。刘锦棠大军乘势攻入城内,并传令"贼中装束稍异者缚献有赏"。于是,城内大小头目均被擒,"无一人一骑漏网"。此战,西征军以阵亡五十二人、伤一百一十六人的代价,取得了毙敌两千多人的辉煌战绩,另有包括三十六名高级将领在内的一千二百多人被俘,还缴获马八百多匹,枪炮一千四百多件,大开花铜炮一门。这是刘锦棠执行"缓进急战"战术后又一场漂亮的歼灭战。

达坂城失陷,使得阿古柏失去了阻止西征大军南下的重要屏障。

刘锦棠对被俘的浩罕汗大通哈爱伊德尔呼里及浩罕汗胖色提(团长)等进行了审讯。爱伊德尔呼里称:"愿遣人报知帕夏(即阿古柏),缚送逆回白彦虎,表归顺之诚,缴回南八城地方,再求恩宥。"各胖色提也都为阿古柏求情。刘锦棠批准了他们的请求,让他们回去向阿古柏面陈。

大总管爱伊德尔呼里及其以下大小头目一百余人,"于丧胆之余,怀不杀之德,皆惊喜过望,踊跃欢呼而去"。

对阿古柏从南疆胁迫而来的维吾尔族、回族和蒙古族等被俘的各族群众,刘锦棠均给他们发放衣粮,让他们各回原部,等候官军前进,有的以之为内应,让他们劝导其部民前来投归。

刘锦棠不折不扣地执行了左宗棠抚慰民众和瓦解敌军的政策，打真贼，不扰平民。

左宗棠在给张曜的信里，主张实行与阿古柏完全不同的政策："安集延虐使其众，官军抚之以仁；安集延贪取于民，官军矫之以宽大。"他还强调：

> 此次如能各遵行军五禁，严禁杀掠奸淫，则八城回民如去虎口而投慈母之怀，不但此时易以成功，即后此长治久安亦基于此。

左宗棠立足战时，对敌实施分化瓦解的策略。一方面，他根据阿古柏对白彦虎等人"意在蔑视，又思借其众以自雄"的情况，称赞刘锦棠提出的利用这个"可间之机"的意见；另一方面，他又指出"此等作法，随宜施用固无不可"，但是如果作为"制胜之道"则不可。敌对势力之间急则合，缓则离，陕甘残众与安集延的头目两相猜忌，若西征军兵下南路，兵势足以制贼死命，则"贼情急计生，彼此自相屠戮，或缚献以求免死，尚在常情之中"；若先时告知他们效法三国时韩遂、马超的故事，恐怕他们未必答应，也非他们之力所能办。因此，左宗棠告诫刘锦棠："遇有安集延人至，当照信办理，不必杀之，缴八城，献逋寇，事虽不成，亦可令彼自相猜忌。惟此等事不过题中应有之义，不可注意于此，反致误事。"左宗棠认为，一定要把立足点放在以战解决问题上。

刘锦棠优待俘虏之举，对瓦解敌军起了重要作用。当被释放的俘虏回到托克逊和喀喇沙尔后，达坂城歼灭战的消息在敌营中迅速传播开来，阿古柏阵中军心大乱。阿古柏对回来的俘虏又恨又怕，把他们视为瓦解军心的危险分子,于是指示他的儿子海古拉处死了其中的大部分。鉴于阿古柏的残忍,活下来的人又回到刘锦棠那里去了。

俄国人也称赞刘锦棠此举很明智。刘锦棠非常仁慈地对待了那些为数上千的哲德沙尔居民,给他们发了路费和通行证,然后释放了他们。

阿古柏的残酷杀戮与刘锦棠的宽大仁慈形成了鲜明的对照。这一"杀"与一"放",一"逃"与一"回",不仅反映了阿古柏和西征军对群众的不同态度,而且表明了新疆维吾尔族和回族等各族群众对阿古柏和西征军的不同态度。

事后,左宗棠称赞刘锦棠"暂留不杀,以观其变,所见甚是",表明他认可刘锦棠出色地执行了战抚结合的政策,符合自己的期望。

从此,托克逊的维吾尔族人和回族人"俱延颈以待官军"。刘锦棠利用俘虏对敌展开攻心战、瓦解战,取得了很好的效果,用兵法来说,就是善于用"间"。《孙子兵法》中说:"故用间有五:有因间,有内间,有反间,有死间,有生间。五间俱起,莫知其道,是为神纪,人君之宝也。"

4月24日夜,刘锦棠率领大军秘密启程,向托克逊进发。他派七员大将分路进击吐鲁番,自己则亲率汉中镇兵谭上连、董福祥等马步兵十四营,直捣托克逊城。大军行至途中,从城内逃出的维吾尔族人告知刘锦棠:托克逊守敌海古拉已弃城西窜,白彦虎正抢掠人畜、焚烧村堡,准备裹胁当地居民一起西逃。

刘锦棠挥军急进,在距城十里处,看见前面火光冲天,枪声大作,便上前与欲逃之敌在城郊展开激战。一时间,号鼓齐鸣,杀声震天,守敌弃城狂奔。天明时，刘锦棠见有一千余骑敌军向西逃窜，遂派谭上连、董福祥率马步兵追之，他自己则率大队入城扑火，清理战场。这一仗，共毙敌两千多人，俘虏一百余人，另有两万多名本地缠回及吐鲁番、哈密、迪化、陕甘等处逃过来的回民表示归顺和拥护清军。进军吐鲁番的大军也如期将吐鲁番攻克。这样，达坂城—托克逊—吐鲁番的这一三角地带，全被西征大军收复，南八城门户已经洞开。

西征大军一周连下阿古柏重点设防的三座坚城，来势之猛，速度之快，打击之重，影响之大，左宗棠说是"西域用兵未有之事"。清廷因之赏刘锦棠戴双眼花翎。这是清朝武将由战功能获得的最高等级恩赏。

左宗棠在分析这次连克三城，特别是刘、张、徐三军会克吐鲁番之战时说："以战事言，似未若达坂、托克逊之神奇；而破敌之果、赴机之速，实微臣始愿所不及也。非将士踊跃用命，其效不能臻此。"

在这里，我们除了应看到西征军官兵的英勇善战、奋勇杀敌，亦应看到西征军统帅左宗棠的深谋远略，特别是应该充分肯定其"缓进急战""三道并进"等一系列方针政策的正确性。

左宗棠"缓进急战"的战略方针是始终如一的，摧毁阿古柏侵略政权是如此，对付俄国、最终收回伊犁也是如此。他认为，不可急于成事、轻举妄动，否则很容易陷入被动，搅乱全局。俄国虽然一直坚持"官军打开乌垣、玛纳斯，即交伊犁"之说，可是清廷认为，"一则此时兵力难分，一则饷力不及，先与议及交还，反受其累，且俄人必多要挟"。因此，左宗棠对刘典说："此时暂不提及，且俟南路肃清再议。"

左宗棠在上总理衙门书中，正式向清政府提出这种主张，他说：

"此时俄人交还伊犁一节,暂可置之不论。北路鲜独当一面之才,纵向其仍理旧说,要挟必多,而收回后若别有意外之虞,翻难兼顾,不若姑以此委之,俾得一意南路。如果南路事机顺利,似伊犁亦可不索而还。"

这种对伊犁暂置不论的主张,有利于集中力量讨伐阿古柏侵略军。南路的胜利虽然不能让伊犁"不索而还",但确实可为收复伊犁创造更为有利的条件。同时,暂置伊犁不论,保持现状,有利于"一意南路"。当听说余小虎要率众从伊犁围攻塔城时,左宗棠就对刘锦棠说,如果余小虎由伊犁犯塔尔巴哈台,"则我自不得不发兵剿之,局势又将一变。俄既不能拒贼,我无坐视之理"。他甚至说,如果打败他们,"即乘胜先收回伊犁,将来更免借口要挟"。那时,刘锦棠"再从伊犁逾冰岭而南"。当得知探报概属谣传,"俄人近并无人来说交还伊犁"时,左宗棠仍然对刘锦棠说:"我之急规南八城,缓置伊犁,乃一定之局。"

兵贵神速,这是战争中的一条重要原则。但是,凡事都应具体问题具体分析。从新疆的地理、气候、交通、粮运和防务等条件来看,绝不能贸然速进急战,"急战"之前一定要"缓进"。也就是说,要留出充足的时间来做好"急战"之前的一切准备。

因此,左宗棠提出:"缓图伊犁,于事更稳。"这个"稳"字,不仅是暂置伊犁的指导思想,亦是左宗棠督战西征的指导思想。用左宗棠自己的话来说,其实恰恰也就是"缓进急战"。他在给刘典的信中说道:"如果缓进急战,慎以图之,西事或犹可为耳!"

左宗棠制定战略时的深谋远虑,早就可见端倪。1876年初,左宗棠欲从兰州到肃州督战,他给刘坤一写信说:"催办粮运,足供数月之需，再调各军继进。大约先缓后急，令贼不备，或可免狡兔脱奔也。"

左宗棠在给刘典的信里亦说："此次出塞，弟决计必俟古城存粮稍有赢余，然后再进，进则裹一月行粮趣战，计时将近新秋，前途有粮可因，军食有资，而后路之粮亦集，于局势乃稳。"

因此，左宗棠从奉命督办新疆军务到进攻古牧地，经历了一年零四个月，可谓"缓进"。然而，缓进是为了急战，"急战"是这次西征的重要特点。

攻占古牧地后，西征军只用了六天的时间就攻取了玛纳斯南城以外的整个乌鲁木齐地区。旬日之间，连下坚城。其进度之神速，连左宗棠自己在上清廷的奏折中亦说："非微臣始念所及也。"至于由乌鲁木齐南下攻取达坂城、吐鲁番、托克逊三城，左宗棠上书总理衙门时再次强调："察彼己情形，仍非缓进急战不可。"

乌鲁木齐已经攻克，刘锦棠主张下一步应该速速进攻南路。左宗棠便在给刘锦棠拟出的"会师进规南路"的批示中说："惟用兵之道，宜先布置后路，后路毫无罅隙可寻，则转运常通，军情自固。然后长驱大进，后顾别无牵掣，可保万全。"

左宗棠还以首攻乌鲁木齐为例说："师行巴、古之间，以巴、哈为后路，大军节节缓进，而巴、哈之军衔接而前，坚立不动。该总统又深明缓进急战之义，决以新秋为师期，故能于旬日连下坚城，取破竹之势。"他告诫刘锦棠不能"视事太轻"，要"切宜三思"。

左宗棠收复新疆采取"先北后南""缓进急战"的作战方略是非常正确的，足以证明他是了不起的军事家。"先北后南"是从地理位置和敌我强弱的实际情况出发的,而"缓进急战"的这个"缓"字是针对路途遥远、地形复杂以及兵力与后勤物资的准备而言的,用现代军事习语来讲,便是"不打无准备之仗"。其实,左宗棠何尝不想速战速决?我们不妨读一下他写给朝廷报告战事神速的奏折,字里行间都体现出他的心情:

> 此次官军浩荡西征,一月驰驱三千余里,收复喀喇沙尔、库车、阿克苏、乌什四城,南疆八城已复其半。……前矛既锐,后劲仍道,戎机顺迅,古近罕比。

七　彻底摧毁阿古柏侵略政权

西征军连克三城，粉碎了阿古柏的防线，打通了天山南、北两路，由吐鲁番进军南八城的大门从此打开。身在库尔勒的阿古柏朝不保夕，本来就各怀鬼胎、同床异梦的阿古柏侵略集团进一步分崩离析。

此时，阿古柏已是四面楚歌，其败局已定。就在这时，他收到了一封"求和信"。这封信是写给西征军的，上面有数百位上层人物的签名。阿古柏看后非常愤怒，动手打了身边的录事。在此之前，录事迫于阿古柏的淫威，每每受气只能忍气吞声。这一次，面对穷途末路的阿古柏，他不再委曲求全，而是奋起反抗，两人便互殴起来。阿古柏在殴斗中被录事失手打晕，录事慌忙逃走。阿古柏醒来后感到口渴，端起一杯茶喝了下去，很快倒地，一命呜呼。原来，他喝的这杯茶已经被人下了毒，而且下毒之人正是受到阿古柏往日的亲信尼牙斯、艾克木汗所指使。

根据刘锦棠和张曜的报告，左宗棠在给总理衙门的信中说："帕夏闻达坂、托克逊之报，忧泣不已，已于四月中仰药而死。"

阿古柏死后，阿古柏侵略集团公开分裂，为争权保命而相互厮杀，形势变得一团糟。阿古柏的次子海古拉"随帕夏带兵，专与英人交结，为帕夏所爱"，人们都叫他"小帕夏"，阿古柏生前还有让其继承王位之意。阿古柏死时，海古拉从喀喇沙尔赶到库尔勒，先是封锁消息，秘不发丧,继而让布素鲁克的侄子艾克木汗留守库尔勒,他自己则以护送阿古柏的尸体为借口,西窜喀什噶尔,其真实目的是想自立为王。可是,在海古拉离开库尔勒的次日,艾克木汗就在库尔勒称王,他还派五百名骑兵日夜兼程前往阿克苏,欲抢先争夺遗产。

海古拉途经库车等地时,遭到当地维吾尔族人民的痛击,队伍溃不成形。

海古拉企图在喀什噶尔宣布继承父亲的伯克王位并占据父亲留在那里的财产,这点儿心思早被其兄伯克胡里看破。于是伯克胡里下了杀死海古拉的决心。

伯克胡里是阿古柏的长子,虽不受阿古柏的喜爱,却得到富商的同情,且拥有喀什噶尔地区。伯克胡里不仅有实力,还常和俄国人联系,"昏骇成性,凶悖殊常"。在距离喀什噶尔九十多里的阿图什大桥旁,伯克胡里派人拦住海古拉的车队,将海古拉杀死。海古拉的称王大梦,顿成一枕黄粱。这不禁让人感叹:本是同根生,相煎何太急?

海古拉死后,伯克胡里调集军队攻打阿克苏,艾克木汗战败,逃往俄国。接着,伯克胡里又发兵攻打和田,

阿古柏侵略军在新疆屠杀百姓

尼牙斯也兵败逃走。伯
克胡里企图进一步巩固
自己的地位,窃踞库尔
勒以西的南八城,苟延
残喘,但是形势早已不
受他的控制。正如左宗
棠估计的一样,阿古柏
侵略集团内讧严重,已
成瓦解之势,除了喀什
噶尔外,其他地方再无
抵抗力量。

阿古柏坐像

从吐鲁番西进南八城,收复喀什噶尔,这是左宗棠督军西征的第
三阶段。

西征军连克达坂等三城的胜利和阿古柏的身亡,使敌人面临"树
倒猢狲散"的局面,惶惶不可终日。多个城市发生骚乱,局势变得越来
越不可收拾,当地百姓焦急等待朝廷部队前来恢复秩序。因此,左宗
棠说:"自此八城门户洞开,以节制之师临之,无不望风而靡。"形势对
西征军极为有利。

白彦虎之前在乌鲁木齐时,既不效法妥明举兵抗击阿古柏,又不
像马明那样联清反抗阿古柏,而是投入阿古柏的帐下,认贼作父,与阿
古柏的伪官马人得一道,充当阿古柏的马前卒,阻挡西征军收复乌鲁
木齐,正式走上了与阿古柏狼狈为奸、沆瀣一气反抗西征军的错误道
路。之后,白彦虎从乌鲁木齐南走托克逊,帮助阿古柏的儿子海古拉

守托克逊城。阿古柏的身亡及其侵略集团内部相互争夺厮杀，为白彦虎提供了改弦更辙、另谋他路的良机。

当时，左宗棠指出，白彦虎"附安酋以存，安既失势，白将焉往"？

左宗棠认为，阿古柏父子死后，"余孽自无弃巢远窜之事"，惟白彦虎"闻官军进逼，其避兵……之窜路有三：一，西窜库车、阿克苏一带；一，迤西而北窜伊犁境内；一，东南窜罗布淖尔，取道吐鲁番界，觅荒僻无人之径东窜敦煌，以取通海藏之路"。

然而，白彦虎没有选择向西经由罗布淖尔回到敦煌，而是正式成为阿古柏残余力量的一员。海古拉护送阿古柏的尸体西走时，将库尔勒事务交给白彦虎管理，于是白彦虎后来成为伯克胡里的下属，与侵略者同流合污，跟随和掩护阿古柏残匪溃逃，在反对西征军的道路上越走越远，沿途烧杀抢掠，胁迫群众充当侵略者的炮灰。

白彦虎为何如此呢？

一个曾是白彦虎属下的将领说："一使官军无所资借，难以远追；一欲多裹缠回，至喀什噶尔献之新帕夏伯克胡里，为结纳计。"也就是说，在左宗棠平定陕甘时，白彦虎作为回部起事的首领，其"起事"事出有因，矛盾性质尚属于国家内部矛盾。然而，当白彦虎投靠阿古柏后，性质便从根本上发生变化了。

左宗棠在给张曜的信里亦说到白彦虎，说"自帕夏死后，仍思依附安集延暂纾喘息……意在广掳缠回，投帕夏长子伯克胡里为进身之阶"。这反映出白彦虎与侵略者"同心合力"已到了可悲的地步。西征军向西挺进时，已不仅是针对白彦虎，实际上是追歼以伯克胡里为首的阿古柏残匪。

光绪三年(1877)七月,经过四个月的休整备战的西征大军精神抖擞,斗志倍增。刘锦棠派马、步各军从托克逊西进南八城,部队拔营南下,提督汤仁和率队先开赴苏巴什、阿哈布拉。

左宗棠将西征军的战绩向清廷奏报:"自库尔勒启行,蹑踪奋击,六日夜驰九百里,收复喀喇沙尔、库车两城,其余城堡回庄无数,现指阿克苏。"

收复库车后,西征军继续前进,抵达拜城。维吾尔族首领率众开城门迎刘锦棠入城,城内维吾尔族人民翘首以盼,纷纷给刘锦棠大军送来茶水、粮食与蔬菜,以示感谢与欢迎。

10月24日,大军到达阿克苏城,只见城头枪矛林立,西南、正西两面飞尘蔽天。经过打探,刘锦棠方知,城内总头目阿布都勒满谋划率众投诚,事泄后被胖色提挟持而后向西流窜。白彦虎也带着死党一同西逃。城内十数万平民则皆守城以待官军。

刘锦棠被迎入城后,一面派兵蹑踪追敌、安抚群众,一面派黄万鹏、张俊率军前进,于10月26日收复乌什。左宗棠对西征军长驱奋进的战果十分满意。他上奏清廷道:

东四城既克,和阗、叶尔羌、英吉沙尔、喀什噶尔西四城分攻合剿,自有余力……惟军事瞬息千变,非敬谨襄事,必蹈危机,固有不可轻心尝试者。臣惟当戒惧自持,申儆察佐,慎以图之,以仰慰宵旰忧勤于万一。

左宗棠认为,东四城既克,"会攻喀什噶尔,并规全局,似戡定之期当亦不远"。清廷因此授刘锦棠三品京堂候补。

从十月到十二月,三个月的时间里,左宗棠督率西征军从喀喇沙尔长驱前进,先奋取东四城,后又分道并规喀什噶尔,收复了西四城。左宗棠自豪地说:"至南疆八城,不满三月一律肃清,自周秦以来实亦罕见之鸿烈,故于诸将士之忠勤不敢稍为屈抑。"

从光绪二年(1876)三月起,左宗棠督率西征军只用了大约两年的时间便收复了被阿古柏匪帮侵占长达十三年之久的大片新疆国土,其中实际作战时间只有六个月。至此,除伊犁仍被沙俄盘踞外,新疆其他地区已全部被光复。左宗棠督率的西征大军取得了反对阿古柏侵略的辉煌胜利!刘锦棠功勋卓著,得到清廷的褒奖与提拔。清廷这样称赞刘锦棠:"智勇深沉,出奇制胜,用能功宣绝域,着由骑都尉世职晋为二等男,遇有三品京堂缺出,开列在前。"光绪四年(1878)七月,朝廷授刘锦棠为通政使司通政使,正三品。

八　巧妙粉碎俄、英联合干涉之阴谋

新疆是俄、英两国扩张侵略的重要目标,阿古柏则是两国争夺和侵略新疆的重要工具。因此,当西征军出关收复新疆时,两国竭力阻挠,为拯救阿古柏大肆活动。

阿古柏的存亡,直接影响俄国对新疆的侵略扩张计划,因此俄国极不愿意看到阿古柏的覆灭。俄国将军库罗巴特金在其回忆录里对此供认不讳:"我们实指望中国不能战胜阿古柏和收复喀什噶尔地区。"

可是,客观历史实际和他们的主观愿望恰恰相反。1875年,以索思诺夫斯基为首的俄国考察队来到兰州打探消息,他看了左宗棠的兵力,又去新疆了解了阿古柏的情况,之后认定阿古柏必然失败。"这不过是时间问题,因为交战双方力量对比太不相称。"索思诺夫斯基想用兵力"帮助"的方式,从左宗棠那里得到好处。他先是企图派兵"助剿",而左宗棠答曰"中国边防,中国自有办法,可无须帮助",拒绝了他的提议。接着,索思诺夫斯基又想向左宗棠提供军粮,以此来控制新疆局势,使其向有利于俄国的方向发展。索思诺夫斯基说:"假如七万武器良好、守纪律、善战但由于缺粮而无法作战的军队,依靠我们的给养,那么请注意——所有的机会都会掌握在我们手中:同意让步和达成协议,就给你们粮食;不同意,就不给你们粮食,并要承担由此而引起的一切后果。"

这是俄国人的如意算盘：让左宗棠依赖他们供应粮食，而后他们便可以控制这支军队。然而，左宗棠虽然向俄国人买了粮食，但并没有因此而受到控制。这便是左宗棠的高明之处。左宗棠在与俄国谈判买粮时，就谈到若中国与俄开战，"谁可能胜利"的问题。俄国人由此深知左宗棠的决心，知道他是准备与俄国人打一仗以决雌雄的。

1876年，俄国忙于准备对土耳其的战争，兵力西顾，无暇直接出兵干涉新疆。就在左宗棠到肃州督率西征军入疆之际，俄国政府根据索思诺夫斯基的考察报告和俄国国内一些人的意见，变拒不归还伊犁为允许中国许俄以厚利从而换取伊犁。

俄国为了阻挠左宗棠收复新疆，就用各种手段制造事端。先是将俄军伪装成商队偷袭乌鲁木齐，诬称是俄商被劫，企图以外交纠纷来影响和转移左宗棠的注意力。清政府被迫要左宗棠派人向团练徐学功查问，徐学功坚决不承认。左宗棠为图大计，还是按总理衙门的意见，以"徐学功团练保卫地方，志在断贼接济"为由，罚徐学功一万两银子，了结此案。

不久，俄国又派库罗巴特金率领一个由64人组成的使团来到喀什噶尔。1877年（光绪三年）2月，西征军准备进规南路时，库罗巴特金正在库尔勒，他一方面为阿古柏撑腰打气，说阿古柏"不仅为自己建立了一个庞大的国家，而且还拥有明智地治理这个国家的力量"，并表示俄国要和阿古柏"加强多年来一向存在的友谊"；另一方面，他又提出划定一条由苏约克山口经乌鲁克恰提到马里塔巴尔山的边界线，以分割我国喀什噶尔西边的领土。这个侵略计划虽因阿古柏的迅速崩溃而落空,未完成必要的手续,但表明俄国幻想在阿古柏苟延残喘时大捞一把。

与此同时,为俄国扩张事业而奔走的普尔热瓦尔斯基正在罗布泊考察,他也曾到过库尔勒,并向阿古柏提出了"关于如何同中国人进行战争的良策",阿古柏对此表示"完全赞同,极为满意"。此外,普尔热瓦尔斯基还认为,俄国有必要执行积极的政策,以达到多方面的目的。

在俄国政府对阿古柏又拉又打的同时,英国政府也一直在尝试利用阿古柏来达到自己对新疆进行扩张侵略的目的。1874年10月,英印总督请求英国政府试探俄国是否同意"由两国政府在北京采取外交行动",谋求维持喀什噶尔的独立,企图阻止中国收复新疆。

11月,英国驻华公使威妥玛派参赞梅辉立到天津,向李鸿章提出一个方案:伊犁让与俄国,天山南路让给阿古柏。12月,李鸿章在《筹议海防折》中向清政府建议:让西路统帅"严守现有边界……不必急图进取","招抚伊犁、乌鲁木齐、喀什噶尔等回酋,准其自为部落"。这实际上是英国欲通过李鸿章阻止左宗棠出兵收复新疆,李鸿章也是相当配合的。

1876年开始,随着左宗棠西征军的出关,英国维护阿古柏政权的活动也日渐频繁起来。威妥玛让梅辉立同英印政府使臣弗赛斯到天津见李鸿章。李鸿章要弗赛斯写信给阿古柏,劝他归降朝廷,永奉正朔,弗赛斯却称阿古柏并非中国属民,不可能会愿意归降,倒是可以握手言和——这对中国也是有好处的。弗赛斯认为,中国如果用兵,只能是白白"劳师糜饷,殊无把握,未免可惜",他还吹嘘阿古柏"兵强地广",军队都装备西方西国新样军器",而且"与俄国极相好","中国若欲进兵,恐俄人要助喀人耳"。很明显,这是带着威胁性质的。

李鸿章再次问弗赛斯:"何不写信令其派人赴左中堂处商办?"弗赛斯妄图以俄占伊犁为由来保护阿古柏的力量,竟然说:"俄国若肯退出伊犁,喀王亦必肯退出南八城。"

西征军首攻乌鲁木齐,英国不仅阻止英商借款,在经济上增加西征军筹饷的困难,还通过在上海的《申报》扬言"西师不可轻动",甚至捏造西征军"败退关内"的谣言,企图制造混乱。

同治十三年(1874年)六月,云南发生"马嘉理案",英国借此事件,强迫清政府签订了《烟台条约》。威妥玛在烟台与李鸿章订立《烟台条约》时,又问李鸿章能否准许阿古柏"投诚作为属国,只隶版图,不必朝贡",李鸿章回答:阿古柏"如愿乞降,可自行派人赴左帅处禀商"。威妥玛要李鸿章向清政府转告其为阿古柏乞降之意。

威妥玛到北京后,又直接向总理衙门为阿古柏"居间说降"。总理衙门没有同意,并对威妥玛说,如果阿古柏"实系悔罪投诚,应由左宗棠酌办"。

英国公使威妥玛为阿古柏"居间说降",不仅关系到西征的结局,更关系到新疆乃至我国西部的历史,也将影响中亚的格局。总理衙门将这个问题让左宗棠定夺,体现了清廷对左宗棠的倚重。

左宗棠对英国借"马嘉理案"阻挠英商借款之举早已不满,他指责李鸿章"但冀目前无事,曲意允从"。他还对李鸿章吹嘘淮军是"天下精兵"进行尖锐讽嘲:李鸿章"擅淮军自雄久矣,既谓天下精兵无过淮军,又谓淮军不敌岛族,是天下古今有泰西无中国也"。

事实证明,军队统帅若不是出于国家和民族大义而只拥兵为谋私利,其军队必然是内战内行、外战外行。这样的军队,在凶兽面前如绵羊,在绵羊面前如凶兽。

1877年初,阿古柏派其外甥赛义德去伦敦求援,英国挽救阿古柏的活动更加活跃起来。中国驻英公使郭嵩焘到伦敦,英国政府派刚从北京回国述职的威妥玛与之多次交涉,并提出意在"保护喀什噶尔"的三条照会章程,其实可以看出,其"尤惧俄罗斯侵有其地,谋为印度增一屏障,是以护持尤力"。

9月,英国驻华使馆代办傅磊斯到总理衙门,要清政府息事罢兵,并提出三条要求:"一、阿古柏愿以中国为上国之主,命使臣入贡;二、中国与喀什噶尔将地界划清;三、两边议和后,永远和好,彼此不相侵犯。"总理衙门强调:喀什噶尔是中国领土,其地终属中国管辖。傅磊斯竟以此事办理"如出情理之外,断不可行"来威胁。总理衙门回复称"由左宗棠酌核办理",拒绝了英国侵略者的要求。

左宗棠得悉朝廷的态度后,写信给刘锦棠道:"喀什噶尔是我旧有疆宇,安集延不能强行占据。……我之兵力应即蹑踪追剿,尽复旧疆,岂容他人饶舌?"关于索回伊犁的时机,左宗棠早就胸有成竹:"俄人近并无人来说交还伊犁之事,则我之急规南八城,缓置伊犁,乃一定之局,缓图伊犁,于事更稳。"

左宗棠主张对英国应不顾胜败利钝,坚决与英国斗争,不能让步,对其要求必须坚决拒绝,否则"我愈示弱,彼愈逞强",局势会变得不可收拾。"彼向总理衙门陈说,总理衙门不患无词;彼来臣营陈说,臣亦有以折之。"左宗棠要求所部刘锦棠等即将"乘阿古柏冥殂之时,席卷扫荡",并驰告刘锦棠、张曜,若英国派人前往,则应善为看待。"如论及回疆事,则以我奉令讨侵占疆宇之贼,以复我旧土为事,别事不敢干预,如欲议论别事,请赴肃州大营。"

这段话说得多么痛快和有气魄啊!左宗棠叫两位前线将领不必与俄国的使臣多啰唆:我们是奉令以讨贼复土为责,别的事不敢干预;若要议论别事,请到肃州大营去找左大帅!

不久,阿古柏残余因西征军长驱奋进而迅速瓦解。英国留驻叶尔羌的中亚贸易公司慌忙撤离,其"别为立国"的侵略计划,因左宗棠坚决捍卫国家领土完整和各民族利益的严正立场和果敢行动而宣告破产。

九 崇厚签订丧权辱国条约，丧失伊犁

左宗棠首攻乌鲁木齐，是为收回伊犁创造必要的前提；"急规南八城，缓置伊犁"，以全力打击阿古柏的侵略，是为收回伊犁创造了一个更为有利的条件。收复喀什噶尔，取得了反对阿古柏侵略的胜利后，左宗棠把收回伊犁作为西征的核心任务，并预言"伊犁收回之期必不远矣"。

1876年（光绪二年）11月，清政府同意凡与俄人交涉新疆事宜，均先知照左宗棠酌度并由其主持办理。此后，左宗棠主动承担了以收回伊犁为中心的对俄交涉任务。但是后来，由于文祥去世，左宗棠对俄交涉新疆事宜的大权旁落他人了。

《清史稿·文祥传》写道："当新疆军事渐定，与俄国议交还伊犁，大学士左宗棠引以自任，文祥力主之，奏请专任。文祥既殁，后乃遣侍郎崇厚赴俄国，为所迫胁，擅允条款，朝论哗然。"

1878年7月20日（光绪四年六月廿一日），清政府决定，根据军机大臣沈桂芬的荐举，派吏部左侍郎、署理盛京将军崇厚为出使俄国的头等钦差大臣，收回伊犁事宜由左宗棠专任改为崇厚赴俄办理。于是，局势变得复杂起来。

崇厚，字地山，完颜氏，满洲镶黄旗人。咸丰三年（1853），崇厚任知府，随胜保攻打太平军。崇厚历任直隶通永道、永定河道。咸丰八年（1858），为防御英、法两国入侵天津，崇厚协助僧格林沁筹划海防，后迁长芦盐运使。咸丰十年(1860)十二月,清朝设立外交机构总理各国事务衙门,由恭亲王奕䜣任总理大臣。崇厚出任第一任北洋通商事务大臣,力理纷至沓来的通商交涉。

左宗棠在上总理衙门书中,希望崇厚把握要领,"刚柔之间最宜斟酌,过刚,故虑做不到,过柔,亦恐了不了"。他希望崇厚坚持原则,能谈就谈,谈不成就"弭节言旋"。这些主张确实具有民族气节,难能可贵。

左宗棠还说:"至和议难成,不得已而必出于战,当兹皇威远播,我武惟扬,尚复何容顾虑?古云未闻以千里畏人者,况今局势如日之升乎?"

这段话说得很明白:如果和谈难成,不得已而须战,我们现在局势有利,不必有什么顾虑。这种以武力作为外交谈判后盾的主张是可取的。既不轻易使用武力,又不放松战备,是一种积极而又稳妥的方针。

派遣崇厚出使俄国,朝野上下存在两种对立意见。翰林院侍讲张佩纶尤其反对给予崇厚过高的职衔,并对从海路前往也提出了异议。张佩纶曾当面对崇厚直言:"地山兄,你老跟洋人打交道,这次出马,可要舌战群儒,高奏凯歌呀!"

崇厚自负地说:"努力不负众望而已。"

张佩纶说:"对俄国人可得刚劲一点,要有大国之风,不能又搞什么曲全邻好啊!"

崇厚不敢大声回答张佩纶的话,只是凑到张佩纶耳边说:"不行啊,少荃(李鸿章字)大人交代我了。只能谈好,不能谈崩了。"

张佩纶神情变得严肃起来:"嘻,跟俄国人谈,谈的又是收回伊犁之事,你应该先听听左宗棠的意见。"

崇厚不以为然:"他的意见在这份长疏中都有了,有什么必要再去见他呢?"

张佩纶:"这也是个战场,你向他请教一下,心里就踏实多了。"

崇厚应承道:"好,我把你的意见去告诉少荃大人吧。"

崇厚与其他的"唯李派"一样,主意都是要靠李鸿章拿的。

崇厚果然去请示李鸿章。李鸿章认为,没有必要为见左宗棠而走陆路;若走陆路,则两个月也到不了。而且,把火药味带到谈判桌上去,就有谈崩的危险。左宗棠满身火药味,因此不如不去。

李鸿章的话正中崇厚的下怀,不免心中窃喜。走陆路,苦况令他不寒而栗,谁愿去遭这个罪?听说海船挺大,而且豪华,走海路,可以摆一下钦差大臣的架子。

此前崇厚曾跟外国人打过不少交道,走出国门却是第一次。他想好好威风一番。

可是崇厚不知怎么去回复张佩纶,就问李鸿章:"怎么去跟幼樵(张佩纶字)说呢?"

李鸿章不屑地说:"不要理他!上次日本在台湾登陆,他一个读书人也说什么先发制人,要压一下小东洋。我只说了一句话,他就不作声了。我问:'你有多少胜算?'"

李鸿章接着说道:"你去,伊犁是非收回来不可的。只要不影响这一点,别的事情都行。"

这是李鸿章给崇厚此行定下的基本调子。

1878年(光绪四年)11月8日,崇厚和头等参赞邵友濂等人自上海乘轮船启程,随行人员共三十余名,其中还有俄国人,一名系同文馆的教习哈根(夏干),另一名系俄国驻华使馆的译员波日奥(璞志)。

洋轮航行海上,虽风大浪高,亦觉平稳。每日晨昏,看海上日出日落,蔚为壮观。甲板上有躺椅,极目远眺,海天一色,风帆点点,鸥鸟飞翔,堪称美景。外国人的留声机日夜播放音乐,牵着狗、抱着猫的洋夫人,嘻嘻哈哈,乐而忘忧。崇厚天天沉浸在初次体验到的"洋福"之中,至于怎样去与俄国人谈判,早已被他丢到脑后。

崇厚赴俄办理交涉,取道海上,别人倒也没有非议,可张佩纶听了李鸿章对崇厚说的话,有一肚子火。张佩纶进宫直陈己见:"使臣议新疆必先知新疆,自宜身历其地体察形势,知己知彼则刚柔操纵,数言可决。今航海而往,不睹边塞之实情,不悉帅臣之成算,胸无定见而遽蹈不测之地,将一味迁就乎?抑模棱持两端乎?事事迁就则不能,语语模棱则不可,不必许而许之则贻害,不必缓而缓之则失机。是犹医者未尝切脉辨证,而悬揣以处方,安见其能中窾窍乎?"

张佩纶还率直地向朝廷提出,应命崇厚由陆路前往,先与左宗棠定议而后行。他还说,"便宜行事"恐将行出错事来,这权授得不妥。

可是,崇厚已走,临行前慈禧太后也是点了头的。如今,崇厚或许正在巨轮甲板的大凉棚下品尝香槟,欣赏大海风光。张佩纶喋喋不休的"高论"随海风而逝,等于白说。

崇厚一行一踏进俄国的国门,便受到隆重的欢迎和款待。崇厚于

1878年12月31日抵达圣彼得堡，三天后即与俄国外务大臣格尔斯会晤，并向沙皇亚历山大二世呈递国书，尔后与格尔斯进行谈判。

俄国人对崇厚的款待，其实是精心安排的迷魂汤。俄人明面上好言好语，极尽热情之能事。身处异国的崇厚，脑子里装的不是慈禧太后的嘱咐，也不是左宗棠的希冀，而是李鸿章的指示——"只要能收回伊犁，其他一切都好商量"。

崇厚与俄国人的谈判，持续了半年多的时间。崇厚本就昏庸无能，喝了俄国人的"迷魂汤"之后，他更是完全失去了警惕，丢弃了原则，深陷于俄国的陷阱之中不能自拔。他甚至还在回奏中美化沙俄，称其对中国"无图利之心"。崇厚对俄方提出的一系列苛刻条件无动于衷，他坦然承诺：一，通商方面，开放西边，让俄国人自由通商，由俄方设领事馆；二，国界方面，伊犁西南的国界均重新划定，塔尔巴哈台界往东移出一大块，未定界处重新划清；三，赔款方面，代管伊犁要向俄国支付一大笔钱等。

1879年（光绪五年）10月2日，在黑海之滨的克里米亚半岛里瓦几亚，崇厚在未经清政府允许的情况下，擅自同俄方代表格尔斯签订了《里瓦几亚条约》十八条（又名《中俄伊犁条约》），而后匆匆起程返国，留参赞邵友濂替他办理各种未了事宜。崇厚没有"乐不思蜀"，这一点比刘禅强。

毋庸置疑，《里瓦几亚条约》是一个丧权辱国的条约。俄方将具体条约草案寄到北京时，又加码升级。该条约规定，沙俄将伊犁九城一带交还中国，中国自动放弃霍尔果斯河以西地区、特克斯河流域及北疆的斋桑湖以东地区。在喀什噶尔地区和塔尔巴哈台地区，中国的领土主权再次受到损害。另外,该条约在通商、赔款、设领等方面的条款都很苛刻,无视中国作为一个主权国家最起码的尊严。《里瓦几亚条约》的签订,原因在于俄国利用了崇厚的昏庸和急于求成,胁迫崇厚同意出让俄国想要得到的大片中国领土和大量权益。

条约本文送到北京,慈禧太后大惊失色,举国大哗。大臣们都感到事态严重,纷纷上奏朝廷指出条约存在的危害。

左宗棠从总理衙门那里得知崇厚在谈判中步步退让的消息,他感到极为不满。他说:"(崇厚)胸无定见,未免许之太易,不知若辈得寸思尺,断不宜一味用柔,致启论端也。"他还说:"(崇厚)以柔道牵之,有求必应,不知已堕其度内。"关于伊犁,左宗棠认为俄国"须交还全境,不独全境以内不容其侵占留住,即境外亦宜多留隙地,此自一定之局"。

随着沙俄侵略的深入,左宗棠关于归还伊犁的具体主张更加明确完整,其思想境界亦随之提高。这表现在他已从一年多前的"确守成约"走向部分地推翻成约,"似非将其侵占康熙朝地段收回不可"。他的胆识和反侵略的爱国主义精神高于同代人。

9月26日,左宗棠上奏清廷,揭露沙俄对归还伊犁不讲信义,尔反尔出,并称必须以武力收复为主,做好大军出征的准备。他认为崇厚所议条款绝对不能允准。他说:

我睦邻之谊尽而又尽,彼餍足之道加无可加。若界务于同治三年定议外再许侵占,商务于嘉峪关内再允推广,则有关国家疆围、华民生计者甚大。在拮据戎马、机会迫促时,犹未可轻议及

此，翘值天威远被，遐迩震慑，何为必出此下策，以苟且目前？窃
恐俄人识时务者，或疑过情之许为不诚；其无知者，翻疑我情实之
两诎。有为而无为之论端日出，应接不暇，固无论猰糠及米，异时防
不胜防，必将于大局有误也。

清政府称赞左宗棠的奏折说：

所陈界务、商务大略及妨民病国各条，虑远思深，洵属老成之
见。特崇厚现已定议画押，事机已误，惟有亟筹补救，设法挽回。

清政府在未收到左宗棠上述奏折时，就获悉了《里瓦几亚条约》的
内容。条约虽约定中国可以收回伊犁，但更改了原定边界，中国被割
去不少领土。仅伊犁西南所失领土，就使伊犁已成了一座孤城，守卫
的难度更甚。况山南割去之地，内有通南八城要路两条，关系回疆全
局。因此，总理衙门说："目下俄约既经议定，允行则害若彼，不行则害
若此，瞻前顾后，殊觉进退两难。"

左宗棠在新疆艰苦用兵，赢来军威大振；崇厚身负重任俄京之行，
招来丧权辱国。北京城里一夜之间舆论哗然，街谈巷议。有在街上骂
娘的，有向朝廷请命的。崇文门外，东单街口，到处是挥舞的旗子，声
声是怒斥的口号：

"崇厚误国，罪该万死！"

"废除丧权辱国条约，还我失地！"

"我们有左恪靖军，不怕俄人逞强！"

各大报纸上也满是反对卖国条约、重开谈判的呐喊。

群情激愤，形势严峻。

朝廷不敢批准如此窝囊的条款。可是，既然双方的全权代表都已经签了字，不批准岂不是贻人口实吗？

另一边，崇厚如丧家之犬一般，惶惶不可终日。他回京途中路过保定，第一个要面见的就是直隶总督李鸿章。崇厚从头至尾把圣彼得堡之行叙述了一通，说自己签字也是为了免除战火，回来后他听到了京人对他无情诟骂，感到颇有些委屈。

李鸿章认为，无论如何，伊犁要回来了，面子上至少保住了。中俄双方没有谈崩，也没有兵戎相见，这就算是功德圆满。他安抚崇厚说："为国担待，不计功过，被骂就被骂吧！我会替你说话的。"

崇厚说："我害怕去见陛下啊！而且我听说北京城里已经是怒火万丈了……"

李鸿章叹道："唉！也是你也太专权了！事情弄成这样，两宫面前我虽可替你说句话，但是群众激愤，不大好办呀！"

崇厚与李鸿章关系密切，经常称兄道弟，当下失态难控，颇为心急，对李鸿章说："少荃兄，如今我只能靠你这条太平船闯过这千重浪了。"

李鸿章叹口气说："就看左宗棠放不放过你了。"

一〇　左公"天下之事作吾事"，敢于担当

　　维护国家统一和领土主权的完整，抵御外族入侵，关系到国家和民族的根本利益。对这个重大问题的态度，是衡量爱国与否的重要政治标志。

　　中国人传统的为人处世准则，是功成名就之后要"急流勇退"，特别是到了"衰朽之年"，理应"告老还乡"。这是顺应自然规律、有自知之明的表现。关于"国家大事"，那多着呢，你少去或不去操这个心，天也塌不下来。左宗棠这位"倔老头"却不是这样的想法和做法。他不畏千难万险而为之，甚至决心拼上老命。他的思想动机，值得我们后人研究和深思。

　　对此，美国人史密斯在他的《中国人的国民性》一书中有如下的描述：

　　　　1873年，中国将军左宗棠受命清政府，进军巴克尔和哈密……这场风波开始时只是星星之火，后来像野火一般燃遍整个中国西部，波及中亚。面临的困难是这样巨大，几乎不能克服。当时在华的外国报刊纷纷嘲笑左的承诺与清政府的昏庸，讽刺他们竟然力图筹集贷款去支付高昂的军费。然而左的军队在到起事地区的一年之内，就进军天山两侧，横扫起事者。他们进入一个地区

的时候，军需供应不足了，军队转为屯田，耕耘土地，种植粮食，支持以后的军需。这样耕田和进军轮回交替，左的"农垦大军"彻底完成了它的使命，其伟绩可以作这样的评价："在任何现代国家的史册上都是最卓著的。"

史密斯的评价，比较客观、公正，并不过分。特别是"在任何现代国家的史册上都是最卓著的"这句话，多么中肯和有分量啊！当时，西征军的军饷不济，军粮奇缺，输运困难，左宗棠面临着各方面的巨大困难。他在一封家书中也说："西事艰阻万分，人人望而却步，我独一力承担，亦是欲受尽苦楚，留点福泽与儿孙，留点榜样在人世耳。"我们从中也体会出了他的伟大与崇高。

左宗棠统率的西征大军，在中国近代史上，开创了军队屯田、垦荒、种粮、栽菜以济军需的先例，开创了动用军队兴修水利、开井挖渠、植树造林的先例，也开创了借外债以补军饷抵御外侵的先例。王震将军后来率领解放军进军新疆，也是借鉴左宗棠当年的历史经验，为戍边积累了新经验，在中国的边疆开花结果。

收复伊犁是左宗棠督军西征的另一个极重要而又艰巨的历史任务。这项任务的完成也经历了一个复杂的过程。

陈鼎熙在《栩园藏稿》中记载了一则"所闻左恪靖事"：

光绪某年，俄人索领土于我，朝廷里许多大臣"将许之，独左宗棠力主战议"，于是便以西征大任托公，上谕曰："东南则鞭长莫及，至事在西北，臣请力任。"左宗棠路过金陵，曾国荃宴请左宗棠，席间向他提出忠告："我公威重，举国所望也。这次受任，我不能不作吉语，但亦恐怕此等大事不能顺利和如愿,不如找个资望较轻的人代之。虽然白首临边,古来名将有此作为;但是'壮因老退',并不是你一贯所提倡和希望的。"左宗棠从容对曰:"某齿髦,岂不自爱。苟吾身一日不出,时局之外,天下事,吾事也。"

从左宗棠的答语中可知,左宗棠把国家和民族之事视为己任,不容自己不管。当左宗棠"衰年报国,心力交瘁",意识到自己余日不多之时,便不由得被一股骤然弥漫开来的悲怆苍凉之感吞没,于是发出这样的叹惋:

我年逾六十,积劳之后,衰态日增。腹泄自吸饮河水稍减,然常患水泄,日或数遍,盖地气高寒,亦有以致之。腰脚则酸痛麻木,筋络不舒,心血耗散,时患健忘,断不能生出玉门矣,惟西陲之事不能不预筹大概。关内关外用兵虽有次第,然谋篇布局须一气为之。以大局论,关内肃清,总督应移驻肃州,调度军食以规乌鲁木齐。乌鲁克复,总督应进驻巴里坤以规伊犁。使我如四十许时,尚可为国宣劳,一了此局,今老矣,无能为矣。不久当拜疏陈明病状,乞朝廷速觅替人。如一时不得其人,或先择可者作帮办;或留衰躯在此作帮办,俟布置周妥,任用得人,乃放令归,亦无不可。此时不求退,则恐误国事,急于求退,不顾后患,于义有所不可,于心有所难安也。

多少高官大吏,在京城豪宅内,在幽雅别墅里,白天山珍海味,晚上寻欢作乐。再看看左宗棠,年逾六十,疾病缠身,在远离亲人且荒凉无垠、高寒缺水的戈壁大漠里,在金戈铁马的大营中,空旷寂寥,风沙弥漫,笳鼓悲咽,青灯孤影,案牍劳形,须发熬白,连年征战,屡胜强敌。那里有终年积雪的崇山,碧绿青葱的草地,奔腾湍急的河流,恍如天镜的湖泊,肥沃丰腴的耕地,蕴量极富的矿藏……左宗棠以无私无畏的气概,换取了中华民族的生存发展空间,为后人树起了一块高入云霄的丰碑,写下了一部横贯天地的巨卷。

当今中国,正在承担中华民族伟大复兴使命的国家之官,科技知识界的栋梁之材,企业事业中的民族精英,乃至在普通工作岗位上的芸芸众生,是否也应该继承和发扬左公的这种精神?

李白的《春夜宴诸从弟桃李园序》(简称《序》)开篇谓:"夫天地者,万物之逆旅也;光阴者,百代之过客也。"这里的"逆旅"即客舍。世上的万物以及人,皆是大自然这一"客舍"里短暂寄居者,这是客观事实。《序》接下去说:"而浮生若梦,为欢几何? 古人秉烛夜游,良有以也。"意思是说,人生浮泛,如梦一般,能有几多欢乐? 古人持烛夜游,确实有道理啊! 此两句都有来处。《庄子·刻意》云:"其生若浮,其死若休。"曹丕的《与吴质书》云:"年一过往,何可攀援? 古人思秉烛夜游,良有以也。"最后一句"良有以也"令人不敢苟同。良辰美景白天游不够,夜里又秉烛而游,晨曦初露,旭日东升,又得第二个循环往复吗? 人生毕竟不能只求欢乐,也不能如蚁蛙般仅为觅食和繁殖忙碌至死。当然,芸芸众生来到人世,为幸福的生活而奔波,是正常且合理的。左宗棠早年也是如此。在此,不妨简述一下他人生的片段。

1812年(嘉庆十七年)11月10日,左宗棠生于湖南湘阴东乡左家塅。其父左观澜,授徒为业。祖父母健在。简言之,左宗棠家是个开馆教书的穷秀才之家。左宗棠从小聪慧,四岁能与祖父应对,六岁读《论语》《孟子》,早年应童子试和府试都表现优异。他崇尚经世之学,与科举要求不合,三次进京会试皆铩羽而归,遂成落魄书生。

且看他接下来的人生经历。

…………

湖南湘潭周家的深宅大院内,笼罩着悲哀凄凉的气氛。卧室里不时传出老爷周衡的咳嗽声和呻吟声,夫人王氏满面愁容,独自暗泣,只是在老爷面前强颜欢笑罢了。

"老爷,你再喝一口人参桂圆汤,调理一下,会好起来的。"

"我已经不行啦。我若走了,你们母女好生为之,"周衡吃力地说,"只是家里没有一个男人,我不放心呀!"

左宗棠参加举人考试的贡院遗址

周衡是湘潭辰山有名的财主,祖上传有大批田地、房宅等财产。周衡曾在岳麓书院与左观澜有同窗之谊。周衡四十岁左右时,夫人王氏生下两个女孩儿。为了撑起门第,周衡很想招一个女婿入赘。刚巧,左观澜生了三子左宗棠。周衡与左观澜提过亲事,左观澜已口头答应。左宗棠的长兄左宗械在世时,曾与周衡公议过,但没有正式订亲。

"筠心已经大了，与左家的亲事你能否托托欧阳兆熊？这件事若能定下来，我就可以闭上眼啦！"原来，欧阳兆熊的父辈与周家素有交情，欧阳兆熊又结交广泛，周衡和王夫人便将订亲之事托付给欧阳兆熊。受人重托的欧阳兆熊真的替左宗棠做媒来了。

左宗棠虽然已达弱冠之年，但家不富裕，又功名未就，所以从来没有想过成家之事。他心绪纷乱，因此脸上未露喜色。

欧阳兆熊见左宗棠沉思不语，便劝道："周大小姐我以前也曾见过几面，的确端庄娴静，幽雅贞丽，而且博通史书，长于吟咏，是位难得的好女子。你若能娶她为妻，将来一定是个贤内助。"其实，欧阳兆熊还有一句话没说，想必左宗棠心里也明白，即娶了周诒端，他的生活就不会如此窘迫了。

听了欧阳兆熊的一番话，左宗棠对才貌双全而又贤德的周家大小姐已经动心。至于"入赘"之耻也就顾不得那么多了。

左宗棠与周诒端婚后相敬如宾，伉俪情深。左宗棠永远难忘，在花烛之夕，洞房内银烛高烧，"双喜"悬挂；新娘粉颈低垂，含羞脉脉；头巾既揭，见她眉清目秀，顾盼神飞，两相对视，嫣然一笑；合卺后，并肩夜膳，觉她鬓边茉莉淡香沁人心脾，一缕情丝荡人魂魄。此时，他暗道：宗棠即便终生不仕，有此佳丽相伴，白头偕老，永为农人，亦无憾无悔矣！

左宗棠是在农村长大的，自幼就在田间劳动，对农业既爱好也熟悉。几次会试失败后，他开始钻研农学，勤读古今农书，还亲自从事农业试验。在湘潭周家时，他种植桑树，养蚕、缫丝。周夫人也理解并支持他。她认为，民以食为天，宗棠重视农业是有远见的。他们写诗唱

和,歌颂种桑、养蚕,抒发从事农业的乐趣。周诒端有诗曰:

清时贤俊无遗逸,此日溪山好退藏。

树艺养蚕皆远略,从来王道重农桑。

左宗棠从来不忘国事,希望能学以致用,一展抱负。因此,在两次会试落第之后,他写下一联挂在新房门的两边:

身无半亩,心忧天下;

读破万卷,神交古人。

后来,左宗棠应聘到醴陵书院教书。临行前,周诒端怕他独居客馆凄清,就做了一个绣花枕头给夫君带上,绣的是"渔村夕照图",并题七绝一首:

小网轻船系绿烟,潇湘暮景个中传。

君如乡梦依稀候,应喜家山在眼前。

左宗棠在孤寂时,看看妻子绣的枕头,总会感到无限的欣慰和温馨。

实践证明,机遇往往光顾有准备的人。

道光十七年(1837)秋,两江总督陶澍在江西阅兵。重阳节前,陶澍请假回乡扫墓。从江西到湖南安化,途中必须经过醴陵。醴陵知县姓张,平日在百姓面前威风八面,但在陶澍跟前,"县太爷"却像条"小爬虫"。为了迎接陶澍,张知县精心挑选了一处新建的四合院,此院坐落在渌江之畔,面对江中的小岛"状元洲",风景宜人,环境幽雅,日用家什早已齐备。至于吃的喝的,更是一应俱全。武昌鱼、君山龟、资江虾、安化笋、醴陵藕、衡州莲、九嶷菇等食材,早已采办到位。此外,还有特地从安化弄来的烟熏鹿肉、云雾芽茶等。张知县为了让陶澍早一点喝到"家乡水",还派专人到陶澍的出生地安化小淹石磅溪弄来了清洌的山泉。做完这一切,这位张知县还不放心。他了解陶澍的性格和为人,便在心里暗自盘算,接待不能过分铺张,否则可能不但得不到赞赏,反而会被严责。现在采办的东西,都属湖湘土特产,陶大人爱吃,且又不算奢侈;不过,假若书香氛围太差、文化层次太低,陶大人肯定也不喜欢。于是,张知县想到了左宗棠。他亲自到渌江书院拜访左宗棠,想请左宗棠写一副楹联。

左宗棠素来不喜应酬,对于一般的唱和,概少参与。但左宗棠知道两江总督陶澍其人,并对他钦佩有加,一听说为陶澍行馆作楹联,倒也当即应了下来。

张知县见左宗棠答应,大喜过望,便起身告辞,约定明早派人来取。左宗棠爽然笑道:"张公请稍等片刻。既蒙明公亲来一趟,不如待学生现时写下,请明公赐教。如有不妥,则可再拟。"张知县一听立等可取,更是大喜,连声道谢。

左宗棠引着张知县走进书房,让书童磨墨铺纸。左宗棠略一沉思,然后走近书案,挥毫落笔,只片刻工夫,上、下两联便已写就。

张县令在旁惊得目瞪口呆,躬身一揖道:"果然名不虚传! 如此捷才、大才,天下少有,今日得以亲睹,平生之幸。只是先生如此高才,屈居小邑,未能大展抱负,实是蛟龙困卧沙滩,猛虎下落平阳。渌江弟子能在先生门下受教,实是三生有幸。小邑得先生开风气之先,来日必定人才辈出,不可限量。"左宗棠拱手作揖道:"明公过奖了!"

张县令喜滋滋地拿回楹联,立即命人精致裱褙,挂在走廊、客厅、厢房交会的醒目之处。

那天,开道的锣声、吆喝声响过,高举"肃静""回避"牌子的衙门公差在前引路,两江总督陶澍的轿子进了醴陵县城。

随后,在张县令的陪同下,陶澍走进灰墙青瓦、粉刷一新的下榻新舍。只见大门、侧门、厅堂、厢房内外,处处挂有新写的对联,悬着新作的字画。果然,这博得了满腹经纶的陶大人的欢心。陶澍停下脚步,一一欣赏起来,但是,连看几处,都很俗气,诸如"春风大雅能容物,秋水文章不染尘"之类。突然,陶澍眼前一亮,紧走几步,身子停在正厅的右壁前,只见一副字体刚劲、笔力雄健的对联映入眼帘:

春殿语从容,廿载家山,印心石在;

大江流日夜,八州子弟,翘首公归。

这副联语对仗工整,气魄宏大,造句清新,隽永深刻,对陶澍来说,已经不能用欣赏、喜悦、高兴、激动来形容,而是惊愕不已、叹为观止,真是"挠到了心灵的痒痒处"。陶澍急于想知道这是何人所写,在醴陵这个小小的地方,竟有对他了解如此深切的作联高手、学问大家!

陶澍为何如此激动与赞赏?这里只能长话短说。

当年道光帝批准陶澍阅兵之后可请假还乡,之后顺便问陶澍道:"爱卿家住何处?"

陶澍从容回答:"禀皇上,臣故居安化资水之滨,系山乡僻壤之地。"

道光帝又问:"资水在湖南吗? 长宽多少? 水量如何? 是春夏有水,秋冬干涸吗?"自小在深宫里长大的道光皇帝,希望能多了解一些各地的地理概况。

陶澍便将家乡的山水形势详细地对道光皇帝描述了一番:资水流经家门处,两岸石壁屹立,如大门一样,下有石门潭,潭水清莹透彻,深几十丈。一块方正的大石,形如方印,从水中突现出来,故称"印心石"。其家在印心石上游北侧约三里的地方,小时候跟随父亲读书,筑有一间书室,取名"印心石屋"。

道光帝颇有兴致地听着,频频颔首赞许。第二天,道光帝写下"印心石屋"四字送给陶澍。陶澍将御赐之字刻在石壁上。因忠其职守,陶澍被誉为"干国良臣",道光帝还特赐其"绥疆锡祜"四字。

这一副对联,让陶澍发现了左宗棠。陶澍便邀左宗棠教其子陶桄,请他到安化做了八年家庭教师,并与他结成儿女亲家。

左宗棠在安化期间,读遍了陶澍家藏之书,又与陶澍的女婿胡林翼结为至交,得到了一笔丰厚的酬金。后来,左宗棠用这笔钱建起了柳庄。

长久以来,左宗棠因寄眷妻家而感到惭愧和羞耻。现在,他有了自己亲手建起来的柳庄,他的快乐心情是可想而知的。

这一年春天,草新土润,左宗棠的岳母带着孙儿来到柳庄。刚进柳家冲,只见大片稻田秧苗茁壮,桃红柳绿,屋舍井然。她不禁喜上眉梢,加快步子向前赶去。女儿带着外孙、外孙女已迎候出来。一一见过之后,左宗棠首先恭敬地对岳母说:"岳母大人,今天容小婿献献手艺,蒸一回米酒为您老人家接风。"

"哦?你会蒸米酒了?"岳母双眼里透着惊诧。

"小婿日前向高师学得此法,尚未曾一试,今日让我显显身手,您看如何?"

左宗棠说罢,未等岳母答言,便已开始吩咐家人动手。周老太太眯着双眼望着左宗棠忙碌。

左宗棠从邻居家借来一套酿酒的工具,又从粮仓中取来去年收获的糯米和粟米,然后吩咐仆人与家人架锅、套磨。他用木香、青藤、地绵、乌药、黄荆之类草药制成曲料,汲屋后清泉,制出糟酪,点火熬沥。一天,两天,三天,四天,米中逐渐散发出一股酒香;到了第六天,浓烈

柳庄正门

的酒香扑鼻而来。

左宗棠双手将清可照人的米酒捧到岳母面前,岳母大人抿了两口,连连称赞:"味好!味正!贤婿你也快尝尝!尝尝!"左宗棠便也盛了一碗,一饮而尽,心中得意,哈哈大笑道:"赊八百里洞庭当春酒,韵味无穷呵!"

左宗棠爱妻恋家,但为了"四海晏清,八荒率职",选择了"苟利社稷,生死以之",长期离家在外。有一次,周夫人随军到了福州,左宗棠和夫人相聚了六个月,便又分别了。周夫人回到柳庄后,和儿女们过着安静而节俭的生活。周夫人患有肝病,身体时好时坏。分别后第二年,左宗棠收到家信,得知周夫人生病,需要用人参滋补,他便写信给长子孝威:"你母亲医病需要的药虽然贵重,但我决不会吝惜钱财。"但是,他又说:"人参买一两就够了。你祖母患病时,急需好参,那时家中贫穷,没有钱买,至今想起来我还十分懊恨。因此,我也不想多买。"

左宗棠有养廉银,且这笔养廉银颇为丰厚,说起来他就算多买些参茸之类的名贵药材也是不成问题的。但左宗棠经常想到自己年轻时的贫困生活,回忆起母亲病危时自己却无钱买药的情景,因此他终其一生都不愿过奢侈享乐的生活。不过,面对夫人身患重病、急需名药,左宗棠既说不吝惜重金,却又严格限制买参的数量,看起来有些矛盾。

周夫人这次患的是脚气病,同治六年(1867)曾大发作。当时,大夫看后,说:"脉绝,不可救了。"服了参茸补剂后,她病情好转,但次年又发作。同治八年(1869),周夫人身体渐好,没有发病,只是脚肿不消。大夫根据前后症状判断,她可能不单有脚气病,而且患有风湿性心脏病等较严重的病。当时的中医对此没有什么特效药。

同治九年(1870)正月底,四女孝瑸在久病之后去世。孝瑸嫁给周夫人的内侄周翼标,翼标早一年亡故。孝瑸哀伤过度,加之本来患有肺病,因此抑郁而逝。周夫人十分疼爱儿女,受到丧女的打击,肝病又发,在孝瑸亡故后第七日去世,享年五十九岁。

当时,左宗棠正在甘肃平凉军次,他是在妻女去世一个月以后才得到噩耗的。左宗棠悲不可抑,他写信给儿子们,周密安排了周夫人的后事。他还在信中叮嘱儿子们:丧事不要张扬,更不要广散讣闻;题主不必请名人,由侄儿丁叟或女婿陶桄捉笔即可,他们两人的字都写得很好;觅地不必讲究,只须避白蚁之害,买地亦决不可用势欺压;作冢用三合土,可避白蚁和树根之患;周夫人墓穴旁要留下一个墓穴,以备他去世之后安葬——左宗棠在周夫人生前曾经提过,死后同穴而眠。左宗棠还一再叮嘱儿子们,丧事不可铺张。"孝子不俭其亲丧事。"过于省俭自然不可,那些理所当用的,多用点亦无妨;不当用的,一文钱亦不可用,不要害怕别人议论。

左宗棠在极度悲痛之时,将丧事安排得如此周到细密。他还写了一篇《亡妻周夫人墓志铭》。写完墓志铭,已是午夜四鼓时分。此时,左宗棠已泪湿衣襟了……

左宗棠妻子贤惠,家庭和睦,生活无虞,他本来可以像常人一样过幸福的生活,享天伦之乐。然而,他究竟为何长年累月在荒凉的大漠营帐中夙兴夜寐、操劳心机呢?

　　中国原来有比现在大得多的国土面积，然而清廷腐败无能、国力衰弱，任凭列强一块一块地宰割。传统中国是一个人口众多的农业大国，甚多"长为农夫而没世"的芸芸众生，可惜左宗棠只有一个啊！

　　我以一个正直的知识分子、退休老军人的身份，噙泪写下"左宗棠以无私无畏的气概和自我牺牲的代价，换取了中华民族的生存发展空间、人民永久的安宁和长远的幸福"，绝非空发议论。当读了上述左宗棠有无限欢愉，又有极度悲痛的文字片段后，你能否有所感触呢？——吾能将心比心，故怀着坚定的信心与执着的勇气！

一一 整军经武,三路进兵锋指伊犁

左宗棠闻知崇厚与俄国签订屈辱条约,极为愤怒。1879年12月4日(光绪五年十月二十一日),左宗棠在向清廷奏《复陈交收伊犁事宜折》时,又向总理衙门写了一封信。在这一折一信中,他首先揭露俄国侵略的严重影响:

> 自俄踞伊犁,渐趋而附之,俄已视为己有。若此蚕食不已,新疆全境将有日蹙百里之势,而秦、陇、燕、晋边防且将因之益急。彼时徐议筹边,正恐劳费不可殚言,大局已难复按也……

接着,左宗棠痛陈崇厚所订条约的危害,认为俄国虽名义上归还伊犁,实际却是:"我得伊犁,只剩一片荒郊,北境一二百里间皆俄属部,孤注万里,何以图存?……自此伊犁四面,俄部环居,官军接收,堕其度内,固不能一朝居耳,虽得必失,庸有幸乎!"

12月14日,左宗棠上奏《复陈李鸿章所奏各节折》,严词驳斥李鸿章的种种无耻言论,更强调对俄侵略决不能退缩。左宗棠说:

> 俄自窃踞伊犁以来,无日不以损中益西为务,蓄机已深。此

次崇厚出使,乃始和盘托出。若仍以含糊模棱之见应之,我退而彼益进,我俯而彼益仰,其祸患殆将靡所止极,不仅西北之忧也。

左宗棠对俄国的侵略本性看得极为深透。他认为,在这种情况下,若仍以"含糊模棱之见应之",则必定是我愈退、彼愈进,我愈俯、彼愈仰,日久经年,遗祸无穷,不仅西北堪忧,内地也将不保。左宗棠斥责李鸿章,说李鸿章就像庸医给人治痞病,"但顾目前,不敢用峻利之剂,则痞证与人相终始,无复望其有病除身壮之一日"。

左宗棠断言,按这个庸医治痞病的方子继续治下去,病根永远难除,无望"有病除身壮之一日",这个比喻是十分贴切的。他向清政府提出:"伏望圣慈于崇厚复命之日。将所议各款下军机大臣、总理衙门、六部九卿及将军督抚臣会议,孰准孰驳,各本所见,条举以闻。"左宗棠最后说,数月来,他奏密谕,又见总理衙门各疏,"微言大义,深切著明,足令外人心折,应宣示者,亦予宣示","天下之大公,何庸秘密?"

左宗棠关于伊犁问题的主张和态度,对清廷于崇厚所订条约的决断起了重要作用。收到左宗棠的一折一信后,清廷发布上谕:

> 览左宗棠所奏,洞澈利害,深中窾要……该督所称"先之以议论,决之以战阵",自是刚柔互用之意。所有新疆南、北两路边防事宜,即着该督预筹布置,以备缓急之用……将来操纵机宜,该督必能通筹全局,谋定后动也。

12月26日，左宗棠驳斥李鸿章的奏折送到北京。次年1月2日，朝廷将崇厚革职议处，并如左宗棠所建议的那样，将崇厚所订条约交各部议奏。

2月19日，清政府向俄国发出国书，说崇厚与俄所议条约"多有违训越权之处"，"事多窒碍难行"，故再派大理寺少卿曾纪泽为出使俄国钦差大臣，希望与俄国"和衷商办"。

清政府根据左宗棠等人的建议，采取措施维护国家领土主权和民族利益，极大地打击了沙俄的侵略气焰，将谈判收回伊犁的重担由崇厚转到曾纪泽身上。左宗棠也整军备战，以武力支持曾纪泽赴俄谈判。

收回伊犁一事，从左宗棠主办到崇厚使俄，再到改派曾纪泽使俄重谈。然而俄国怕它刚要到手的权益有丧失的危险，从而一手制造了伊犁危机，使收回伊犁的局势极为严峻！

清政府拒绝接受《里瓦几亚条约》，并且惩办了崇厚，这激起了沙俄政府的强烈反应。光绪五年十一月廿二日（1880年1月3日），沙俄代办凯阳德向清政府总理衙门提出抗议，并以断绝外交关系等相威胁。此外，沙俄又在中俄边境部署陆海军，对清政府施加军事压力。中俄两国关系急剧恶化。

面对沙俄，清政府被迫采取相应的对策，下令派左宗棠赴西北统筹战守，同时调直隶驻军开往东北，加强东北边防力量。俄国想强迫清政府承认崇厚所签的不平等条约，除了政治讹诈之外，还在我国东北边境增调兵力，派遣军舰到我国海面游弋，并在上海邀请各国在华军舰进行武力示威。

在我国西北,俄国更是频频进行军事动作,为战争做准备。1880年上半年,俄国在伊犁地区不断增兵,步、骑兵增至78个连,兵员11500多人,相较于侵占伊犁时增加了五倍多。另外,俄国还准备从西伯利亚征调步兵、骑兵9000多人,从费尔干纳向喀什噶尔边境派兵员4000多人。同时,驻伊犁的侵略军也在积极进行战争准备,有的"越界放哨探路",甚至"越界屯驻",有的声称"只要一声令下就可以前进",有的甚至叫嚣"一个连能打败一千个中国人"。

入侵中国的沙俄军队

不仅如此,坐镇塔什干的考夫曼还召见伯克胡里一伙,让伯克胡里纠集匪徒侵犯喀什噶尔,恢复"七城汗国"。俄国已经做好准备,一旦与中国决裂,就对准噶尔地区发起猛烈进攻。

沙俄的嚣张气焰大有黑云压城之势,但我国各族军民同仇敌忾,毫不示弱。"自去岁俄事起,街谈巷议,无不以一战为快。"四川总督丁宝桢建议加强东北防务,主张"强忍力争,百折弥固"。丁宝桢还表示,自己"愿以犬马微躯,一登俄人之堂",万死不惜。更有驻扎在内地的提督雷正绾写信给左宗棠,要求与左大帅"并辔出关"。

以李鸿章为首的一众朝廷重臣却是另一种态度。面对俄人的汹汹之势,他们早已被吓倒。

左宗棠冷静而客观地分析了敌我形势,毫不畏惧,胸有成竹,并有必胜之信念。左宗棠认为,收取伊犁非用兵不可。他之所以坚决主战,并不是反对和谈以及主动挑起战争,而是希望通过整军备战来为前方的谈判做后盾,为己方争取到最大利益。

美国学者贝尔斯评论说:"仔细研究左宗棠这期间的言论,会发现他并不打算看到中国陷入一场与俄国的战争中去,但他清楚地认识到军队辅助外交的重要价值。"

德国技师福克曾说:"余看爵相马、步两军并一切枪炮,并其将官阵法,尽善尽美。若与俄交战于伊犁,必获胜仗。第恐俄人不战于伊犁,而战于别处。"

其实,俄国也不过是虚声恫吓而已。当时俄国因克里米亚之战而内外交困,也怕战争一开,国内发生动荡,所以其实也愿意与清政府重开谈判。

另外,英、法等国基于其本身在华的利益,也都不愿看到中俄开战,因此在崇厚获罪后,各国政府纷纷派人出面向清政府说情,试图缓解中俄之间的紧张关系。英国女王维多利亚亲自写信给慈禧太后,为崇厚求情。英国驻华公使威妥玛对李鸿章说:"嗣接本国外部电信,奉君主谕令,转求……大皇帝宽免崇罪。"否则,"曾侯抵俄后,俄人必不与议事。且闻俄国添调兵船多只来华，又欲勾同日本、日斯巴尼亚、葡萄牙诸国与中国为难"，"若到彼时，凡各国有交涉未了事者，皆乘机而动"。威妥玛还称，若中国能对崇厚"宽免斩候罪名"，英国"君主与俄主系儿女姻亲，必为从旁说合，转请俄廷接待曾侯，妥商更改约章"，"中国既显出不失和之据，俄国不至激怒，各国亦不至播弄生事各等语"。俄国也声称，如不赦免崇厚，便不同曾纪泽谈判。

西方列强纷纷向清政府施加影响，清政府迫于压力，只好宣布赦免崇厚。于是，本来就不想与俄作战的清政府，在英、法等国的影响下，迅速从原先的强硬态度转向妥协，决定重开谈判、改订前约。

俄国也加紧调兵遣将，对清政府进行武力恫吓，不仅增兵伊犁，还在黑龙江以北、乌苏里江以东地区部署重兵，并调集二十余艘军舰，由黑海驶往日本长崎，扬言要封锁中国沿海，威逼京津。

英人戈登的游说确实起到了作用。此人曾任"洋枪队"头目，与李鸿章有私交，此时他受清政府之聘，为中俄之间的伊犁交涉调停。戈登至天津面见李鸿章，威胁李鸿章说："如果你要打仗，就当把北京的近郊焚毁，把政府档案和皇帝都从北京迁到中心地带去，并且做好作战五年的准备。"

本来就不主张收复新疆且支持崇厚签订条约的李鸿章非常恐慌，他立即将"戈登赠言"进呈清政府，内称："中国一日以北京为建都之地，则一日不可与外国开衅。因都城距海口太近，洋兵易于长驱直入，无能阻挡，此为孤注险着。"

果然，清廷态度发生了动摇。

这时，英、法等国利用外交影响，迫使清政府对俄退让并减免崇厚罪行,以避免战争的发生,使俄国能与曾纪泽谈判。

在俄国的威胁和英、法的诱逼下,李鸿章和醇亲王奕譞等都主张接受英、法的劝解。奕譞认为,当今时势,允准诸国之请,"则彼将合力调处",而俄国阴谋为之阻止;若不允其请,"则彼将别思挑激,而我势为之孤"。因此,他建议将崇厚暂免斩罪,但不可因此放松防务。"有必战之心,然后战无不胜;有必胜之势,然后事无不成。"

6月26日,清政府权衡英、法调停的利弊,特别是俄国的战争威胁和李鸿章之危言耸听,被迫暂赦崇厚之斩监候,仍行监禁。此后清政府把重心由备战转到谈判求和,俄国也同意与曾纪泽进行谈判。中俄双方伊犁谈判的僵局得以初步打破。

顺便交代一下,光绪十年(1884),崇厚捐军饷白银三十万两。同年十月,慈禧五十寿辰,崇厚又出资随班祝贺。光绪十九年(1893)崇厚故于北京,终年六十八岁。

清廷慑于列强威吓而选择妥协,左宗棠却在以大无畏的气概积极备战,兵锋直指伊犁。

伊犁地势险要,易守难攻。左宗棠拟兵分三路进军伊犁。刘锦棠则认为,从乌什绕赴伊犁,从前虽有捷径,可现在被俄控制,若由喀什噶尔取道乌什,须前行二十余站,"相距鸾远,难于兼顾";若从喀什噶尔西出铁列克,"分队涉历俄境,远图进取,就现在兵力实属有所未逮"。刘锦棠又说:"将来天山北路一有举动,或须抽拨队伍分屯喀什噶尔外卡,以张深入俄境之势,自应遵照左宗棠原奏妥慎办理。"此外,因乌什、冰岭道路险阻,故而刘锦棠向左宗棠建议"取道喀喇沙尔,仍绕由精河进兵"。

　　左宗棠认为,北路的兵力虽非单薄,却"勇怯杂糅",很难全部倚仗他们。因而,他仍把重点放在中、西两路,并向刘锦棠讲明了三路进兵之意图。

　　首先,近年来俄国因英、德助法、奥之事而"方务于西,又肇衅于东,似亦难逞其毒",伊犁地区人民苦于俄之横征暴敛久矣,翘首以盼清政府的军队来解救他们。在此有利形势下,应抓住机会,"整军经武,慎以图之,取回伊犁"。

　　其次,三路进兵的本意是想出奇制胜,如今知道乌什、冰岭一路实不可行,应当作罢。当年那彦成、德英阿往来换防就走此冰岭捷径,今由此"以指伊犁,似于局势尚无不合"。由此路进兵,"则声威甚盛,合力并规,当操胜算"。如果这一路避过了冰岭之险,仍然道路不通畅,路虽避冰岭之险,而转运仍难畅达,则可"屯兵北界,以张深入俄境之势,令俄不敢以大队进援伊犁"。这样仍然是三路进兵之势,亦可收三路进兵之果。

　　最后,何时出师以及采取何种策略。左宗棠说:"(至师期)必在伊犁收获之后,可免运馈之劳。"到时候,俄兵必须限期回国,维吾尔族、回族等各族群众中有投诚接受安抚的,仍准入关安插,或仍在本地"复为

清军收复新疆之战

王民"，并废除俄人之前的苛征重税。这些措施实行过后，"似亦可相安无事"。

左宗棠最为担心的事情，是清廷当权者能否坚定支持出兵西北，因此他特地将刘锦棠和张曜的信抄送总理衙门，希望清廷了解前线将士的决心。

左宗棠在给金顺的信里，对"谈"与"战"的前景作了估计。他说："曾侯出使，目睹前车覆辙，自不敢复蹈前愆。如俄知降心相从，不敢坚持异说，则局势或犹可以舌辩为功；若仍狡执前说，势必至于用兵……"

左宗棠决定"先北后南"，首攻乌鲁木齐。他说：

> 乌域形势既固，然后明示以伊犁。我之疆索，尺寸不可让人。

为了使清政府不致为浮言所动摇，左宗棠在给总理衙门的上疏中指出，俄人实在是得寸进尺、贪得无厌。他也再次强调，曾纪泽出使俄国议和之时，决不能忘战。左宗棠说："俄与中国则陆地相连，仅天山北干为之间隔。哈萨克、安集延、布鲁特大小部落从前与准回杂处者，自俄踞伊犁，渐趋而附之，俄已视为己有。若此后蚕食不已，新疆全境将有日蹙百里之势。而秦、陇、燕、晋边防且将因之益急。"

正因为如此，左宗棠坚定地认为，"俄情虽极叵测，然理势两诎，无可借口"，曾纪泽出使期间，应当谨遵王命和俄方相持，决不能轻诺俄方贪得无厌之求。他认为沙俄"反复靡常，较泰西岛族尤为狡诈"，所以即便此次边防终难解严，必将决胜武力，乃有归束"。

在这里，左宗棠已清醒地看到，如果不下定决胜武力的决心并做出周密的部署，是难以索回伊犁的。

一二　出关亲征准备与启程前夕趣事

左宗棠不仅犟,而且好斗。这样的人掌握了军权,便成了"好战分子"了。朝中有些道貌岸然的官员认为,左宗棠就是喜欢较真儿,喜欢大动干戈,为了争西北的"不毛之地",对强大的俄国也丝毫不肯让步。

左宗棠此时已年近七旬,体弱多病的他长期待在荒凉苦寒的西北却不厌烦,真是个怪老头!

可事实真的是这样吗? 左宗棠也是个有血有肉、有亲情乡思之人啊! 我们不妨读一读他写的家信:

> 西征十年,滚滚风尘,几无生趣。遥望南云,无心出岫,不胜企羡……而头白临边,竟无息肩之日……壮士长歌,不复以出塞为苦,老怀益壮,差堪告慰。

整整十年,左宗棠在黄沙弥漫、滚滚风尘的大西北,天天受煎熬,甚至连生存的乐趣都没有了。遥望南方云天,那里有左宗棠阔别多年的家乡,如果能回去,那是多么令人企羡啊! 然而,如同范仲淹在词中所说:"燕然未勒归无计。"这些天来,左宗棠一直寝食不安,常问自己在晚年还能做点什么。

这些天来,左宗棠已吐了几次血,他病情日重,许多事已力不从心。除伊犁之外的北疆、南疆其他地区都收复了,朝廷中包括李鸿章在内的多位大员都主张与俄妥协,满足俄国的要求,就此收兵。对左宗棠来说,他也已经尽到了责任,于国于民问心无愧。此刻,左宗棠更加思念家乡,思念他经营多年的柳庄,思念有田园、有水池的司马桥。

忽然,左宗棠一抬头看到了他走到哪里都带着的林则徐十四字手书:"苟利国家生死以,岂因祸福避趋之。"这十四个字像熊熊燃烧的火焰,灼得左宗棠眼睛发痛,"愚弟则徐与季高仁兄先生共勉之"的这个题款更是如根根芒针一般直刺他的心中。

左宗棠眼前浮现出湘江夜晤林公时的难忘情景,林公的嘱托和自己的许诺,一切恍如昨夜。左宗棠为自己瞬间萌生的退意而感到羞愧。在他的案头,有一部文天祥的诗稿。他曾读了不知多少遍的《正气歌》和《过零丁洋》,此刻更使他热血沸腾:"天地有正气,杂然赋流形。""人生自古谁无死,留取丹心照汗青。"

想到这儿,左宗棠立即铺纸磨墨,提笔写下了"天地正气"四个大字。

伊犁决不能让俄人占有!唯有豁出去与侵略军抗争到底才能解决问题。一个坚定的信念已在左宗棠的胸中形成——为使新疆"金瓯无缺","复须出屯哈密,以伺其变"。

笔者经过多年研究,窥探左宗棠想出此策的思想动机与心理原因，归结起来至少有三条：

其一，"狭路相逢勇者胜"，在"军争"中要以凛然无畏的气势争先慑敌。孙子曰："凡用兵之法，将受命于君，合军聚众，交和而舍，莫难于军争。""三军可夺气，将军可夺心。""军争为利，军争为危。""军争"便是"两军相对而争利"的意思，当然也包含不确定性和冒险性，故必须在未战之前令敌胆怯。

其二，左宗棠知道自己年老体衰不能久拖，收复伊犁时不我待。他奉命西征，在极为艰苦的西北环境中长期操劳军务，身体状况不容乐观，"衰疾日增，恐无生出玉门之望"。他觉得自己"衰朽之年，难膺危疆重任，又适值家庭多故，神颓志丧，意不自聊，

西安碑林保存的左宗棠手书的
《天地正气》碑刻

急拟退休，稍延喘息，又以迭蒙恩命，未可恝然。日暮途长，嘶风骨立，正不知何时得离羁绁也"。左宗棠联想到当年司马懿与诸葛亮在五丈原的对峙的故事，他知道自己必须尽快决胜成事。

其三，左宗棠幼时，曾有道人为他看相。此事虽有迷信色彩，但必须详作交代。

那年夏天，左观澜带着儿子们来到湘江游泳，在"牛头洲"上岸。

这时，远处走来一位仪态迥异的道人，这道人蓄着山羊胡子，背着一个布袋，布袋上有"张半仙"三个字。道人见到左氏父子，便指着小左宗棠对左观澜说："先生请留步。这位小公子相貌堂堂，器宇轩昂，如此一副奇相，长大必有一番不俗的成就，是个难得的人才呀！"

左观澜以为对方想要索钱，便拱手说："在下素来不信测字相面，何况囊中仅够船资。"

那道人却说："在下相面分文不取。相面大有学问。古有吕公、管辂，观星相，测吉凶。孔子说过：'尧取人以状，舜取人以色，禹取人以言，汤取人以声，文王取人以度。'先生像是读书人，这些话不会不知道吧！"

道人看了左宗棠的手相，对左观澜说："不瞒先生，老道是麓山寺内一修道之人。小公子额如'川'字，三庭平分，五岳朝拱，六府高强，是难得的上等骨相。双目黑如点漆，灼然有光，主有富贵；手掌宽厚，主有官位；两耳长大，主有长寿。只可惜……"道人停了下来，像是在故意吊人胃口。

左观澜见状，连忙追问："只可惜什么？还请仙家赐教。"

道人说："小公子玉树芝兰，骨格清奇，非同俗类，只不过面相有点欠缺。你看，两颊下垂，眼角微闭，故而其虽无性命之忧，却恐命途多舛。大难不死，才得后福。掌纹原主黄金万两，却又横生支路，只怕是财运破了财运，今生难有大富大贵之时。"

左观澜问："请问先生，这可有补救之法？"

道人说："常言道：'面随心转。'骨相是生来所定，更改不得；面相却是后天所成，或许能有改变，也未可知。"

左观澜小声自语："难道人的际遇真是生来就定了的？"

"先生此言又差矣。骨相虽早有所指，可供贤王良相择人而任；但人心深奥，机巧奇玄，非博鉴古今典籍、参透天地玄黄、洞悉世态人情者，不能有所察也。即便生来一副好骨相，若是自己不懂得利用，走错了方向，也是枉然。相由天生，亦由人主，各人造化如何，就看人能否顺天行道了。"

左观澜觉得道人这番话颇有道理，便连忙又追问道："先生远见卓识，洞幽烛微，所思高深玄妙，在下自愧不如。不过在下有一事不解：先生如此见识，为何不走仕途，做一辅世之才，却是闲云野鹤，浪迹江湖？莫非先生也是考场失意，断了功名之想？"

"哈哈哈哈！"道人仰天长笑，率然作答，"考场失意自然也曾有过。只是在下久有闲云野鹤之心，并不以功名利禄为念。天长日久，疏懒惯了，官场中那些繁文缛节、尔虞我诈，我也不愿涉足。况且，当今吏治腐败，朝政黑暗，官员尸位素餐，不如避而远之，洁身自好。"

一直在旁边听大人说话的左宗棠突然开口说："这可是先生的不对了。男子汉大丈夫，当以济世匡国、造福苍生为己任，以'忠孝节义'四字当头，为国为民，鞠躬尽瘁，死而后已。若遇有贪官污吏鱼肉乡民，更应挺身而出，救民于水深火热之中，岂有退避之理？"

"好，说得好！"道人击节称赞。

道人补充道："后生可畏呀！少年卓识，可钦可佩，今天这个相我是看对了。小公子日后必能廉正为官，清心救世，纾君主之忧，为民造福。"

接着，道人还具体地预言了左宗棠某年升某官，某年至某处，某年卒于战阵,说得有板有眼。说来也巧,后来左宗棠的经历与道人说的基本相符。正因为如此,左宗棠在出关西征前给周夫人的信中道:"料定此生不能生还矣。"

此前,左宗棠的幕僚胡湘被派往北京留居近两月。胡湘获知朝廷决定改派曾纪泽赴俄京谈判,便昼夜兼程返回肃州。清晨,胡湘不顾旅途奔波的疲惫,急匆匆来大营拜见左宗棠,详细谈了在京的所见所闻。

听了胡湘的介绍,左宗棠十分兴奋地说道:"民心不可侮。朝廷能够依从民意惩办崇厚、废除前约,这是大快人心的事。至于改派曾纪泽再至俄京谈判,也是正理。"他又说:"论理亦论势,弱国无外交。这既是古训,也是事实。没有实力,再有理也是枉然。经国者必须都要力争自强,只有这样,才能挺直腰杆与外国打交道。"

在座的人都连连点头:"大帅所说极是。'和戎自古非长策',没有实力作后盾,终究只能充作俎上肉。"

左宗棠点头表示赞同。

这些时日以来,左宗棠一直在思考一件大事。他已决定要亲自出关,万一谈判破裂,他便可亲临前线指挥作战。

一天早饭前,左宗棠把虞绍南叫来,对他说:"你抓紧去办一件事,给我造个'千年屋'。"

"千年屋?造它干什么?"虞绍南丈二和尚摸不着头脑。虞绍南亦是湘阴人,知道在湖湘当地的方言中,"千年屋"便是棺材。

虞绍南领命后,想到左帅是封疆大吏,棺木当然要高规格。他起先选了胡杨,但其质地不够细密。后来他出高价从一户财主家买来十多根两米长的檀木,监督工匠精心制作,然后打上几遍黑漆,棺材终于做成了。

棺材做成后,左宗棠还躺进去试了试,爬出来后连声说:"蛮好,蛮好! 以后我就睡在里面。"这时,左宗棠才注意到棺材很厚,用手抬一下盖子,盖子一动不动,很沉重。他立即转喜为怒,厉声问道:"这是什么木料? 从哪里弄来的?"虞绍南如实相告。

"真是个浑球!"左宗棠对虞绍南大加责备,"我同你说过要简约轻便,你竟靡费耗工做了一个这么贵重的棺材!"

虞绍南这时才弄明白左帅只要用轻便的白杨木即可,毕竟征途遥远啊! 于是,他又命人在三天之内用白杨做成了一个新棺材,并涂好黑漆。完工后的当天晚上,他便背上一个小包袱,不告而辞了。

左宗棠闻知虞绍南走了,知道自己在做棺木之事上对虞绍南态度粗暴,委屈了他,于是立即派人带上赠金去追赶,并附上一封道歉信。虞绍南看完信后,退还赠金,执意不肯再回,回湖南老家了。

附带一提,送张夫人和子女来西北的老管家曾昆厚曾建议道:"老爷带上棺木,是吉祥之物,而非不祥之兆,故应改涂红漆。"左宗棠认为言之有理,便将棺木重新漆了红漆,油光透亮,红色耀眼。

伊犁未复,在左宗棠看来便是功败垂成。若这块富饶的宝地让外人分割和永久占据,他是死不瞑目的。在离开肃州的前一天,各项准备工作都已布置停当,只待第二天一早启程。这天晚上,他不仅让将领和士兵们痛饮一番,而且让贴身的亲兵也如此,特准他们今晚可尽情欢乐,不必宵警。

皓月当空,繁星闪烁。左宗棠脱去一身戎装,穿上便服,身挎长剑,打扮成江湖艺人的模样,走出肃州大营,漫步街头,顿觉心旷神怡。走着走着,他发现前面有一个古镇,经打听,知道其名为"峪门隘"。左宗棠察看小镇的风貌,一块写有"天下第一棋手"的木牌映入眼帘。他不由暗笑:这山野之人真是井底之蛙,只看见簸箕大的一块天。他仔细一看,那木牌引起了他的兴趣。原来这是一家药店。

左宗棠更好奇了。

药店里,一位长须飘拂、仙风道骨的老者一边包药一边向左宗棠招呼道:"客官请进! 若不嫌弃,进来喝口茶吧!"

左宗棠说:"喝茶就不必了,只想请问老先生,这'天下第一棋手'是为何人?"

老者轻描淡写地回答:"正是敝人。不知客官有何指教?"

左宗棠一副傲态地说:"既然你是天下第一棋手,我们对弈几局如何?"

说到这里需要提一下,左宗棠早年在研究兵法的同时,也曾钻研过棋谱。他觉得,打仗如同弈棋,两者有相通之处,若能钻通棋理,兵法也必能有所得。后来,左宗棠也终究得偿所愿,兵法有得,棋艺超群。当年他在幕府中时,业余时间经常下棋。督署僚友中虽不乏高手,但鲜有能胜他者。后来他统兵打仗,便无暇摸棋,此刻他的棋瘾一下被面前的"天下第一棋手"勾了起来。

老者不屑一顾地说:"我看还是算了吧! 我这正忙着。"

左宗棠哈哈大笑道:"我看你是怕我砸了你招牌吧?"

老者皱皱眉头,略加思索道:"既然你兴致甚浓,老夫就舍命陪君子了!"

左宗棠指了指"天下第一棋手"的牌子问:"输赢怎么说道?"

老者说:"我若输了,牌子自砸。"

于是两人摆开架势,车马炮兵齐上阵,"楚河汉界"摆战场……一个步步为营,一个环环紧扣,一个避实就虚,一个明攻暗取,二人各显其能,冲锋陷阵,互不相让。最后,左宗棠虚晃一枪,进逼九宫,老者苦笑,左宗棠首战告捷。连下三局,左宗棠两胜一负。于是,左宗棠双眉一挑,看向老者。老者二话不说,将木牌取下来,放在地上,"啪"地一掌,木牌顿成两截。

左宗棠神情有些得意,又发现墙上挂着一把宝剑,心想此人必定非同一般。

左宗棠指着墙上的剑说:"看来老先生还会剑术。我原是一介书生,半路出家练点拳脚和剑法,主要为了强身健体,可否与老先生切磋一下?"

老者慨然回道:"可以一试。"

两人各自执剑,在月光下摆开了架势。老者果然出手不凡。你来我往,难分高下。两人交手约三十个回合,老者突然收剑,跳出圈外,以示败下阵来。

左宗棠收起长剑,有些得意地对老者拱拱手道:"承让,承让! 在下还有事,就此别过!"

老者亦拱手道:"祝君一帆风顺!"

左宗棠心情舒畅、志得意满地告别了老者,离开小镇,带领亲兵返回大营。

·············

无巧不成书。没过多久，左宗棠竟与"天下第一棋手"再次相逢并"交手"。

左宗棠舆榇出征到哈密，平叛告捷，失地收复，以武力攻取伊犁也准备就绪。就在这时，朝廷命他迅速回京，面商国是。

左宗棠回到肃州以后，有一天突然想起出征前对弈过的老者。他想看看老者现状如何，牌子是否还在，便决定再次登门。

这回，左宗棠一身戎装，带上两名警卫亲兵直奔峪门隘药店，远远地就看见"天下第一棋手"的木牌仍然高挂在店前。

左宗棠心生怒意，不觉暗骂："好一个山野狂徒、江湖骗子！看我今天怎么教训你。"

左宗棠刚走进店门，老者便迎上前，拱手道："大帅驾到，有失远迎。"

左宗棠没有搭话，只指着"天下第一棋手"的木牌问道："之前木牌砸了，为何又重新挂上？"

老者笑道："大帅不知，此乃老汉招客之法、糊口之技，摘了木牌，门前冷落，如何谋生呀！"

左宗棠沉着脸说："此话倒是实在，但以此牌获取虚名，有伤大雅啊！"

老者赔笑道："确实有此嫌疑，让大帅见笑了。"老者接着问道："请问大帅，你在朝廷命官中棋艺是何水准？"

左宗棠自信地说："至少也是二三名吧！"

老者说："那我这块牌子挂定了！"

左宗棠不由得一愣,问道:"此话怎讲?"

老者不言,只是摆开棋盘,邀左宗棠再较量一番。左宗棠当即应战,于是两人便在月光下摆开了棋局。然而,令左宗棠极为诧异的是,这一次老者的布局无比新异,棋术也是高深莫测。左宗棠大为震惊,使出浑身解数连下三盘,竟是一局未胜。

老者笑着问道:"大帅,您看我这牌子挂得挂不得?"

左宗棠没有表态,想了想,又提出和老者再次比武,想找回点面子。老者也是欣然应允。但是,左宗棠再一次惊诧无比。此次交手,老者身轻如燕,今非昔比,剑法奇特,不到二十回合,左宗棠便大汗淋漓,只好弃剑认输。

左宗棠百思不得其解:上一次老者的棋艺、剑法明明都远不如自己,可时日不长,却已如此精进,其中必有蹊跷。于是左宗棠放下了架子,诚恳地向老者问起缘由。

老者哈哈一笑,娓娓道来。原来,老者叫马青,本属沧州回民,出身于中医世家,自幼出家到少林寺习武,练得一手好剑法,曾有"神剑马"之誉。一次,几名无辜百姓遭强人所害,官匪勾结,欺压良民。马青为打抱不平,深夜闯进官府杀了贪官,闯下大祸。幸好前来办案的钦差大人是一位清官,在详细调查了案情之后,判马青无罪。尽管如此,马青也已经无法在家乡继续生活下去,他只好改名换姓,远走他乡。在外漂泊的日子里,马青除了每日行医、救死扶伤,便是以下棋、舞剑为乐。之所以打出这块"天下第一棋手"的牌子,是为了引招过路棋手,一同切磋棋艺。事实上,上一次与左宗棠下棋、比武的时候,马青就早已认出了眼前之人便是镇疆大帅。

　　马青拂着长须笑道："前次知大帅有重任在身,故而让之,以成其功。今大帅既已功成,我便不敢多让了。"

　　听到这里,左宗棠羞愧难当。自幼好胜要强的左宗棠此时心悦诚服,方知强中自有强中手。于是他向马青问道："先生可否收在下为徒?"不等老者回话,左宗棠便屈身要施大礼："师父在上,请受徒弟一拜。"

　　马青慌忙拉住左宗棠,连声说："大帅使不得,折煞山野老夫也!"

　　左宗棠虚心向马青请教棋法和剑术。马青见左宗棠心怀坦荡,诚恳待人,毫不虚情与矫饰,便与左宗棠深入地探讨了一番。直到接近寅时,两人才依依惜别。

　　这是肃州地区流传已久的佳话,也散见于各色轶闻中。

一三　舆榇出关振奋军心,威慑敌胆

左宗棠决心舆榇出关的消息,在全体将士中引起了极大震动。将士们都议论纷纷,摩拳擦掌,一时士气大振:

"左帅亲征,肯定马到成功!"

"英、俄和他们的走狗向来欺软怕硬,这次非要给他们点颜色瞧瞧!"

"左帅舆榇而行,预嘱后事,我辈不更应拼命吗?"

…………

二、三月的肃州城,依然是寒风料峭。在肃杀的天气里,左宗棠的内心却急如火燎。赴俄谈判的曾纪泽行止如何,至今没有消息;从北京传来的消息,又令人焦虑、忧愤;英国人加紧外交活动,威胁利诱无所不用其极,不断给主张放弃新疆的大臣做工作;俄国人也在不断进行讹诈,并传有兵舰在沿海游弋示威。

不久,北京来人了。左宗棠这才知道,确有兵舰到了山东高角一带,船是从黑龙江的海参崴开来的。

海参崴本来是中国的一个渔村,康熙年间签订的《尼布楚条约》中明确规定这里属于中国。后来,俄国通过《瑷珲条约》割占了中国黑龙江以北、乌苏里江以东的大片疆土,把海参崴变成了俄国的军港,直接威胁到了京津和沿海地区。

想到这些，左宗棠慷慨激昂地说道："当年鲁肃三番五次讨荆州，诸葛先生回应说：'若不准我文书，我翻了面皮，连八十一州都夺了。'我们也是这样，非将其侵占我们的国土统统收回不可。中国与英、俄之间的纠纷，都是从前一味退让妥协的后果，今后决不能再这般受人欺侮！"

告假回家的西征军将领都被召回了大营，有的甚至已经重返前线。现在，齐集大营的有谭上连、谭拔萃、余虎恩、黄万鹏、戴宏胜、毕大才、崔伟、禹中海、易玉林及未曾告假的王德榜、汤仁和、刘见荣等。他们都在等待大帅的命令，随时准备上前线。诸将和幕僚们围在左帅身边，如众星拱月一般。

史念祖说："大帅此次出征，莫非有什么疑虑？卑职以为，带上这不祥之物，甚为不妥。"

左宗棠问："史大人以为，本督有何疑虑？"

史念祖道："卑职以为，大帅是考虑到俄兵大举压境，所以抱着以死相拼的决心，故而带上这具棺材。"

饶应祺对史念祖的这番话非常不满，便冷笑道："史大人是料定俄军会大兵压境，还是料定大帅会有不测？"

崔伟也听出了史祖念的阴阳怪气，一下子怒不可遏，霍地站起来说："不要说俄国人根本没有大军可调，就算有大军，我等也会拼死保卫大帅，歼灭敌人。只有心怀鬼胎之人才会有这种鬼想法。"

幕僚施补华跟随左宗棠多年，向来以口齿伶俐著称。他对左宗棠比较了解，此时见几个人争辩起来，便开口说道："大帅的深谋远虑，不是一般人所能臆测的，当年曾公也深服大帅能审时度势，筹谋深远。

今日大帅做了这种准备,定有特别的用意。我看还是请大帅给大家解释一下吧!"

左宗棠笑道:"我的确有一些想法,但决不是为一己之私利。诸位要明白,中俄之争乃大局所系、人心所向,我们非胜不可!以理、以势而言,如果我们能上下一致、并力而为,就不愁不能打胜。如今我舆榇出关,是昭告中外,我西征大军上下同仇敌忾,有必胜之信念和决心;至于个人安危,我谨遵林公训示:'苟利国家生死以,岂因祸福避趋之。'马革裹尸乃古来名将胸怀,我则壮士长歌,不复以出塞为苦。诸君以为如何?"

众人连连点头。

左宗棠接着说:"现在,曾侯已抵俄谈判,大家或许以为结果难以预料,我则以为结局已定。有崇厚前车之鉴,曾侯必不会签署屈辱之约,必将据理力争。但若无后盾,纵有千辩之舌也无能为力。我舆榇出关,陈兵数万于伊犁边境,可以遥为后盾。万一谈判不成,曾侯拂袖而归,我数万精兵一日之内可取伊犁,驱敌虏于国门之外。此种结果,大家可以拭目以待。"

左宗棠一番话,说得众人心服口服。即使原先心里多少存点疑虑的人,此刻也觉得踏实了,信心倍增。

1880年5月26日,这一天发生了四件事。

归家养病的"霆军"统领鲍超率一万五千人马抵达直隶乐亭,警戒俄人入侵。山西巡抚曾国荃率一万军马抵达山海关,防御俄人入侵东北。也是这一天,曾纪泽乘坐的轮船启航开往俄京彼得堡,与俄人重开谈判。更令世人震惊的是，左宗棠带领亲兵步队十大哨、马队五营，从肃州"舆榇以行"，誓与俄人决一死战。

一副红漆棺材随军出行，使这支与众不同的出征队伍更增添了几分悲壮。

舆榇上阵，古已有之。《三国演义》中写庞德战关羽，庞德便带着一口棺材。以不畏洋人闻名于世的左宗棠这次舆榇进军哈密，不仅震慑了俄国伊犁守军，而且引起了世界各国的广泛关注。

左宗棠要舆榇出关的消息迅速传开。5月26日这一天，肃州城数千军民齐集南城外，恭送左大帅。城门开启，一批一批留守官兵陆续出城，分立大道两旁。随后，全城男女老幼几乎尽数出来，站立于大道两侧。许多人手捧鸡蛋、酒壶、酒杯、果品、熟鸡、熟羊等，耐心地等待大帅出城。人群中有不少老年妇女还在焚香跪拜。

由此可见，肃州百姓对左宗棠的感情是多么深厚啊！

1876年左宗棠进驻肃州，当时的肃州城人烟稀少。在此之前，马四在肃州盘踞多年，汉人几乎被他杀尽；徐占彪、刘锦棠攻克肃州时，入城又杀了回乱分子四千多人。偌大的酒泉古城，留下不足一千汉、回老弱妇女。左宗棠见此情景，十分凄悯，便在闲时与刘见荣一道逐家访察，设法安排生产，给百姓们发放种子、耕牛，让大家能安居下来，自谋生路。

左宗棠还让人贴出告示，招徕在外逃难的回民回城，分给他们土地耕种，还以工代赈，让人们修路打井、种树，发给他们粮食、工钱。左宗棠也拿出自己的一些养廉银为百姓备药治病。经过四年的休养生息，这座遭兵燹浩劫的古城才渐渐有了生气，城里的百姓大多认识左宗棠,而左宗棠也认识不少百姓。左宗棠曾多次感叹说:"看到他们的贫困日子,我就想起了自己当年的境况。但比较起来,他们更是苦上加苦。"

现在,左宗棠要走了,肃州城汉、回百姓依依难舍,不约而同地聚集到城外为大帅送行。

一位瘸腿的大爷扶杖蹒跚而来,有人见了朝他喊道:"老爹,你行走不便,怎么也来了?"老大爷说:"我怎么能不来? 没有大帅,我哪能活到今天? 大帅这一去,不知何年何月还能再见到他。我老了,不知还能活多久,不来怎么行?"当年这位老大爷差点死于沟壑之中,如果不是左宗棠搭救,可能早就不在人世了。

听了老大爷的话,众人议论纷纷。说到动情处,有人忍不住声泪俱下。人们伫立在晨风中,等候那辆非同寻常的四轮车。

几声炮响,号角齐鸣,金锣开道。城门里出来两面大旗,一面是橙黄色的"帅"字旗,一面是大红色的"左"字旗。跟在后面的是迎风飘扬的各色彩旗,士兵举着"钦差大臣""陕甘总督"两排高脚牌。刘见荣骑一匹高头大马走在前面,紧接着两匹枣红马,拉着四轮车出城了。左宗棠安坐在高高的大车上,见到城门外摩肩接踵的人群,站起身来,双手抱拳,连连向左右两侧人群拱手示礼。人群向他欢呼,又拥向车前,送上带来的东西,表达他们的心意。这时,有两位长须飘拂的回族老大爷走近四轮车,手捧酒壶、酒杯,无论如何都要给大帅敬酒,驾车人只得勒住了大马,让四轮车停下。左宗棠接过酒盅,向左、右两侧各奠一杯,然后再斟一杯,一饮而尽,大声喊道:"乡亲们,暂别了,我还要回来的,大家请回吧!"

这时，那位瘸腿大爷和曾给左帅送寿礼的老妇人不知何时挤进了人群，在大帅的车前长跪不起。左宗棠愣了一下，要从车上下来抚慰他们。此时，左右的人立即将他们扶起，而他们仍频频致礼。

马车辚辚地驶过，左宗棠别过肃州军民，在陇西道上朝西前进。四轮车刚过，又一辆马车出城了，人们大吃一惊——那车上竟是一副枣红色的棺材。起初，这副棺材由八名壮汉抬着，后来，左宗棠不忍心让他们行军千里一直抬着，便将棺材装上了一辆马车。道旁的百姓跪拜、叩头，"大帅!"之声此起彼伏，其间断断续续有啜泣之声。大家从心底里对左宗棠表示崇敬。

从肃州至哈密一共有十九站，第一站是嘉峪关，第二站是玉门。沿途道路平坦，两旁柳树成行。

第一天傍晚，队伍抵达嘉峪关，知县张汝学在城外迎接。左宗棠正准备传令安营，张汝学连忙说："大帅，今晚大军就不必安营搭帐了，卑职已在城内安排了地方，可住一千人，特请将士入城休息。本想留大帅多住几日，因知军情紧急，就不便挽留了。"

左宗棠高兴地说："也好，今晚不扎营，明日清早便可出发。"

次日一早，大军继续西进。古诗中讲"西出阳关无故人"，一点不假。从嘉峪关向西，左宗棠在车上一路观望，四野依然一片荒凉的景象，远近都是光秃秃的山和漫无边际的砂碛地，极少水源和绿色，更无人烟和庄稼。连续好多天，大军不得不在荒漠上扎营过夜，人畜饮水也是定量限制。

　　大军一路艰难跋涉，到5月底，哈密已经在望，这口红漆棺材也随运而来。左大帅舆榇亲征的消息早就传到了伊犁，更传到了俄国。新疆民众都被这口大棺材鼓舞，盼着俄国人能少耍花招，速速交回伊犁；俄国人也确实被这口大棺材给震慑住了，开始害怕这个倔强而强硬的湖南老头。

左宗棠画像

一四　缺水源、离陷阱,途中多惊险

唐朝著名边塞诗人岑参曾两度出塞,在边塞生活了五六年之久。岑参对奇特的边塞风光和艰苦的边塞生活的深刻体验,生动地反映在他的诗作中。他描写的地点,大多在西出阳关之后的漫长征途中。具体来说,就是甘肃的祁连、安西以及新疆的库车、轮台、北庭、播仙(今且末)一带。

> 沙上见日出,沙上见日没。
>
> 悔向万里来,功名是何物。

这首五言绝句名为《日没贺延碛作》。贺延碛,即莫贺延碛,指古代的丝绸之路出玉门关后向西北的一片戈壁滩,它在蒙古语中意为"难生草木的土地"。出玉门关后,人们须在荒无人烟的贺延碛上行走六百多里,方能抵达西域的大绿洲——哈密。

岑参还有一首七绝《碛中作》:

> 走马西来欲到天,辞家见月两回圆。
>
> 今夜未知何处宿,平沙万里绝人烟。

这首诗在读者面前展开了一片辽阔无限的沙漠背景。首句从空间着笔：平沙万里，无边无际，极目远眺，只有大漠与长天。沙漠似乎与天连在一起，分不清哪里是天，哪里是沙漠。骑马在大沙漠中行走，好像要走到天上去。岑参描写的途中景色与左宗棠亲率大军西行路上的所见大致相同。

1880年5月26日，左宗棠亲率的后路大军自肃州拔寨西行，经嘉峪关出关，雄赳赳，气昂昂，开赴西征前线。

大军接连走了数日，一路所见都是一望无际的黄沙。烈日炎炎，大军所带饮水全部用完，兵士又多为湖南人，水土不服，不少人瘫倒在沙地上。左宗棠看到几万名士卒和马匹的饮水问题一时无从解决，只得下令部队停止前进，就地扎营。

几万人行军没有水喝，这可是一件必须尽快解决的大事。口焦舌干如火烧，唾液也不会分泌，绝非是用"望梅止渴"就可以解决的问题。再说，即便是学用此法，大家也不会相信前方有梅子，因为这里黄沙遍地，寸草不生。

左宗棠在大帐内来回踱步，苦思对策。忽然，他想起了什么，问亲兵道："林则徐林大人送我的那些笔记在哪里？"

亲兵很快就找了出来。这些笔记是当年林则徐在湘江船上夜晤左宗棠时所赠，是林则徐被贬新疆期间收集的材料。这些笔记左宗棠不知看过多少遍，上面写满了批注。本来他已将这些资料送还林则徐的女婿沈葆桢了，后来沈葆桢又托人把这些资料带给左宗棠，认为左宗棠收复新疆更用得着。

左宗棠拿起一本资料翻阅。这时一阵漠风吹进营帐，将左宗棠手中的那本书"呼啦"一下吹开，很巧，行注有眉批的字跃入眼帘："牲驼能嗅水性，此实务(际)也。"

左宗棠恍然大悟，随即命令将后路大军所有的骆驼聚集起来，排成长队于前开路，人马随后起行，迎着狂风飞沙前进。

前队的谭上连急左公之所急，找来几名当地人做向导，可一见左宗棠安排骆驼为前锋，一下对左宗棠佩服得五体投地："左大帅真神人也。我等前来正是进献此策的，不想大帅早已知矣。"

谭上连又对向导说："既如此，请随行以备朝夕请教耳。"

几名向导答道："我们祖居于此，世受皇恩，安肯背离朝廷？我等盼王师久矣。"

于是，在几名当地人的引导下，大军跟着驼队前进，黄昏时分找到一大片沼泽地，但见绿草茵茵，水色清澈见底。一时间，人马欢腾，士卒畅饮，驼马饱食。这正是：黄沙茫茫路人行，西出阳关无故人；干渴无水难忍耐，书中原有真黄金。

不久，后路大军到达预定地点，左宗棠召集诸路将帅共商军务。

此前，金顺、张曜与徐占彪的军队早已出关。左宗棠命令刘锦棠率领谭上连、谭拔萃、余虎恩率领部队分头出击。收复新疆之战掀起高潮。西征大军在刘锦棠的统率下，所向披靡。

这次，左宗棠之所以要率队亲征哈密，主要是为了准备收复伊犁的战事。这不仅是对敌"示形"，更有动真格的实际部署。他要在有生之年，做一件对得起国家和民族，对得起林公，对得起子孙后代，对得起自己的道义和良心的大事。

左宗棠亲率大队人马出嘉峪关、玉门关，迤逦西行。这一路华尔秃颇为熟悉,故左宗棠让他当向导。左宗棠把白彦虎派来的刺客华尔秃当作亲信重用,与历史上曹操重用陈琳、唐太宗李世民重用魏徵颇为相似,表现了左宗棠的大气,也使华尔秃深受感动,倾心相报。

左宗棠对华尔秃说:"此次到哈密后,我将荐报朝廷,表彰尔之功劳。"

但是华尔秃闻言后并不为喜,再三辞让说:"我愿在左大人鞍前马后,效菲薄之力,非存腾达之想。大人若是向朝廷荐保,羞煞我也。"

不久后的一天夜里,左宗棠回帐后见案头放着一张条子,上面写道:"臣不明真相,惑于白逆,为虎作伥,助纣为虐,实罪恶深重。承蒙左帅豁达大度,宽容仁慈,对臣信任有加,将保荐朝廷,臣感激涕零。然而,臣之所为,毕竟属于'卖主求荣',为世人所不齿。西进路上多机关暗算,望公细察,慎之,慎之。华尔秃拜别。"

杨公道《左宗棠轶事》中有文写道:"华在营中数年,公方欲加以荐保,以酬其劳功。华耻于卖主求荣,毅然固辞。公嘉其志,亦不相强。卒乘隙遁去,不知所终,亦异人也。"

左宗棠在进军哈密途中,宵衣旰食,忍受饥渴,与士卒同甘共苦。因尚有白彦虎的残部沿途偷袭,所以亦偶有战事,更增添了征途的艰苦,也更需要多加警惕。他每天于黄昏时分便先于诸将睡觉,至三鼓时则起身处理军务。有一次,左宗棠起床刚披上衣,即闻军中的沉郁的鼓声和清脆的击柝声:

"嘭!嘭嘭!嘭!嘭嘭!……"

"笃,笃笃!笃,笃笃!……"

将士们正在酣睡之中,此时他们两耳不用塞豆却不闻雷霆,更不用说这低沉的鼓声与清脆的梆子声。当然,在起床的号角吹响时,他们便会从睡梦中惊醒,一跃而起。

左宗棠细听这柝声,觉得与往常不同,仿佛有回声,恍如"空谷足音"。他立即下令紧急拔营出发,移军三十里。

诸将睡眼惺忪,根本不理解左帅为何要这样"折腾"部队,只觉得将士近日疲惫劳累已极,需要多加关心与体恤。

士卒中有不少人已开始骂骂咧咧,有几位将领前来请示左宗棠:"左帅,士卒都说到天明起程未迟,何必贪夜拔营,劳师动众?"

"立即拔营!立即拔营!违令者斩!"左宗棠怒斥道。

诸将只得极不情愿地下令立即拔营,借着星月微光,迅速带领部队移营。

约过了半小时,后军出了营地,突然原营地处陷了下去,一支埋伏已久的白彦虎残军杀出。众将士尽皆叹服:"左帅真神人也!"

诸将中有人问其缘故,左宗棠说:"华尔秃有过忠告,途中多机关暗算。我听柝声与平时不同,知道地空耳,必有陷阱和埋伏。"

柴小梵的《梵天庐丛录》中载录了此事的全过程:

　　文襄在军中,恒黄昏先诸将睡,至三鼓则起治军书矣。一夕,闻击柝声,令军中移营三十里。是日正战胜后,士卒皆酣睡,闻令有怨言。诸将有为之请者,文襄怒斥之,且趣焉。不得已,共发。后军甫毕,而原营地处陷,伏亦起矣,众乃大服。诸将有请其故者,文襄曰:"无他,我听柝声,若反应者,知地空耳。"

在极为荒凉的沙漠里长期行军，艰苦程度是一般人难以想象的。左宗棠在给友人的信中写道："连日驰驱沙碛，至端八日始抵哈密。沿途暑喝殊甚，夜行昼伏，与鼠相似，可发一噱。"

人民群众对一支军队的态度，是评判这支队伍是否是正义之师的一把标尺。6月15日，左宗棠到达哈密。他在给杨昌濬的信中说："弟此来，父老扶杖而观，不远数百里，民情亦大可见。"

可见此行符合国家、民族的利益，受到各族群众的衷心拥护。

左宗棠率领西征大军从肃州来到哈密，随大军而来的还有很多商人和小贩。商人雇人拉着骆驼，赶着马车，驮来大批货物；小贩则徒步挑担而行。他们有的来自甘肃兰州，有的来自西安，有的来自太原，还有的来自天津。

大军来到哈密后，原哈密镇番街、得胜街等处，商家鳞次栉比。这些商贩供应大军的日用百货，哈密很快成了一大商埠。当时，人们称他们为"赶大营"，大营走到哪里，他们就赶到哪里。后来，大营西调北疆，大批商贩又西赴乌鲁木齐，乌鲁木齐又成了新疆的一大商埠，后来有的商贩在此落了户，成了"新新疆人"。

一五　伊犁惠远本是全疆的军事、政治中心

大清帝国疆域辽阔，但是周边地区也是多事之地，尤其是在西北方向上，更是频生事端。

经过康熙、雍正、乾隆三朝的不懈努力，到18世纪中叶，清朝政府平定了新疆地区的准噶尔部上层贵族叛乱及大小和卓之乱。后来，英、俄帝国及浩罕汗国又对新疆虎视眈眈，清政府根据新疆地区的实际情况，采取了一系列适应新疆现状和社会发展的措施，涵盖了军事、政治、经济和民族关系等多个方面，在新疆地区驻以重兵，实行军府制，设伊犁将军。除此之外，清政府还从东北地区抽调锡伯营、察哈尔营、索伦营，又组建厄鲁特营，将其派到伊犁各地驻防、屯垦、屯牧，合称为"伊犁四营"。

伊犁将军始设于清乾隆二十七年（1762），下辖乌鲁木齐都统，伊犁、塔尔巴哈台、喀什噶尔参赞大臣，以及各地办事大臣、领队大臣。伊犁将军是当时新疆广大地区的最高军政长官，统辖天山南北包括巴尔喀什湖以东、以南及帕米尔高原的广大地区。伊犁将军的设置和"伊犁四营"的驻防，对巩固我国西北边防、防御沙俄侵略以及开发建设新疆发挥了积极和重要的作用，有利于巩固和发展统一的多民族国家。

伊犁将军府

清朝政府根据新疆地区维护治安、发展生产、加强边防的实际需要,将"伊犁四营"安置于以伊犁将军驻地惠远为中心的伊犁周边地区。其中,锡伯营在今察布查尔锡伯自治县一带驻防,索伦营在今霍城县霍尔果斯河两岸驻防,厄鲁特营在今尼勒克、新源、巩留、特克斯、昭苏县等地驻防,察哈尔营在今博尔塔拉蒙古自治州一带驻防。清朝政府还将清初即在东北、内蒙古地区实行多年的卡伦制度带到伊犁及全疆各地,不同的地区设置类别不同的卡伦,实践证明,卡伦在清朝政府的边疆国防政策中占有非常重要的地位。

"卡伦"在满语、锡伯语以及蒙古语中都有"瞭望""哨所""台""站"之义,即更番候望之所。因为年代久远,所以对历史遗迹的考察困难甚多。有幸的是在伊犁哈萨克自治州的察布查尔锡伯自治县和霍城县,至今仍可以看到一些夯土建筑围成的院落围墙残迹,平面呈正方形,围墙残高四米左右,厚两米左右,这就是清代卡伦的遗址。

"卡伦"在清代的许多文献中都有记载。何秋涛《朔方备乘》载:"更番候望之所曰台,国语谓之喀伦,亦作卡伦,又有称卡路、喀龙者,皆翻译对音之转也。"徐松《新疆赋》也说:"凡官兵巡守设汛之地曰卡伦。"《大清会典》说:"于要隘处设官兵瞭望曰卡伦。"《钦定新疆识略》卷一一载:"夫绥靖边圉,其要在于察畿疆,谨斥堠,《尚书》有慎固封守之文,《周礼》有掌固习险之职,此新疆卡伦所由设也。新疆南北各城皆设卡伦,而伊犁为最多。伊犁境内,东北则有察哈尔,西北则有索伦,西南则有锡伯,自西南至东南则有厄鲁特。四营环处,各有分地。"

下面简述在伊犁周围的山水湖泊、广阔草地以及惠远古城的所见所闻。

伊犁地区既有天山、阿尔泰山之雄奇,又有伊犁河谷、额尔齐斯河谷之秀丽。伊犁为全国著名旅游区,矿藏品种齐全,蕴量丰富,已发现的矿物有86种,初步探明的有煤、铁、金、铜、镍等49种,含量大,品位高,尤其以黄金、稀有金属最为富集,绿柱石、锂辉石的储量位居全国第一,铌、钽、铯的储量也很可观,开发前景非常广阔。

伊犁地区地貌丰富,气候多变,风景优美独特,故闻名遐迩。这里有被称为"中国瑞士风光"的那拉提,有神秘的喀纳斯湖、怪异的魔鬼城、风光奇绝的果子沟、绚丽壮观的通呼沙拉瀑布、充满诗情画意的桦树林……这些风景名胜吸引了无数中外游客。

那拉提风景旅游区位于新源县那拉提镇境内,以巩乃斯河上游及那拉提山北坡的山地为主景区。特殊的地理环境,形成了巩乃斯以山地草甸和山地草甸草原为典型植被类型的高草型割草、放牧兼用的大草场。每到春夏季节,漫山遍野草密花繁,黄花、红花、紫花、白花竞相开放。有些山坡是百花齐放,有些山岭是"黄花独秀",方圆几千米都是黄花。黄花覆盖了草地,覆盖了山坡,覆盖了溪流,一片金黄的世界,动人心魄,令人陶醉。这种神奇的单色花海草原景观,在别处是很难看到的。

在巩乃斯草原上骑马狂奔,或乘车驰骋,如在波涛汹涌的大海中航行,忽而跌入谷底,忽而冲上波峰,一波一波,一层一层,无穷无尽而又层次分明。河谷地的草原,草高过腰,牛羊出没其中,只见头角,不见身躯,如游在绿波之中。巩乃斯的山地草甸最具特色,一道道绵延的山岭,山陵间沟壑梳状密布的山地,起伏跌宕,林深草密。

果子沟历来被视为新疆的名胜之地,全长28千米,素有"伊犁第一景"之美称。果子沟因山沟内遍布野生苹果、山杏、梨、桃和葡萄而得名。它纵贯天山之北,山路盘旋崎岖,峡谷地势险要,大有"一夫当关,万夫莫开"之势,堪称伊犁的天然门户,自古以来就是中国通往中亚、欧洲的重要通道。果子沟是大自然赋予的天然宝库,药材资源也很丰富,自春至秋,香草馥郁,野花烂漫,给游人带来花的芬芳,美的享受。

高山湖泊赛里木湖,是博尔塔拉蒙古自治州的一大胜景。夏天的赛里木湖,金波粼粼披彩霞;秋天的赛里木湖,绿浪万顷映金辉。泛舟赛里木湖,看蓝天映湖面,白云沉水底,远山傲然挺拔。

赛里木湖安卧于北天山的岗吉格山、呼苏木奇根山、科古尔琴山之间,青峰翠岭,黛崖赭壑。淡云游弋山腰,薄雾轻绕峰峦,万千气象凝山水,千姿万态挂云间。此湖最早记载为"苏特库耳",突厥语意就是唐太宗李世民诗中的"乳海"。赛里木湖,是天山山脉中海拔最高、面积最大、湖水最深的高山湖泊,其湖面海拔2073米,面积458平方千米,最深处达92米。清王朝曾在这里设"鄂勒著依图博木军台",也就是"三台"。因而,当地人称赛里木湖为"三台海子"。

千百年来,过往此湖的文人墨客、将军征夫、商旅僧人都留下了不少记载,记载中只有湖光山色,却没有鱼翔浅底、水鸟栖息,也没有人看到渔歌互答的情景。因为,赛里木湖为微咸湖。清代学者祁韵士有诗《赛里木海子》写道:"澄波不解产鱼虾,饮马何曾问水涯。碧草青松看倒影,蔚蓝天远有人家。"

调查研究发现,过去赛里木湖长期没有鱼,其主要原因是赛里木湖是一个与外界隔绝的封闭湖泊,鱼苗无法进入湖里。于是水产部门进行了引进鱼苗的实验,接着又在大湖里试养鱼苗,也获得成功。有了鱼,以鱼为食的各种鸟儿也随之而来,昔日静寂的赛里木湖,一年比一年热闹。

更难得的是,就连天鹅也不远万里来到赛里木湖落脚,产卵孵雏。直到秋风萧瑟,小天鹅羽毛丰满,大天鹅才拖儿带女,振翅远飞。

惠远城位于伊犁河北岸,距伊宁市38千米,距霍城县东南7千米。惠远城系清代所建伊犁九城之一,有新、旧两城。该城是清代伊犁将军府所在地,也是当时新疆的军事、政治中心。旧城建于乾隆二十八年(1763),濒伊犁河北岸,后为河水侵袭,同治十年(1871)沙俄侵占伊犁后复遭拆毁。伊犁收复后,在旧城北面另筑新城,因清朝新疆最高军政长官伊犁将军驻此,故称"伊犁大城"。清政府还在周边建起了惠宁、熙春、拱宸、绥定、宁远、瞻德、广仁、塔勒奇八城,合称"伊犁九城"。此九城都在1871年沙俄侵占伊犁时被毁。

新城规制与旧城相同,城内以钟鼓楼为中心,四条大街分别通向四城门。钟鼓楼是中国传统的四层三檐砖木结构建筑,雕梁画栋,根基稳固,气宇不凡。伊犁将军府旧址在新城东侧,府门、石狮、厅堂、厢房以及花园的凉亭至今仍保存良好。展览室内有左宗棠、刘锦棠收复新疆的照片、图片以及其他历史资料和文物,还有林则徐、左宗棠、曾纪泽的蜡像。园内还有收复伊犁后种下的大柳树,人们称其为"左公柳"。

伊犁河是一条生命之河,天山山脉中的五千多条冰川,是一个蕴藏极大的"固体水库"。它融化的雪水汇成伊犁河,流域面积达15万平方千米。伊犁河谷土地肥沃,水草丰美,气候宜人,向来有"塞外江南"之美称,是"天马"的故乡。终年奔腾不息的伊犁河,河面宽阔,向西流到哈萨克斯坦的巴尔喀什湖去了。

哈萨克斯坦境内的巴尔喀什湖东西长605千米,南北宽9~74千米,面积随水位高低变化,有1.7万~2.2万平方千米,其最深处约26米,湖水蔚蓝清澈。

伊犁这块丰沃宝地曾被沙俄侵略军霸占蹂躏了十一年之久,每当提及这段悲惨耻辱的历史,国人心中总是悲愤难平。清朝时,中国的西部疆界是十分明确的,巴尔喀什湖是中国的内湖,这在诸多史籍中都有明确的记载。那么,这片辽阔而富饶的土地,怎么变成他国的版图了呢?

一六　近代中国大片领土一次次丧失

在中国，如果问问学过中国地理的中小学生"我国的领土面积是多少？地图的特征是什么？"大多数能够回答："陆地面积九百六十万平方千米（还有三百多万平方千米的海洋国土），地图形状像一只大公鸡。"然而鲜有人知道，清朝康熙盛世时中国的国土面积是1300多万平方千米，当时的中国地图形状像一片秋海棠叶。为何发生了这么巨大的变化呢？正是帝国主义的侵略、掠夺和蚕食，使我国的领土一次次丢失、缩小，令国人扼腕长叹！

早在鸦片战争以前，在东南沿海和北部边境，中国与外国侵略势力就有接触，已有几百年的历史。这些外国侵略势力主要来自葡萄牙、西班牙、荷兰、英、美、法、俄等国，他们大都和中国发生过通商关系，有的与中国订立了条约。其中，葡萄牙人最早来到中国。1514年，第一艘葡萄牙商船开到广东，后来清廷准许他们在澳门建屋居住。1575年，西班牙商船第一次到中国。此前西班牙已占领菲律宾，并将其辟为殖民地。1637年，英国商船首次来华。这一年，英船炮击虎门炮台，击沉中国船只。1840年，英国发动鸦片战争，敲开了清朝闭关自守的大门。1841年1月26日，英国派兵强占香港。1842年8月29日，英国强迫清政府签订了《南京条约》，清政府把香港割让给英国。

在近代列强对中国发动的侵略中，沙俄对我国领土主权的危害是最大的。1858年,沙俄通过不平等的《中俄瑷珲条约》割占了我国黑龙江以北、外兴安岭以南60多万平方千米的领土。恩格斯曾经指出,俄国"从中国夺取了一块大小等于法、德两国面积的领土和一条同多瑙河一样长的河流"。1858年以后,每签订一次条约,每勘一次边界,沙俄都会蚕食中国的领土。

早在1831年,沙俄就讨论将势力推进到中国的斋桑湖,如果中国人想用武力迫使俄国放弃这些地方,俄国的部队"不得退出这些地点"。沙俄正是遵循这种武装占领的方针侵吞中国领土的。

1834年,沙俄派费奥多罗夫等从阿亚古斯河潜入巴尔喀什湖地区进行探查和测绘,为进一步侵略中国做准备。

1845年,沙俄侵略军侵入了哈拉塔尔河和伊犁河下游北岸,并于1847年建立了科帕尔要塞。这是明目张胆地侵占中国领土。1846年,清朝政府向沙俄提出抗议。以后,沙俄又占领了伊犁河下游南岸至楚河之间的中国领土,进而把侵略势力扩张到我国的热海(伊塞克湖)。为了牢固地占有这些地方,沙俄在阿拉木图附近非法建立了维尔诺要塞。要塞于1854年建成,后来成为俄国侵略中国的一个重要据点。沙俄军队自阿亚古斯河畔的谢尔基奥波利,中经科帕尔,南达维尔诺要塞之间,强行筑起一条长达700千米的堡垒线。至此,沙俄不仅将侵略势力扩张到巴尔喀什湖以南,也侵入到我国的伊犁河下游地区。1859年1月,沙俄又强占了楚河上游的皮什别克(今吉尔吉斯斯坦首都比什凯克)和托克马克城。

沙俄垂涎新疆的广阔市场,看到英国的商品不容易进入新疆,他们就力图在新疆通商。俄国资本主义势力打开通向新疆的大门之后,俄国商品如牲畜、纺织品、铁器等便大量进入新疆。从1851年订立中俄《通商章程》到1881年签订《中俄伊犁条约》，新疆每年进口货值由白银20余万两激增到400余万两，出口值达300余万两。沙俄侵华分子巴布科夫曾直言不讳地指出，1851年的《通商章程》是沙俄"深入中亚细亚继续进行活动的强有力的动机"。

1856年，俄国另一个侵华急先锋谢苗诺夫率队侵入我国伊塞克湖和天山一带，进行所谓"科学考查"活动。

1858年，俄国间谍军官瓦里汗诺夫中尉以"经商"为名，伪装成商人潜入我国新疆喀什噶尔，从事情报搜集活动。

1860年《中俄北京条约》签订后，沙俄政府准备通过重新划界来侵占中国领土。1862年1月，沙皇亚历山大二世亲自召集了"特别会议"，专门讨论划界方案和对华政策。沙皇还召见了鄂木斯克军团上校军官巴布科夫，并任命巴布科夫和沙俄驻伊犁领事扎哈罗夫为俄方的谈判代表。

清代的伊犁地区是指伊犁河流域及其周围地区。以霍尔果斯河为界，伊犁分为东、西两路。沙俄对伊犁觊觎已久，在新疆各族农民起义爆发之前，就已经多次派兵侵入伊犁西部，抢劫牲畜，烧毁村舍。1864年，沙俄又通过《勘分西北界约记》割占了我国西北边疆44万平方千米的领土，其中包括占伊犁地区面积五分之四的伊犁西路的大部分地区，这也将伊犁剥蚀得只剩下九城及周围防营驻扎、屯田区。贪婪无度的沙俄仍欲壑难填，总想将伊犁全境霸占。

1864年，新疆爆发农民起义。对此，沙俄兴奋异常。主持过西疆划界的沙俄方代表巴布科夫公然策划：沙俄西部边界应以"天然界限为国界"，把中俄西部边界再向东推移300至500俄里，"为了设定这样的'天然国界'，首先必须把全部中国准噶尔——即塔尔巴哈台和伊犁省合并到我（俄）国领域来"。一些沙俄官员甚至主张不执行《勘分西北界约记》，使其成为废纸。不难看出，沙俄对伊犁的野心不单单是说说而已，他们是要付诸实施了。

大约在同一时期，英、俄之间争夺日甚，这也加速了沙俄对伊犁军事占领的步伐。沙俄担心英国会抢先对新疆下手，因为沙俄兼并了中亚三汗国之后，英、俄争夺的重心向东延伸，除了阿富汗赫拉特，又增加了新疆的喀什噶尔。新疆成为英、俄角逐之地区，两国先后在喀什噶尔设置领事馆，这也是双方较劲的政治产物。

在英国的支持下，阿古柏率军入侵南疆。沙俄终于瞅准并抓住了一个军事占领伊犁的机会。阿古柏侵略军控制了天山以南的大片地区，正筹划占领全部北疆。沙俄异常担心南疆会落入英国之手，便迫不及待地出动了军队，强占了我国伊犁河谷地，并叫嚣要吞并北疆，占领南疆。

沙俄对伊犁的侵犯，激发了伊犁各族军民的顽强抵抗，这竟成了沙俄入侵的"理由"。1870年，伊犁艾拉汗政权要求沙俄军队撤出其侵占的伊犁塔兰奇耕地，并拒绝俄商进入伊犁贸易，却遭到俄方拒绝。此后，艾拉汗政权便同沙俄断绝了一切往来，双方的摩擦与纠纷日渐增多。这年6月，5名俄民非法闯入伊犁特克斯狩猎，被伊犁哨所士兵发现，击毙1人，俘获3人，俄方乘机提出多项无理要求。8月，俄军一支部队侵占了伊犁南部通往阿克劳的战略通道——穆素尔山口，拉开了入侵伊犁的序幕。

沙俄军队侵占穆素尔山口是颇费心计的,因为这对沙俄具有重要战略意义,既可对伊犁艾拉汗政权施加军事压力,又可防止亲英的阿古柏侵略军干扰俄国在伊犁的行动。沙俄将一支重兵据守在穆素尔山口,又在天山和阿拉套山之间260多千米的地域派驻了博罗呼吉尔部队和春济部队,对伊犁形成南北夹攻态势,为一举攻占伊犁作军事准备。艾拉汗政权看破了俄方的打算,也感到时局的危机,于是当即向俄方提出强烈抗议。

此时,抗俄的哈萨克阿勒班部落首领塔扎别克,率领一千余户牧民投奔了艾拉汗政权,沙俄终于有了进犯伊犁的借口。沙俄伊犁远征军司令科尔帕科夫斯基向伊犁递交了最后通牒,要求艾拉汗政权在15日之内交出塔扎别克,否则将会出兵。几乎在通牒发出的同时,集结在谢米尼奇省的俄军向博罗呼吉尔开拔,与当地的部队会合后,沿伊犁南境的特缅山推进,形成对伊犁的南北夹击之势。

5月15日,博罗呼吉尔部队的一个步兵连和由90名哥萨克兵组成的前卫分队,携带两门大炮,向伊犁推进。5月17日,沙俄前卫分队侵犯霍尔果斯西岸。伊犁军民退守在马扎尔保,为了隔断沙俄军的水源而将河流与渠水堵绝。19日,英勇的伊犁军民冒着敌人猛烈的炮火向俄军发起了反击,然而因武器简陋、火力单薄,反击未果,马扎尔堡陷落于敌手。不甘心失败的伊犁军民用切断水源、坚壁清野、游击阻截、破袭后方等方式,让马扎尔堡变成了一座孤堡。无奈之下,俄军放弃了马扎尔堡。5月22日,俄军前卫队退回博罗呼吉尔,与陆续抵达的俄军会合,稍作休整后,准备对伊犁发起更大规模的进犯。

5月19日,俄军入犯伊犁南境时,在克特缅山口遭到伊犁军民的顽强抵抗。战斗打得相当惨烈,从上午一直持续到下午。伊犁军民同仇敌忾,勇敢出击,一度迂回到俄军侧翼包抄了进犯之敌,但俄军的炮火越来越猛,伊犁军民反击受阻,不得不退守。5月26日,伊犁军民得到增援,调整兵力之后,再次向俄军发起反击。战斗持续了两天两夜,伊犁军民终因武器简陋而被迫后撤设防。

6月6日,俄军春济部队增加了几个连的人马,又向克特缅山入侵,于6月10日将其攻陷。翌日,伊犁援军分三路向沙俄军反击,双方打起了肉搏战。各族军民携手并肩、前仆后继,表现出中华儿女坚毅不屈的民族气节。战斗结束,清理战场时,大家发现伤亡的军民中"除塔兰奇(维吾尔族人)外,还发现有很多汉人、卡尔梅克(蒙古族)人、吉尔吉斯(哈萨克族)人和东干(回族)人"。

沙俄军在克特缅山区摆开架势与伊犁军民交火,其用意是将伊犁军民吸引过去,同时将春济部队偷偷调往伊犁河北岸,与博罗呼吉尔部队合兵一处。沙俄军为最后攻占伊犁,调动了6个步兵连、4个哥萨克连、10门重炮,共1800多人。

面对沙俄军咄咄逼人的军事气势,伊犁军民更下定了保卫家园、抵御外敌的决心。6月27日,艾拉汗向入侵俄军递交了战书,表达了要与沙俄军拼战到底的决心。伊犁军民在清水河子、绥定等处加紧修筑防御工事,筹备弹药。6月28日,沙俄军向霍尔果斯河防御阵地发动猛烈进攻,乘势渡过霍尔果斯河,将伊犁军民逼入清水河子城堡。6月30日,沙俄军向清水河子城堡发动猛攻。战斗从黎明打到深夜,守军伤亡惨重,城堡最终失守。7月1日,沙俄军又攻克绥定。7月2日,艾克汗派人赴绥定与沙俄军谈判,表示愿意投降。7月4日,沙俄军进入宁远城。伊犁城邑就这样一个接一个地被沙俄军占领了,伊犁人民深陷于沙俄铁蹄的蹂躏之下。

沙俄原计划占领伊犁后向乌鲁木齐推进,也许是对玛纳斯和乌鲁木齐一带缺乏"确实和详细的情报",又未找到可靠的内应,只好暂停军事行动,在精河、大河沿一带设卡建站、派驻兵员,将伊犁及其周围的七万余平方千米的中国领土强行霸占。

沙俄帝国侵略目标绝不仅仅是得到整个新疆,其更大的野心是要一步步蚕食中国内地。

1876年,沙俄军官普尔热瓦尔斯基潜入我国的罗布泊。1884年,此人又潜入我国黄河河源鄂陵湖和扎陵湖,为沙俄侵吞我国陕、甘、内蒙古的领土做准备。

沙俄将伊犁攫为己有以后,本打算扶植一个傀儡政权,但因未找到理想的人选,最终只好选择了由沙俄占领军直接实行统治。入侵军队的半数陆续撤回,剩下的则久驻伊犁。被占领的伊犁地区被划为四个管区,由沙俄谢米列奇省驻军司令管辖,总管当地的军事、政治、治安、经济等一应事务。

为了巩固占领成果,占领军在伊犁城乡挨家挨户地收缴武器,反复清查抗俄人员,并从东、南、北三面封锁了占领区与外地的联系,仅留西面对俄开放。就这样,伊犁成了一个禁锢各族人民行动自由的大地狱。

不仅如此,占领军还诱迫伊犁人民改投俄籍,公然侵夺中国民籍主权。他们先是劝说归附,后又逼令投降,对不从者进行拷打、凌虐。他们还阻挠清政府对伊犁事务的管理,不许清政府官员接触伊犁难民,也不许占领区内的中属各营相互往来。

占领军在占领区内实行俄国法律,剥夺清朝政府在伊犁的司法主权,并在当地成立了沙俄军事法庭,强制审理各类案件。

占领军还大肆鼓动俄国商人迁居伊犁占据伊犁市场,垄断当地经贸。不久,伊犁便成了沙俄商品集散地,洋行店铺林立,俄货比比皆是。

伊犁人民在苦难中呻吟。伊犁人民期盼救星来解放他们。

一七　沙俄畏左帅动武,吐出口中之肉

由于山高路远,信息闭塞,沙俄政府派兵侵占伊犁时,清政府并不知情。直到1871年9月1日,俄驻京公使才通知清政府,称俄国已于7月4日占领伊犁,还假惺惺地声称"本国愿将所得地面交还贵国",并催清政府派员前往接收。中俄之间关于交还伊犁的十年交涉自此开始。

沙俄在侵占伊犁前就断言清王朝已不可能恢复在新疆的统治。沙俄占领军控制伊犁后向当地人民宣布,沙俄将永远占有伊犁。沙俄官员口口声声说"将伊犁交还中国",这完全是掩人耳目的谎言。当清政府按照俄方照会之意派员赴俄谈判交接事宜时,俄方要清军必须将关内外肃清,收复玛纳斯、乌鲁木齐,之后才能谈判交收伊犁。俄方认为清军决然办不到这些,才开出了空头支票。但清政府认为伊犁是中国的领土,遂令伊犁将军荣全自临驻地科布多去谈判接收伊犁。

荣全是1871年10月17日从乌里雅苏台动身的,他只带了一百多名士兵,身后无重兵支持。荣全一行在路上走了三个多月,于次年的1月20日到达塔尔巴哈台。

俄方完全没有想到清政府真的会派官员来谈判伊犁问题,于是百般刁难荣全,不让他到伊犁去,要他赴沙俄的那旦木克议事。后来,俄方又将谈判地点改在阿亚古斯,完全是耍弄荣全。总理衙门与沙俄驻华公使在北京多次交涉,然而因俄方的无理要挟,因而谈判事宜半年间毫无进展。

清军迅速收复新疆的形势大大出乎俄国的预料,俄国被迫开始重新考虑伊犁问题。1879年3月,沙皇主持召开御前特别会议,决定若中国在通商、赔偿损失和调整天山以北的边界等方面做出让步,俄国方面可以交还伊犁。

于是,中方谈判代表崇厚一行在彼得堡与俄方正式谈判。1880年1月2日,清廷正式拒绝批准《里瓦几亚条约》,并将丧权辱国的崇厚定罪,"斩监候"。

1880年8月28日,中俄又在彼得堡进行关于交还伊犁的谈判。这一次,中方以曾纪泽为谈判代表。

曾纪泽深知他所肩负的外交任务非常艰巨,为了祖国领土的完整,他决心"障川流而挽既逝之波,探虎口而索已投之食",把沙俄占领的土地索回来。曾纪泽面对的沙俄外交大臣吉尔斯、驻华公使布策、外交部重要官员热梅尼等人都是外交老手,曾纪泽与他们唇枪舌剑,进行了激烈的交锋。

从8月到10月,沙俄在谈判地点及中方代表资格等问题上对中方多方刁难,但曾纪泽都以不卑不亢的态度从容应对,据理申辩,常常使吉尔斯等人理屈词穷。在谈判中,双方的斗争焦点集中在是否割地的问题上。沙俄力求保住《里瓦几亚条约》的既得利益,曾纪泽则坚持要沙俄将特克斯河流域一带归还中国。由于意见分歧,谈判数次陷入僵局。热梅尼主张对清政府要"用大炮口去提出要求","不能仅限于举起拳头,而且要坚决准备使用它"。他们认为,清政府"只有在手枪放在咽喉上的时候才会同意"。

曾纪泽吸取崇厚被愚弄的教训,对沙俄外交官员的这种无耻伎俩进行了严肃的斗争。

在曾纪泽等中方代表的坚持下,热梅尼在给吉尔斯的报告中无可奈何地承认:"我们的示威没有使他们害怕。"

曾纪泽在谈判桌上的底气与"硬度",同左宗棠积极主战、备战以及大兵屯边密切相关。依照左宗棠、金顺、刘锦棠的意见,收回伊犁不难用武力解决。因此,曾纪泽心里有底。俄军在伊犁的人数、配备,均不足以与清军相比;清军的补给线虽然很长,但俄军的补给线更长。

事实上,在曾纪泽出发之前,左宗棠在给朝廷的奏折中就明确而坚定地表述了此意,这是扭转曾纪泽在谈判桌上不利局面、促使沙俄改约的重要原因。有人说:"弱国无外交。"这话很有道理。历史的教训告诉我们:对付侵略者,没有军威做后盾,再好的外交家都是难以成功的。左宗棠认为,"邦交之道,论理而亦论势","先之以议论委婉而用机,次决之以阵战坚韧而求胜"。他反对"武事不尽之秋,有割地求和者"的做法,更不能容忍"捐弃要地,餍其所欲"的卖国行径。他认为一定要有敢于抵制列强藉端要挟的外交观。

在会谈桌上,一个俄国大员不经意说漏了一句话:"你们老是固执己见,在西边调兵遣将,左大帅还抬着口棺材要与我们拼命似的。其实我们俄国人并不想与你们兵戎相见。"

"打不打由你们皇上决定,但现实是你们在积极做准备,你们还说要出兵辽东湾哩!"曾纪泽说。

"那是因为你们有真想打仗的样子。你们不打仗,重兵包围伊犁做什么?"那位俄国大员又说。

俄国人要摸的底没摸到,中国却有了"俄国人怕左宗棠"的底。

清廷虽然表面上也有备战的谕旨,但在骨子里是想求和的。在此之前,朝廷怕左宗棠对俄用兵,急调其入京。这一点,左宗棠心里是清楚的。无奈圣旨已下,左宗棠只得启行。入京路上,他在家书中称"我之此行,本不得已"。回京时他随带了王德榜、王诗正这两支部队,将其部署在张家口一带,以防俄军从东北方向进犯。

左宗棠奉诏入京的消息传到俄国,俄政府弄不清清廷的真实意图,还以为中国"有动兵之意"。于是,俄方一面找到曾纪泽,企图从曾纪泽那里探听到消息,另一面则加快合约谈判的进程,"及早定议,免生枝节"。

俄国当然是极不情愿吐出吃到嘴里的肥肉的。然而,情势所迫,无奈之下俄政府做出了"让步",同意修改原订的条约,交还特克斯河谷两万多平方千米的土地和通往南疆的穆扎索尔山口,但仍割占霍尔果斯河以西一万余平方千米的土地,开设领事馆的地点也减为嘉峪关和吐鲁番两处;但是,俄国要求清政府的"赔款"则由五百万卢布增加到九百万,而且俄国保留了一些商业特权。

很明显,改订后的条约仍然是一项不平等的条约。俄国将侵占的中国领土交还给中国本就是理所当然,却还要索取赔款和割占土地,真是岂有此理!不过,相比旧条约,清廷总算收回了一些权益,在中国近代史上,也算是一次外交"胜利",尽管结果还是有很多不尽人意的地方。

　　这次外交上的"胜利"，曾纪泽的功劳不可泯灭，不过左宗棠的军事后盾作用更是相当重要。曾纪泽和俄国政府谈判时，俄国人经常打听左宗棠和西征军的动态，这就很说明问题。

　　光绪六年（1880）十月十二日，左宗棠离开哈密。就连这次奉诏进京，都对曾纪泽在俄谈判产生了重要影响。俄国以为左宗棠入京，是中国"有动兵之意"。

　　俄方首席代表、代理外交大臣吉尔斯会见曾纪泽，急急忙忙问他："听说左宗棠现在已进京，恐怕会挑起战事，不知确否？"

　　曾纪泽回答说："这是谣言。"

　　事实上，曾纪泽也确实还没有听到这个消息。

　　吉尔斯假惺惺地接着说："中、俄两国友好二百余年，若为不值一提的小事就打起来，实在是不合情理的。"

　　俄方在之前的谈判中占了便宜，当下非常担心清政府变卦，这也暴露了他们不愿打仗的心态。

　　曾纪泽熟习世界政治，又有外交才干。在左宗棠等人的支持下，当俄国以打仗来进行威胁时，曾纪泽便给予了针锋相对的回答：中国不愿意打仗，但为了领土主权之事，中国未必不敢与俄一战；中国人坚忍耐劳，纵使战争未必取胜，然中国地方广大，战数十年亦能支持。

　　俄使回去向沙皇汇报，沙皇深感不安。隔了两天，吉尔斯奉命来见曾纪泽，他说："这次我是奉本国皇帝之命前来的。皇帝陛下听说左相奉诏入京，很不放心。我们两国务须及早签约，免生枝节。"

　　曾纪泽回答吉尔斯："左相并无进京之信。"他又安抚吉尔斯说："左相是中国大臣，老成重望，是明白大体的人。此次条约既是两国意见相洽,左相也必会喜欢。请转奏贵国皇帝,但请放心……我所受者,系本国皇帝电旨,皇帝令我应允签约,谁敢阻止!"

又过了一个多月,曾纪泽得到清政府同意条约内容的谕旨,于是约见俄方代表公使布策,告知了这个消息。布策听后很高兴:"前接从北京的来信说,左中堂将进京,似乎有动兵之意,本国深不放心。今天听贵爵所告的消息,我才放心了。"

一八 极力主张新疆建省，功在千秋

新疆，是我国面积最大的一个省区，其面积约为一百六十六万平方千米，约占全国陆地面积的六分之一，差不多相当于三个法国或四个半日本的面积。新疆东北与蒙古国接壤，北部与俄罗斯为邻，西面与哈萨克斯坦、吉尔吉斯斯坦、塔吉克斯坦相连，西南和阿富汗、巴基斯坦、印度毗连，边界线五千三百多千米，是我国西部内陆通向欧洲和亚洲西南部的门户。正是凭借着这一地理位置，新疆地区才成为古代沟通亚欧大陆的"丝绸之路"沙漠道、草原道的枢纽地带。

有人将新疆的地理形势形象地描述为"三山夹两盆"，昆仑山、天山、阿尔泰山环抱着塔里木盆地和准噶尔盆地。具体而言，每个山系、盆地又有各自不同的质地和特征。

喀喇昆仑山、昆仑山、阿尔金山屏列在新疆的南缘，山势高峻，平均海拔为4500~5000米，最高处乔戈里峰达8611米，是仅次于珠穆朗玛峰的世界第二高峰。由于喜马拉雅山和青藏高原的隔阻，这里海拔5000米以上才有冰川积雪，水源缺少，山地中森林草场资源十分贫乏，所以形成亚欧大陆山地中最为干旱的高山沙漠景观。

横亘于中部的天山山脉西起乌恰，东迄伊吾，在新疆境内的长度达1900千米,山体平均宽度约250千米,平均海拔高度约4千米,面积约为新疆总面积的四分之一。李白的《关山月》一诗起句便歌颂天山的高耸雄伟:

明月出天山,苍茫云海间。

长风几万里,吹度玉门关。

清代诗人史善长的《望天山》一诗写出了天山山脉的浩大峻险:

天空地阔容横恣,巨灵醉倒腰身肆。

划断白云不得行,羲和到此应回辔。

但看天尽已连山,却疑山外原无地。

屏藩西北限华夷,天险原非人力置。

三箭空传壮士歌,一夫能使将军避。

于今六合混车书,伊里和阗尽版图。

从教插地撑天绵亘千万里,

只得嘘云布雨随从岱华衡嵩拱一隅。

高大、宽厚的天山,挡住了主要来自大西洋的湿润气流。于是,天山地区成为新疆干旱区的"湿岛",海拔3500米以上的地方终年为冰雪覆盖,更有近7000条大小不同的冰川构成了宝贵的"固体水库",成为新疆最重要的河水补给源。

由于山体宽厚,天山山麓中间有不少大小和高低不等的山间盆地和谷地,这些地区水草丰美,宜牧宜农,也是新疆最早被开发的土地。山前山后,凡冰川雪水下泄处,也都是绿洲连片,它对新疆古代文明的发展有着不可估量的贡献。它把新疆大地分隔为南、北两大地块,两边的环境、气候、物产差别很大,历史发展过程也呈现出不同的轨迹。

阿尔泰山脉呈西北、东南走向,拱卫在新疆东北部,地势北高南低,山势由西北向东南呈阶梯状递降。阿尔泰山山体基本为花岗岩和变质岩,富含多种类型的矿物质。西来的水汽正对着山体的南坡,因此,这里夏季雨量充沛,冬季积雪丰富,气候湿润,林木丛生,牧草优良,是十分理想的牧业基地。

帕米尔高原号称"世界屋脊",天山、喀喇昆仑山、昆仑山均与帕米尔高原相接。帕米尔高原在我国古文献中被称作"葱岭",其山体高大,层峦叠嶂,为高寒气候。除了少数有水的谷地可供人们生产、生活,大部分生活在山地的人们活动困难。举世闻名的"丝绸之路"古道,不论自昆仑山北麓,还是沿天山南麓西行,前去南亚、地中海周围,翻越帕米尔高原上的一些峻岭达坂,都可以通达。充满天然险阻的帕米尔,非但不是我国人民对外联系的障碍,反而是沟通彼此联系的桥梁。

天山、昆仑山、帕米尔高原之间,是我国最大的内陆盆地——塔里木盆地。塔里木盆地的地貌景观很有规律:近山为戈壁砾石带,外缘是散布在沙海周围的片片绿洲,中部则是浩瀚无垠的塔克拉玛干沙漠。盆地西高东低,绿洲大多分布在库车、于田以西。盆地周缘的绿洲,犹如镶嵌在黄色沙毯上的颗颗翡翠。在泉水或地表水的灌溉滋润下,各绿洲田连阡陌、绿树成荫,由于日照长、气温高、人工灌溉稳定,便形成了农业发展基地。盆地东端为一处宽70千米左右的天然豁口,正好与甘肃河西走廊相连,是新疆与中原地区交通联系的天然孔道。

北疆的准噶尔盆地较塔里木盆地要小些,形状近于三角形,位于天山和阿尔泰山之间,面积近38万平方千米。盆地东高西低,中心为古尔班通古特沙漠。天山北麓诸绿洲和乌伦古—额尔齐斯河流域平原,是宜农宜牧的美好所在。盆地中大部分为荒漠,有些地方生长着一些耐旱植物,也可供畜牧业生产。

三面高山环绕,大体上使新疆形成一个天然的封闭地理单元。准噶尔盆地以西有山地缺口,北冰洋和大西洋的冷湿气流多少可以进入这里,从而带来水汽,形成降雨。此外,大部分地区则因为高山相隔、来自海洋的东亚季风、西南季风等湿润气流很难到达这里,从而使新疆成为我国最为特殊的内陆干旱区。不过,与没有高山、冰川和绿洲的非洲撒哈拉沙漠截然不同的是,新疆群山巍岭中分布的冰川河流常年不断地注入两大盆地。

新疆地区的地表水年径流量虽仅占全国径流量的3%,但人均占有水量却大大高于全国人均占有量,每亩土地占有水量也居于全国前列,这是新疆农业发展的有利条件。正因为如此,干旱荒漠中形成了生机盎然的片片绿洲和草原,给生物和人类的生存提供了基本条件,从而使该地区成为人类文明的发祥地之一。

在这个封闭的地理单元内部,巍峨的天山从东到西横亘在新疆中部,塔里木和准噶尔两大盆地分列南北两端,这一地貌特点导致了南疆和北疆气候的显著差异，北疆年降水量比南疆丰富许多，而南疆冬季则比北疆暖和。这种特殊的地理因素所构成的自然条件，不只形成历史上北疆以畜牧业为主、南疆以农耕为主的经济结构，而且构成两地区居民迥然相异的生产、生活方式。

值得注意的是，新疆境内南、北、西三面皆有山脉环绕，唯东部无高山相阻，而是有坦途同中原地区相通。这一地形特点使新疆同外界的交往联系存在着东倾性，对于新疆同内地之间关系的保持以及成为我国统一多民族国家的组成部分起到十分关键的作用。旷原沙海、高山逶岭以及干旱少雨的气候环境无疑给新疆的社会发展带来了许多不利因素，但是同时又给人类的生存创造了很多有利条件。

各族人民在社会实践中创造了形式多样的物质文明和精神文明成果，为中华文明宝库增光添彩。

总之，在认识和探索新疆的过程中，我们不能忽视新疆的地理条件和自然环境。

中国近代思想革新的先驱龚自珍对西北史地有深入的研究。他拟写了《西域置行省议》，提出了一个系统完整的新疆社会改革方案，然而清廷却抱残守缺，不予理睬。与龚自珍齐名的魏源也疾呼，新疆应"追天顺时，列亭障，置郡县"，保障西陲的安宁。

左宗棠深受龚、魏的影响，他在晚年答友人的信中说："来书述癸巳燕台旧句，于置省、开屯、时务已预及之。五十年间志愿，至今尚行之不尽。……道光讲经世之学者，推默深与定庵，实则龚博而不精，不如魏之切实而有条理。近料理新疆诸务，益叹魏子所见之伟为不可及。……新疆改设郡县,龚议多不可行,盖未尝亲历其境,不习知山川条列,故所拟建置大略多舛错。惟如今制边腹不分,治兵之官多,治民之官少,求其长治久安,必不可得,定庵之议固不磨矣。"

可以看出,左宗棠对龚、魏的新疆建省方案虽有不同的见地,但都原则上继承了他们的改革思想。

1850年,左宗棠在"湘江夜晤"中,又听了林则徐"欲求数十百年长治久安,不能光靠一时战功"的告诫。后来,左宗棠在西北的作战中很注意战后的恢复生产和对老百姓的善后工作。他在新疆用兵的同时,还极力主张在此建省。

在朝廷庸官污吏一片放弃新疆的喧嚣声中,左宗棠不避艰险,从东南沿海移节至西北收拾残局。他坚定地主张在新疆设省,以利新疆长治久安,这是他对巩固西陲的一片赤诚。

如果说左宗棠早年关于新疆建省的思想属于书生议论,那么他总督陕、甘,以钦差大臣督办新疆军务后,便得以将早年的政治抱负付诸实践了。

1877年4月23日(光绪三年三月初十),西征军发动了天山战役,克复达坂、吐鲁番和托克逊三城。清廷接到捷报后,于6月20日谕令左宗棠对新疆问题通盘筹画,一气呵成。

于是,左宗棠呈奏了《遵旨统筹全局折》,首次正式向清廷论证了新疆建省的必要性。他旁征博引地说明了新疆战略地位的重要性:

立国有疆,古今通义。规模存乎建置,而建置因乎形势,必合时与地通筹之,乃能权其轻重,而建置始得其宜。伊古以来,中国边患，西北恒剧于东南。盖东南以大海为界，形格势禁，尚易为功；西北则广莫（漠）无垠，专恃兵力为强弱，兵少固启戎心，兵多又耗国用。以言防，无天险可限戎马之足；以言战，无舟楫可省转馈之烦，非若东南之险阻可凭，集事较易也。周秦至今，惟汉、唐为得中策。及其衰也，举边要而捐之，国势遂益以不振。……是故重新疆者所以保蒙古，保蒙古者所以卫京师。西北臂指相连，形势完整，自无隙可乘。若新疆不固，则蒙部不安，匪特陕、甘、山西各边时虞侵轶，防不胜防，即直北关山，亦将无晏眠之日。而况今之与昔，事势攸殊。俄人拓境日广，由西而东万余里，与我北境相连，仅中段有蒙部为之遮阂。徙薪宜远，曲突宜先，尤不可不豫为绸缪者也。

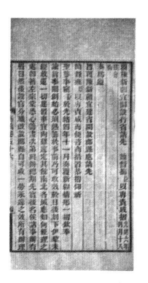

新疆建省的奏折三则：光绪四年（1878）、光绪六年（1880）、光绪八年（1882）

在这份奏折中,左宗棠回顾了中国的历史,论述了中国西北边患向来剧于东南,指出凡是不重视西北边防者,必定导致国势日衰不振;接着提出"重新疆者,所以保蒙古,保蒙古者,所以卫京师",振聋发聩。李鸿章喋喋不休地说时势在变,现在可以放弃新疆。对此,左宗棠指出"今之与昔,事势攸殊","俄人拓境日广",岂能不预先绸缪,加强防御?!

左宗棠在奏折中进一步强调,新疆是个宝藏富饶之区,为杜绝俄、英之觊觎,义师西征,使"旧有疆宇还隶职方",规复全疆指日可待。欲求数十百年长治久安,不能光靠一时战功。他强调指出:"至省费节劳,为新疆画久安长治之策,纾朝廷西顾之忧,则设行省、改郡县,事有不容已者。"

左宗棠又以当年乾隆坚定不移在新疆推行军府制的例子,佐证新疆建省的必要性。为了筹划建省的一些细节,他请清廷饬命户、兵两部,将新疆的旧章案卷给他以供稽考,接着他又上了四份奏折。清廷认为左宗棠的这番剖腹之言很有见地,便命他督饬将士克期收复南疆,"与拟改行省郡县,一并通盘筹画"。

左宗棠为新疆建省五上奏折,可谓煞费苦心。1882年10月18日,左宗棠第五次上的奏折总算被清廷批准了。经过几年准备之后,1884年清政府终于正式发布新疆建省的上谕:

新疆底定有年,绥边辑民,事关重大,允宜统筹全局,厘定新章。……前经左宗棠创议改立行省,分设郡县,业据刘锦棠详晰陈奏，由部奏准，先设道、厅、州、县等官。现在更定官制，将南、北两路办事大臣等缺裁撤，自应另设地方大员以资统辖。著照所议，添设甘肃新疆巡抚、布政使各一员。

清政府在正式发布新疆建省上谕的同时，又任命湘军主将刘锦棠为甘肃新疆第一任巡抚，仍以钦差大臣督办新疆事宜，调魏光焘为甘肃新疆布政使。龚自珍曾有诗道："五十年中言定验，苍茫六合此微官。"历史的发展果真就如其所料。

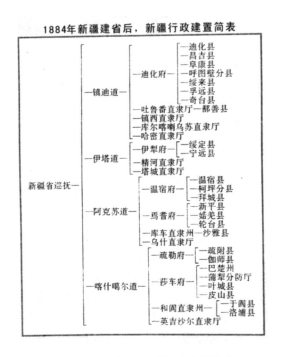

1884年新疆建省后，新疆行政建置图表

新疆建省后发行的银元

新疆建省后,伊犁发行的伊贴和铜牌代币

一九　左公清正廉洁，"天下人皆信之"

常言道："君子爱财，取之有道。"对于钱财，不论君子还是小人都是爱的，只是"取"的方式不同，有"有道"和"无道"之别。左宗棠当了巡抚、总督，本来可以大发横财，但他为官之后对"无道"之财一芥不取，对"有道"之财，有的不取，有的取之为公，甚至"化私为公"，从不记账。

古今中外，有很多贪官、赃官惯用"化公为私"，有几人听说过"化私为公"这个词？有多少这样"缺心眼"的人？左宗棠"化私为公"的事例却很多。他的妻子周夫人曾提醒他："你这样公私不分，将来有人要查你账怎么办？"左宗棠笑着说："钱怎么花的我都没有记，那只好凭天地良心了。"

左宗棠"凭天地良心"的事很多，现略举几例。

1876年春，六十多岁的左宗棠在行辕移至肃州前，将后方的各种事务托付给刘典。有一天，他忽然又命人去找刘典。刘典匆匆赶来，问道："阁帅，一定有什么急事吧？"

左宗棠笑道："克庵，你当后勤总管，没有钱不好办事吧？我今天要移交一笔巨款给你哩！"

刘典疑惑地问道："阁帅一向廉洁奉公，不贮私财，哪里来的巨款？胡雪岩借的那笔洋款近已交割清楚了，莫不是……"刘典见左宗棠神秘地一笑,便把话打住了。

左宗棠说道:"人们常说'天上不会掉馅饼',但这块'大馅饼'就是从天上掉下来的。你随我去看一看就明白了。"

于是,左宗棠与刘典带着随从来到衙门库房。找到"平"字房,左宗棠命人打开库门,下属捧出一个大册子,对左宗棠说道:"阁帅,这是'平'字房建库以来的账目。"

左宗棠接过账册,顺手递给刘典,吩咐下属道:"开里库!"

下属又将厚厚的里库铁门打开,左宗棠拉着刘典往里走,刘典一看是银库,就更糊涂了。左宗棠也不解释,命人清点银两,两人在一旁坐着看。下属点查了好几个时辰,方才报道:"禀大人,白银三十八万四千五百一十八两。"

左宗棠一听,转向刘典说:"克庵,我今天把这笔款如数交付给你了,你可要点清呀!"

刘典看了老半天,丈二和尚摸不着头脑:"阁帅,您这到底是唱的哪一出呀?"

左宗棠笑道:"克庵,你可知道陕甘总督有一个兼职吗?"

刘典问道:"这兼职是什么?"

左宗棠道:"这个兼职呀,就叫'茶马使'。"

刘典一听,似乎有些明白了,便问道:"是不是专管回、维各部以马换茶事务之职?"

左宗棠点点头,说:"是呀,你还不知道吧,'茶马使'还多一份俸禄呢!"

原来,茶是西北地区百姓必不可少的生活用品。但是,当地并不出产茶叶。从唐代起，边区的少数民族就用马到内地来换取茶叶。物以稀为贵，久而久之，茶叶成了政府控制边区少数民族的重要手段。

民间的易货贸易改由官方来统一办理，而直接督办此事的一般是陕甘总督，这已经成为惯例。茶马使是一个肥缺，有的总督以此大发横财。朝廷为了让兼职者能够秉公办事，每年都要给予总督一定的俸禄。左宗棠每年也按例去领取兼俸，但是从未私用一分。

左宗棠对刘典说："克庵，朝廷待我们不薄，正俸之外，还有此俸。但是我愧对此俸，不能据为己有。这三十多万两银子，是我的积蓄。如今老夫要出关督师，此去恐怕难以生还玉门关，此银就留给陕甘百姓，切记，万不可用作西征军费，待下任总督到任时，交点清楚，以备西北急需之用！"

刘典感动得热泪盈眶，频频颔首，一时说不出话来。

刘典遵嘱一直妥善保管此笔款项，并移交继任者。后来建造兰州黄河铁桥，花的主要就是这笔钱。再后来，人们把左宗棠的这三十多万两银子称为"左氏基金"，把兰州黄河铁桥称为"左公桥"。

光绪元年（1875），左宗棠在兰州城外的西北角修建了一座贡院，在院外构筑了一段长约一百四十丈的外城。同时，左宗棠还把原来的外城彻底整修，城根深和宽都有一丈多，顶部宽约八尺。

这一工程前后用了一年多的时间，总投资近十万两白银，用工一百七十多万。由于左宗棠动用自己的部队修整，所以工程投资实际上只包含材料投资。加上左宗棠处处节俭，所以材料也只用了三千多两白银。

这么大的工程，花了这么点钱，在当时是非常罕见的。可是，这一工程的决算报到工部时,却被工部以不符合规定为由予以驳回。按当时的规定,修建城垣有修建城垣的造价标准,只有按这一标准报数才算符合要求,工部才予以核准报销。可是,如果按工部的要求去办理,就必须做假账,而做假账的结果则是国家还要拿出上万两白银。在这种情况下,左宗棠就从自己俸禄中拿出四千两白银,垫支了工程材料费。

对于朝廷这种不合情理的规定,左宗棠一笑置之。他上了一份奏折对部属的成绩及时表彰,以示鼓励,却只字不提自己垫支四千两白银工程款之事。

在左宗棠离开陕甘赴任军机大臣时,管理西征粮台的沈应奎准备把一笔"陕西甘捐尾款积存"赠送给他,却被左宗棠婉言谢绝。左宗棠说:"近时于别敬概不敢受,至好新契之例赠者亦概谢之,非为介节自将,人己本无二致,亦俸外不收果实,义有攸宜。至甘捐尾款,储为关陇不时之需,以公济公,于事为合。"

左宗棠坚决不收这笔本来可以接收的钱,将这笔钱备"关陇不时之需",而且也一概谢绝好友馈赠。在公与私的问题上,人们听到种种"化公为私"的说法,而"以公济公,于事为合"是左宗棠首创的。

左宗棠还常常"以私济公"。船局开办之初,经费紧张,他曾一次性拿出白银六万两予以资助。

左宗棠不拿兼饷,把朝廷给的兼职俸禄留给边疆人民,对别人送来的取之有理有道的"尾数"分文不收。遇到"失误"之事,他还掏自己的钱赔偿损失。如果这些对于左宗棠来讲都属于一个清官的"本分",体现了自己为官清廉的品质的话,那么,他这种自己掏腰包来给国家办事的"化私为公"的做法，恐怕在历史上和现实生活中都是罕见的。

光绪六年（1880）夏，左宗棠有一次问洋人福克："制轮船有无奇器？福克答："水雷、鱼雷最好。"左宗棠又问价格，福克答："水雷一具，需银五两上下，鱼雷一具，则需银二百两外。"

宗棠因见《西国近事汇编》所载与福克之言相符，立托为购办水雷二百具，鱼雷二十具，交胡光墉（雪岩）分送闽、浙两省，备防海之需。其价银则由陕甘廉项划兑。当即分别咨行，并嘱福克函致泰来洋行迅速运致，俾济要需。已于七月中旬先后发递矣。

这是一件罕见的奇事，笔者细读后受到了震撼——个人竟能出钱为国家买新武器、固海防！

宁波海关有巡抚平余银八千两，循例解往。左宗棠在浙江巡抚任内，"将所得养廉银除寄家用二百金外，悉以赈民"。左宗棠说："今日之我，无需于此款，本可裁。然裁之，则后任将不给于用。不可以我独擅清名，而致他人于困

为防御洋人入侵，左公自费购买水雷并发放沿海

境。"意思是说,他不需要这笔钱,可以裁撤,但裁撤之后,后任也将无此款了。于是左宗棠便接受下来,将它转给了赈抚局。

左宗棠还以"廉项"支持甘肃会试学生上京赴考,填支福州船政局亏空,但他不给找上门来求官做事的亲友谋职。

在金钱面前,往往能看出一个人的本质,而本质又直接影响此人的人生轨迹。左宗棠受过贫困的折磨,应该说对钱的重要性有深切的体会。然而,他对钱的本质有更深刻的认识,进而悟到钱要用在最需要的地方,而绝不是局限于个人与家庭。

对于金钱,左宗棠具有与众不同的思想与见解。无钱不可,钱多也不妙。人生需钱,但不必多。钱多了,要用在资助穷苦人民和公益事业中。

因此,胡林翼谓左宗棠"一钱不私于己,不独某信之,天下人皆信之";他还曾作书告湖南地方官曰:"左公不顾家,请岁筹三百六十金以赡其私。"曾国藩见左宗棠居所狭小,特意"为别制二幕贻之"。左宗棠的廉洁俭朴到了这个程度。

二〇 左公助人和公益慷慨却"不顾家"

中国有个成语叫"一以贯之"。"一",整个,完全;"贯",贯穿;"之",指代所贯穿的事物。全都贯穿在事物之中,表示始终如此,前后一致。实践证明,偶尔做件好事不难,一以贯之、终生如此才难能可贵。左宗棠是一位典范性的人物,他的无私精神确实令人钦佩不已。在此,笔者举两个例子。

一是无私资助大姐家。左宗棠要进京赴考,却没有路费,夫人周诒端便将自己陪嫁的一百两银子妆奁钱拿出来给他作为盘费。快要动身时,左宗棠得知大姐嫁到朱家后穷得揭不开锅,急等着用钱,就把这一百两银子全部给了大姐家。亲戚朋友听说以后,用送行的名义给左宗棠凑了些路费。

如果说左宗棠资助亲姐还有"为己"的因素,那左宗棠还曾倾囊资助素不相识的人。

1838年,左宗棠第三次会试又名落孙山,在北京转悠了半年。一个朋友见他没有钱回家,就送他三百两银子,使他得以踏上归程。当时,左宗棠的家中已经穷得叮当响,他的夫人天天盼他能早点儿带些钱回来,接济家用。

左宗棠从旱路回家,一路都省吃俭用,目的是多留一点儿钱交给夫人。

一日黄昏时分,左宗棠投宿了一家路边小客店。

吃过晚饭,左宗棠正在休息,突然听见外面传来一阵嘈杂的人声。他出门一看,四五个壮汉冲进客店,气势汹汹地跑到隔壁一间房内,围着一位老妇人乱吼乱叫。这伙人闹腾了一阵子就走了,接着就见老妇人披头散发地悲怆大哭着,跌跌撞撞地往野外走。左宗棠觉得奇怪,就跑过去询问何故。老妇人说:"欠了人家三四百两银子,无力偿还。现在被逼无奈,只有一死了之!"

左宗棠劝导她说:"你可不能为了这么一笔钱就去寻死。"

"那怎么办?他们明天还会再来的。"

"想想办法吧……"左宗棠突然灵机一动,对老妇人说,"有办法了,明天他们再来时,我会出面替你还债。"

老妇人怎么也没有想到会遇上这么一位救人于急难的大好人,顿时转悲为喜。

第二天,那群壮汉果然又来了。左宗棠便跑过去说:"你们逼这位老太婆,就算逼死她也没有用的。我是一个过路旅客,身边钱也不多,但可以拿二百两银子代她还债。可是剩下的钱,你们不要再追讨了。"

那些壮汉一合计,觉得逼死了老妇人也得不到分文,如今好歹还能得到一半多,这样也不错,就答应了。

左宗棠拿出二百两银子来,将当地保正请到,叫大家具结,不再追究余款。

事情办好后,左宗棠身上只带着少许盘缠继续上路。到家时,他的口袋里已分文没有了。看到家中穷困的情形,左宗棠一言不发。周夫人以为左宗棠在北京教书写文,总该带些钱回来,可是左宗棠始终没有拿出一分钱来。周夫人不吭声，也不盘问，默默地又去典当了些东西，以度生计。后来，周夫人知道了此事经过，不仅没有埋怨，还称左宗棠救人于急难是应该的。

前文已述，修兰州贡院与外城时，左宗棠拿出了四千两银子填支，是何等大方！可他每年只寄给周夫人二百两银子以贴补家用。无疑，四千两等于二十年的家用。再看他的一封家信，当时妻子重病在床，但家中连药钱都没有。信中说："每岁我于薪水中存二百金为宁家课子之费。……家中除尔母药饵、先生饮馔外，一切均从简省，断不可浪用，致失寒素之风，启汰侈之渐。惜福之道，保家之道也。"

同治七年（1868），左宗棠在给儿子孝威的信中道："尔母病宜服人参，尔既欲买取，吾亦不惜此重资。惟须央真能辨别者同其觅购，能得一两亦足矣。……不可浪费分文，致违我教。"

连给爱妻治病之人参，他也说"能得一两亦足矣"，左宗棠"抠门"到令人在感情上难以接受的地步，但他对朋友、下属，却出手大方，关怀备至。光绪三年（1877），他在给刘典的信中道：

> 得省信，知清恙尚未康复，夜不成眠。弟意衰年气虚，黄芪未宜多用，……人参专补之品，能益元气，服之必可见效。上次所寄不多，本拟见效后再为续寄，今乘范子湘之便，复寄两匣，希即试服。又，高丽老山参三支，形质迥异寻常，或亦可用。冯南斌昨送肉桂，有言其可用者，先拣一支并呈，如试服有验，当续寄上。

我们分析左宗棠的内心世界和思想动机，可知他这样做至少有以下三点原因:一是他制定家庭生活标准时,总是与最艰难的时期相比;二是他不想使乐善好施、慷慨助人的家风改变;三是不给子孙留遗产,以使后代不失"寒素之风"。

左宗棠完全有能力和理由给儿孙辈谋个一官半职,但他从来没有这么做过。他在给儿子孝威的信中坦诚地说:

> 我一介寒儒,忝窃方镇,功名事业兼而有之,岂不能增置田产以为子孙之计?然子弟欲其成人,总要从寒苦艰难中做起,多蕴(酝)酿一代多延久一代也。

夫人周诒端在离开福州前,劝左宗棠多少给子孙添置一点田产。对妻子的这一要求,左宗棠丝毫没有松口,他说道:"买点地田,置点产业,对我来说不算太难。就说眼下吧,我的年俸是一万五千两,养廉金两万两。这次到陕甘去,年俸还加到两万两……"

周夫人过去从不过问丈夫的岁入岁出,现在听说他每年有那么多薪俸,委实

左宗棠夫人周诒端像

吃了一惊:"季高,你是个有家有口的人,一年两三万两银子,你给了家里多少呀!"

左宗棠说:"给的不多,这我知道。每月几十两,百来两。出了江西,加了一点,也就一百五十两。"他说的是"给的不多",始终未说"给家里的钱太少"。周夫人不再向他提每月多给家里一些钱了。她想起一件事,便带着恳求的语气说:"我求你一件事,你能不能办?"

"夫人有求,只要不是叫季高上天揽月亮,季高一定尽力去办。"

"看门的何三,已经在我家多年,为人忠厚老实,前几年老伴去世,儿子夭折,自己也多病多痛,晚景堪忧,能否补给他一个士兵的粮饷?一年好像就四五十两银子吧?"

左宗棠回答道:"这件事我答应。"

周夫人接着说:"你一年有几万两俸银,就给家里这么一点钱。不是我这做妻子的要查你的账,你的薪俸是怎么花掉的?用到哪里去了?这实在让人难以理解。"

左宗棠心平气和地说道:"反正我没有吃喝嫖赌,你可以去打听、查访。"

"这我相信。"周夫人说,"你公私不分,化私为公,以公济公,且从不记账。若有人查你的账咋办?你说得清吗?"

左宗棠苦笑一声:"那只能凭天地良心了!"

左公这句话使笔者感慨和联想甚多。凡经济方面的事,都应公私分明,账目清楚,不能公私不分,这是人所共知的。如左宗棠这样"凭天地良心"之人只能算作特例。虽然如此,左宗棠亦惹到了麻烦,招来了祸殃,只不过他自己一直蒙在鼓里。左宗棠在陕甘时,曾经有人在朝中告状,说他贪污。究竟是什么人暗中操纵,已无从查考。但既然有人指控,都察院当然得调查,若情况属实则理应处罚左宗棠,据说替代方案都有了,即刘铭传去陕甘接替左宗棠。于是,清廷派出两组人马,一路奔赴浙、闽调查左宗棠在两地任职之事,一路直接到陕甘调查左宗棠眼下的情况。然而,无论是查看账目,还是通过对文武官员的私谈和对士兵、百姓的走访,没有查出左宗棠任何经济问题不说,相反还听到了左宗棠许多廉洁奉公的感人故事:左宗棠不仅毫无贪污公款的疑点,甚至连自己的绝大部分薪俸都用于各种公益事业或救济百姓和士兵了,每年只有很少的银子寄回家中,自己的生活也十分简朴,与其他官员完全不同。调查结果上报到朝廷,慈禧太后得知后颇为感动,当即表态:"今后三十年里,再也不准参奏左宗棠!"

周夫人问他:"你说说,你拿出薪俸的多少养家?"

左宗棠思索片刻,回答道:"大约二十分之一吧!"

周夫人听了一脸不高兴,说道:"拿薪俸的二十分之一养老婆孩子,你对这个家庭真是够负责任了!"

左宗棠略显内疚和尴尬,因为他知道自己确实不是一个称职的丈夫和父亲,他欠妻子和儿女的太多太多。但他还是解释道:"反正我不是如胡林翼说的那样一个'不顾家'之人。而且家里老小一日三餐虽粗茶淡饭,但也并不缺吃少穿。"

听到他提起胡林翼,周夫人颇生感慨:"要不是胡林翼写信给湖南衙门,每年给三百两以赡养家小,我们娘儿们早就要喝西北风度日喽!"

"胡林翼告诉我了,他知道我这个脾气,说我对家里太苛刻了,就背着我做了安排。不过人家确是一片好心。"

"那你的薪俸究竟用在什么地方了?"

"我这个人公私不分,我的年俸、养廉银全部花在国事上了。"

左宗棠六十岁那年,家人要给他做六十大寿寿宴,一则遥祝他身体健康,马到成功,二来儿孙要尽尽孝心。这本是人之常情,无可非议,但是左宗棠听说后,立即给长子孝威去信,对儿孙大加斥责:

养口体不如养心志,况数千里外张筵受祝,亦忆及黄沙远塞、长征未归之苦况否。贫寒家儿忽染脑满肠肥习气,令人笑骂,惹我恼恨。计尔到家,工已就矣。成事不说,可出此谕与尔诸弟共读之。今年满甲之日,不准宴客开筵,亲好中有来祝者照常款以酒面,不准下帖,至要,至要。

左宗棠的六十大寿寿宴,终因他自己的强烈反对而没做成。但是,左宗棠用自己特有的方式给儿女上了一堂生动的勤俭课。这一课无疑在他的子孙心中留下永生难忘的印象。请读他内心世界的表白:

目睹浙民流离颠沛之苦、疾疫流行之惨、饥饿不堪之状,无泪可挥,真是一刻难安耳。

念家中拮据,未尝不思多寄,然时局方艰,军中欠饷七个月有奇,吾不忍多寄也。尔曹年少无能,正宜多历艰辛,练成材器。境遇以清苦澹泊为妙,不在多钱也。

二一　左公的家教家风堪称后世楷模

天下没有不疼爱儿子的父亲,左宗棠也是如此,但不希望儿子做官,对其能否科举中第也不在意。他曾对儿子孝威说,自己"生平志在务本,耕读而外别无所尚。三试礼部,既无意仕进。时值危乱,乃以戎幕起家",初为"不求闻达之人",后来成就了一番事业,封侯拜相,取得了很高的荣誉地位,但这些都是他从来不敢想的事,子孙要以"耕读为业,务本为怀",能做到这些,他心里就甚感欣慰了。

左宗棠认为自己的遭遇只是一种偶然现象,是时势造就的。封建官场中的黑暗一言难尽,想要在官场立足,往往需要做一些违心的事,说一些违心的话。官场中谄上骄下、勾心斗角、卑鄙无耻的事应有尽有,他实在不愿儿孙再陷进去。他告诉周夫人说:"霖儿(孝威)兄弟总是读书家居为是,断不可令作官,致自寻苦恼。"他在给孝威的信中说:"我生平于仕宦一事最无系恋爱慕之意,亦不以仕宦望子弟。"

左宗棠对儿子们都很了解,他自己性格"孤梗刚直",儿子们也差不多,都不是当官的料,而且天分也都不太高。长子孝威书读得较好,也很孝顺,年纪轻轻就中了举人,但二十七岁就病逝了。二子后来从医,三子和四子都为朝廷所用。

左宗棠遗留的家风,除了"断不可令作官",还要求子孙有真才实学,能自力更生、勤俭度日,要忠厚做人,决不能倚仗父辈的权势作威作福,不可凭借祖上留下的遗产坐享其成。他和林则徐都持这样的观点:如果子孙有出息,他们是不需要你留遗产的;如果子孙没有出息,留下太多遗产对他们也没有好处。当然也不能走极端,不给后代留下丝毫财产,只是要适度把握分寸。应该说,以左宗棠的官爵、地位,留给子孙的家产实在是太少了。左宗棠在去世前多年就给次子孝宽说过:

> 吾积世寒素,近乃称巨室。虽屡申儆不可沾染世宦积习,而家用日增,已有不能樽节之势。我廉金不以肥家,有馀辄随手散去,尔辈宜早自为谋。大约廉馀拟作五分,以一为爵田,馀作四分均给尔辈,已与勋、同言之,每分不得过五千两也。爵田以授宗子袭爵者,凡公用均于此取之。

后来,左宗棠又向几个儿子说明:“尔等四分,各以五千金为度。”他告诫儿子们,“享受不可丰,恐先世所贻余福至吾身而折尽耳”。所谓“先世所贻余福”,是指左家世代积德行善的家风。

后来,左宗棠位高权重,更是不遗余力地帮助需要帮助的人。他曾经在一封家书中说:“自入关陇以来,首以赈抚为急,总不欲令吾目中见一饿毙之人,吾耳中闻一饿毙之事。”左宗棠在家书中提到“助赈”的次数,就有六十六次之多。

民国史家秦翰才曾这样论述左宗棠的义举:“他得意后,依然乐于帮助亲族,帮助师友,帮助僚属,帮助地方义举。这样,就常挥霍去了他廉俸所入的百分之九十五。”

左宗棠于1862年任浙江巡抚,以后历任总督、大学士、军机大臣等。前后二十余年间,不说那些"例规"和"允许"的收纳,单是养廉金左宗棠每年就有两三万两银子,但每年他只留给家中二三百两,如果将余钱积存,算起来他至少也应有四五十万两。但左宗棠从不积钱。他早做好了准备,只留下两万两银子给子孙,每个儿子五千两。他认为儿孙们应自己努力,不要过分依靠祖辈。他觉得,儿孙们只有生活艰苦些,才能成才。

左宗棠有一句名言:"惟崇俭乃可广惠。"他不仅教导世家子弟俭朴度日,自己也过着俭朴的生活。就任督抚以后,他仍然是"非宴客不用海菜,穷冬犹衣缊袍"。据说,现在我们用的套袖,就是左宗棠的发明。左宗棠多年亲自书写奏疏信件,确是常用布袖套保护衣袖。他的门人王家璧(孝凤)的衣袖也经常坏,见到左宗棠用套袖,也仿效起来。

王家璧写信给左宗棠说:"璧时见客,亦衣袖露两肘,盖苦肘常据案,袖着处洞然。昨天营中见我师治军书,着布护袖,归而仿为之,因号'宫保袖'。拟赋一诗,比之周公舄、夫子袄、诸葛巾、李西平绣帽,以彰勤邦俭家之美德,为后世法式,且藉以解嘲焉。"王家璧为此作了首《宫保袖歌》,随即送给左宗棠。左宗棠也很幽默,说"读之不禁为之起舞"。回信的全文是:"奉读大著《宫保袖》一首,兴会飙举,为方袍幅巾大增声价,读之不禁起舞。乃一舞而袖长,屡舞而肘见,不如先生之袂良矣,其将敛手以退乎?""宫保袖"因此而出了名,人们都知道了左宗棠生活俭朴。

左宗棠留钱干什么用呢?为了多做好事,如救济灾民和穷苦无告者、帮助清寒知识分子,以及致力于公益之事:修兰州城墙,办书局、书院,资助西征军粮饷,购买羊种扶贫,将南方菜种、桑秧等移植西北等等。他还按时接济贫苦族人和外家(周夫人娘家)子弟,并在左家塅办义仓、义学。他指示家人,"族众贫苦患难残废者,无论何人,皆宜随时酌给钱米寒衣,无俾冻饿","凡我五服之内兄弟贫苦者,生前酒肉药饵,身后衣衿棺木,均应由我分给"。

周夫人娘家以前富有,后来中落。左宗棠每想起从前贫寒时赘居周家,总不免有恻然之心,因此经常周济内侄们。这些就是"崇俭乃可广惠"之意。如此这般"广惠",他的养廉金自然所剩无几了。

左宗棠对族中子侄们给予帮助,只止于救济危困。许多族人见左宗棠做了大官,便不远千里前来拜访,目的是想谋个一官半职。对此,左宗棠一概拒绝,每人送上十余两至四五十两不等的路费,劝说他们回家,银两多少根据各个家庭情况和本人的态度而定。这么多的族亲来找他,不仅花了他不少钱,也使他大为操心。左宗棠曾感叹:"我年七十矣,从未得子侄之力,亦并不以此望诸子侄。乃子侄必欲累我,一累不已,且至于再,何耶?"

来找左宗棠办事的,不仅有族人、亲友,还有同乡、世谊、部下等,有些人还带来礼物。左宗棠对重礼一概不收,因为这显然有贿赂之嫌。据传,有一位下属来拜望左宗棠,临走时留下了一坛子泡菜作为礼品。左宗棠见礼物并不贵重,也就收了。客人走后,家人打开坛子一看,原来坛内装有金子。左宗棠立即派人追回下属,把"礼物"退回,还批评了他一番。

有一次,胡雪岩从上海送给左宗棠一份礼物,其中有一架金座珊瑚顶和两支人参。左宗棠将这两件贵重礼品退还给胡雪岩,只收了一些食品,自己也回送了一些甘肃土产。左宗棠对自己要求严格,常说:"不欲以一丝一粟自污素节。"他经手的西征军饷达几千万两银子,按官场例规,左宗棠也可享受一些补贴,但他一概不受,大多是送与灾民。

左宗棠不仅不要钱,不收藏珠宝异珍,也不收集古籍字画。曾国藩曾记下左宗棠的话:"凡人贵从吃苦中来。""收积银钱财物,固无益于子孙;即收积书籍字画,亦未必不为子孙之累。"曾国藩在日记中赞叹道:"多见道之语。"

左宗棠还说过:"吾本无珍异之物。"他的四个儿子都没有珍宝异财,也没有名贵字画。

左宗棠的曾孙左景伊回忆:

我少年时有一次偶然翻检父亲遗下的一束字画,大多是朋友馈赠,其中有一幅署名文徵明的画。我告知母亲是幅名画,母亲说,那是父亲买的,后来发现是件赝品。伯父们的家里也没有听说有什么名人字画或古董。

祖父分得了五千两银子,置办了些田房产。几位姑母出嫁,又花掉了一些,所剩无几。父亲一直在外工作,每月有薪俸一百余元,勉强可以养活我们。他不用家产田房租钱,家产由伯父掌管。父亲去世后,遗下母亲和我们兄弟姊妹一大摊子,就全靠微薄的田、房租生活,景况也十分窘困了。我们分了家,祖母、伯父、母亲每人一份。母亲每年可收200石租谷,合四五百元,另外长沙城中有几所小房子,每月共收房租二三十元,全年总共收入约八九百元。我们有10个兄弟姊妹。母亲是开明的人,让我们两个兄弟、八个姊妹都上学。我们回到长沙以后的那几年，兄弟姊妹上小、中、大学的都有，每年学费就是一笔大数目。……左家情况也不都一样，有几房会经营些，有几位伯母带来了丰厚的妆奁，境遇就好些或好得多。但据我观察，多数都是不很富裕的。伯父们大都死得过早，堂兄弟们都在外辛劳奔波，当教师、医生、工程技术人员的都有，也有赋闲在家的。没有出什么大官、大军人，或商贾富豪，大都是自食其力的普通劳动者，这也符合文襄公所望于子弟的吧！

关于自己立身行事与教育后代，左宗棠说过许多经典的话。其中，有一副题于江苏无锡梅园的对联这样写道：

发上等愿，结中等缘，享下等福；
择高处立，寻平处住，向宽处行。

"发上等愿"，"择高处立"，都是说要有胸怀远大的理想和抱负。"精卫衔微木，将以填沧海。刑天舞干戚，猛志固常在。"志不立，则天下无可成之事。而且，往往一个人追求的目标越高，他的才能和智慧就发展得越快，对社会的贡献也就越大。

"结中等缘"，"寻平处住"，是说要脚踏实地。"不为有功之功，故功莫大；不为有名之名，故名莫厚。"高峰过后，很可能就是低谷。所以，常常事以急败，不如缓得。盈极必衰，不如取中庸而守常。

"享下等福"，"向宽处行"，是说要在生活上严格要求自己，在做事时留有余地。"欲而不知止,失其所以欲;有而不知足,失其所以有。"诸葛亮道:"静以修身,俭以养德。非澹泊无以明志,非宁静无以致远。"自诩为"今亮"的左宗棠对先贤的箴言颇为赞赏。

这副对联的主要思想内涵就是在矛盾中求得平衡,在前进中把握平衡。

《滴天髓》中说:"吉神太露,起争夺之风;凶物深藏,成养虎之患。"有势用尽,有福享尽,乃未懂收藏之道。

《易经·艮卦》有言:"止于当止思正位。""时止则止,时行则行。动静不失其事,其道光明。"

可见,左宗棠的这副对联是汲取古代经典之精髓后凝练出来的精辟之语。

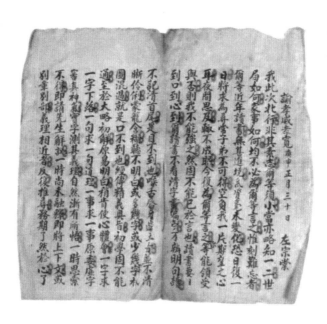

左宗棠在家书中给儿子传授读书方法

二二　与士卒同甘共苦，"卖字"充军饷

"官"这个字，在《现代汉语词典》中的解释是"政府机关或军队中经过任命的、一定等级以上的公职人员"。一般来说，旧社会在政府机关当官的称"官吏"，于军队中当官的则称"长官"。"好官"的重要标准是当好"父母官"，即在地方当官要"爱民如子"，在军队当官要"爱兵如子"。在人民当家做主的社会主义中国，许多老一辈无产阶级革命家多自称"人民的儿子"，以"做人民的儿子"为荣！而谈到带兵打仗的将领，比较典型的有两种类别。一种只知驱使士兵上战场为其卖命，自己却享乐腐化，如唐朝诗人高适在《燕歌行》中所写："战士军前半死生，美人帐下犹歌舞。"结果则是"一将功成万骨枯"。另一种是能率先垂范，"爱兵如子"。如吴起为士兵裹伤口甚至舔脓血等。

笔者认为，对这些做法宜从本质上分析。前种做法多数属于权谋家收买军心、笼络士兵的手腕，其动机是驱使部下去卖命。电影《海魂》中刘琼饰演的舰长阴险毒辣，他在严刑拷打了士兵之后，又亲自下兵舱去"慰问"，惋叹受罚太重了，掏出手绢为伤员轻轻地擦掉额上的汗珠。但是一出舱，他便将手绢扔进海里了。这一细节，将人物的内心世界刻画得细腻、到位、精彩。

左宗棠之所以被认为是关爱百姓疾苦的好官和真诚爱兵的名将，

根本原因在于他的亲民、爱兵出自真情实感，没有利己的动机，不是为了收买民心或军心，这使他得到百姓的真心拥戴和士兵的高度信服。关于这一方面，我们可以从他的多封家书和书札中清楚地看出来，现摘录几则：

> 饷欠四月有余，无法弥补。兼之军中疾疫繁兴，需用甚急，日以为忧。幸将士知我无它，不忍迫促，大家忍耐，不肯支领，然我因此更觉过意不去。涤帅见我艰难，咨拨婺源、乐平、浮梁三县地丁厘税归我军提用。经理甫一月，渐有生机。

> 军兴既久，饷绌日甚，我军欠饷三月有余，刻忧饥乏，有时事机必赴而运掉不灵，无如之何。幸诸将士相从日久，知我无丝毫自利之心，尚不至十分迫索耳。

> 兵已缺饷七月，我岂可多寄银归耶？尔母病体稍愈否？衰老之年，药饵不可缺。近因省钱，故不服补剂，尔等当亦有所窥。省却闲钱，或可供药饵之资耳。

左宗棠年轻时赴京会试，南归途中经过扬州，在邗江的一个小面馆里吃了一碗鸡汤面。当时，他还是穷书生，又饥肠辘辘，就觉得鸡汤面味美无比，这让他十分难忘。后来他和家人朋友谈起来，一直津津乐道。四十年后，左宗棠为视察苏淮水利和防务，数度经过扬州，不曾为瘦西湖和二十四桥的美景所打动，却总会想起年轻时吃过的那碗鸡汤面。

有一次,左宗棠到瓜州阅兵,他自掏腰包犒赏所有将士每人两碗鸡汤面,不要公家花钱。他对将士们说:"自古以来,名将都与士卒同甘共苦。你们多年跟随我南征北战,备尝艰苦,现在有好吃的,怎能不和你们共同分享呢?"将士们吃了美味的鸡汤面,心里都很温暖,这件事后来也一直传为美谈。

在此之后,邗江的鸡汤面出了名,经过该地的人都要尝一尝,鸡汤面也因此而价格大涨。有书记载:"军兴以来,各路统将在兵间数年,往往咸致富有,满载而归。公独一钱不苟取予,所得犒赏,悉与将士共之。"

在远征新疆的艰难岁月里,军费开支很大,一年需八百万两银子,而国库只能拨下五百万两,实际到位的更是只有二百多万两,中间有约四分之三的缺口。军营粮草非常紧张,将士们吃了上顿没下顿,忍饥挨饿已属家常便饭,但是将士们对左宗棠却没有什么怨言,也都能理解他的焦急与无奈。

左宗棠说自己"带兵五年,不私一钱;任疆圻三年,所余养廉不过一万数千金,吾尚拟缴一万两作京饷,则存者不过数千两已耳"。

《梵天庐丛录》中还有这样的记述:"曾公(国藩)蔬食自甘,幕府诸人咸以为苦。左公则尤甚。遇士卒方食,即取己箸同餐,尽饱而止。仁和范郎中尝言:'赴衢州请兵时,大风雪,左公布衣羊裘,坐夹帐中。留一饭,白肉数片,鸡子汤一盆而已。后经略西边,犹如此。'"

山西大学教授刘建生有《晋商为何一蹶不振》一文,谓曾经显赫一时的山西晋商们最终消失,既有内因又有外因,其中外因指受累于衰亡的清政府。

刘建生教授在文中说：“据史料记载，左宗棠准备平定新疆之乱时，民间票号共捐借款1200万两白银，其中800多万两来自晋商，超过七成。在山西乔家大院的二进门上，有一副篆书楹联的砖雕：‘损人欲以复天理，蓄道德而能文章。’这是朝廷封疆大吏左宗棠的亲笔，十四个字，花掉了乔家30万两银子。不过，晋商的倾力捐助不仅没能挽救腐败的清政府，反而随着后者的覆亡，一同被拖进历史的泥沼。”

这里需要指出的是，向民间票号借款是由清政府出面的，不是左宗棠直接经办，且不是只有乔家以及一众晋商（固然他们承担了巨额）。作者已经写明，晋商是随清朝的覆亡而衰败的，其中还有“脆弱的资金流动渠道”的内因，不能简单地归咎于借捐左宗棠西征军饷。至于左宗棠为乔家大院写了这十四字的楹联要了三十万两银，这是名人书法的价值，与现在的艺术家为了赈灾义卖书画的性质类似，且是乔家为创牌子、提高身价之愿而有求于左宗棠，更何况这三十万两银子绝对没有落入左宗棠个人的腰包。

我们从中也可看出，左宗棠为筹军饷的确使出了浑身解数，令人敬仰。

在左宗棠军中，士兵们在战场上冲锋陷阵，甚至愿意替他去死。左宗棠能使将士们心悦诚服，并非光靠自行俭朴和与士兵同甘苦，更重要的是，他是个亦文亦武、能“两手打天下”的儒将。左宗棠能够带领将士们屡战屡胜，同时又特别爱惜士兵的生命，不让他们作无谓的牺牲。

左宗棠用兵之道所坚持的原则是一个“慎”字。他说：“‘慎’之一字,战之本也。"在督率军队行军打仗的过程中,无论制订和实施战争谋略还是运用战术方法,他都尽量做到"慎之又慎"。他指出:"打仗是过硬的事,一分乖巧着不得。"能把将士的伤亡降到最低,这便是最大的爱兵、最能的将帅。

左宗棠作为一名高级将领,在战略战术的谋划方面都要亲自过问,正如他所说:"臣自咸丰十年忝任军寄,军中事无巨细,均出亲裁。营务人员非别将一军,独当一路,遇有军事,皆须咨禀而行。"后来成为率领各路大军的统帅后,他便主要对战略计划和策略予以确定,并对进兵战术提出建议,而把战役的指挥权和战略、战术的具体实施交给前敌将领负责。这就是为了防止因"遥制"而造成官兵不应有的损失,让前线指挥员可以因地因时制宜,当机立断。这样的军事长官,清正廉洁、以身作则、胸有韬略、照应全面、用兵谨慎、关爱下属,以自己的言行和战绩服众,怎能不令将士们忠勇奋发、视死如归呢!

二三　关注经济、文化、教育，利国惠民

在经济思想方面，左宗棠也不乏超出同时代人的高明之处、闪光之点。

其一，他具有正确的义利观，主张"开利之源""教民兴利"，兴"公家之利"。

在中国古代，"罕言利"的思想一度非常流行，甚至占据统治地位，后来有人反对"言利之人"，有人却穷凶极恶地进行掠夺和榨取。左宗棠用一个"利"字概括了阶级社会一些人的人生目的，对封建统治者"不言利"的虚伪性进行深刻揭露。

左宗棠曾写过一篇

左宗棠鼓励市民发展经济。这是兰州的"商担酿皮"流动快餐

《名利说》,对正常的"有道"的、合法求利的手段予以肯定。他认为,那是天经地义、堂堂正正的。他指出,求利的人各有各的方式和办法。一般说来,以其财与力进行交易,这是合情合理的求利手段;然而,卑鄙之人求利,不以其财与力,而是不顾廉耻的。

其二,左宗棠有一贯的重农思想,他把农业视作国计民生之本。

左宗棠的发展农牧业以兴利的思想,是他"教种桑棉为养民务本之要"的具体化。他认为,立足于农业的多种经营,能够为对外贸易提供更多的商品。左宗棠认为,"我以互市为利者,不能多销外国之货",要力求"银多入于中国也"。他还指出,大力栽桑养蚕、种树制茶、种棉织布,均可兴中国固有之利,东南种蔗,并采西法以机器制糖,能"不夺民间固有之利,收回洋人夺取之利,更尽民间未尽之利"。

针对西北地区干旱缺水的问题,左宗棠提出"治西北者,宜先水利"的主张,并且派人从国外购买开河、凿井的机器,准备治河、打井,力图从根本上改变西北农业的落后状态。事实上,这也说明左宗棠无论走到哪里,都十分重视水利建设。

在农田耕作方面,左宗棠提倡精耕细作,提高农作物的单位面积产量。他认为,"区种"是比较好的方法,能够"治田少而得谷多"。"区种"必须解决水的问题,因此他特别强调水利建设,把农田水利视为与"民间赋命攸关"。他说:"保民之道,必以养民为先;六府之修,以水利为亟。"如果全国都能认真治水和兴修水利,使"水有所归,旱潦有备,垦荒成熟外,加以桑棉之利",那么百姓们不仅可以自给自足,而且可以从洋人那里赚来钱。

其三,左宗棠有深切的重民思想,他提出了"保民""养民""爱民"

和"民可近不可狎"的主张。

中国自古以来是个农业大国。在左宗棠看来，如果要维护国家的利益，就要重视赖以维持这个国家存在的民众。在这样的思想基础上，他深谋远虑地提出"保民之道，必以养民为先"，要"诚心爱民，其为民谋也"。

其四，他主张通艺兴业，视人才为强国之本，主张向西方学习，大力培养本国通洋务和懂艺事的人才。

左宗棠曾说：古人把道与艺都视为"出于一原"，并未将其分割开来。既不能只言道不言艺，也不能"离道而言艺"。这实际上是在谈政治与生产技术的关系。艺不离道，是说生产技术是为政治服务的，二者是密不可分的。左宗棠"道艺统一"的理论，有着解放思想的积极作用。

其五，他坚决保护国家资源，维护国家主权，振兴民族工业，抵制外国经济侵略。

1866年8月左宗棠出任陕甘总督后，他发现西北地区"羊毛驼绒均易购取"，是发展毛纺织工业的理想之地，然而该地却成为俄国的毛织品市场。于是左宗棠萌生了自办机器织呢厂的想法，他提出了"以中华所产羊毛，就中华织成呢片，普销内地"的主张。他认为这样不仅"甘人自享其利"，而且能"衣褐远被各省"。于是，他筹银三十万两，派员向德商订购纺织呢绒的全套设备。1880年，左宗棠在兰州开设的工厂开工。

左宗棠创立兰州织呢局，是他在军民兼顾思想指导下开办的一个由军用向民用过渡的企业。这里面虽有充实军中被服的目的，但更多的是着眼经济利益，既对国内市场有利券可操，又可抵制洋货进口。

兰州织呢局照片

兰州织呢局这个企业,是左宗棠为了抵制俄国毛织品进口,以国产材料为原料自产自销的第一次尝试。这比李鸿章的上海机器织布局早了近十年。

左宗棠抵制外国侵略、发展民族经济的思想,还表现在开矿、办电报及修建铁路等事业上。他反对外资在华开采矿藏的态度是鲜明的。19世纪60年代,英、美等国都曾提出在华开矿的要求。当时,清政府内部对此看法不同。以采煤为例,曾国藩、李鸿章认为可以试办,未加否定,而左宗棠坚决反对,主张自开。关于电报和铁路事业,左宗棠也一直坚持着捍卫民族利益的立场。

其六,他主张广泛引进西方的先进技术,提高生产力。

左宗棠在创办福州船政局时,从西方国家引进了大量的先进设备和

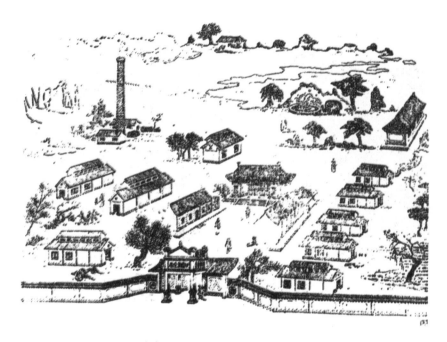

左宗棠于1872年创立的甘肃制造局

技术,并聘请了很多外国专家。后来他到了西北,兴办甘肃制造局、兰州织呢厂,试行开矿、冶金等,都是为了发展经济,大幅度地提高生产力。

其七,他把制造轮船作为制造其他机器的"母机"看待,由此推广而制作。

左宗棠说:"夫使学造轮船而尽得一轮船之益,则自造不如雇买聊济目前之需。"这句话从反面说明了学造轮船的目的绝不仅仅是造一艘船。之所以学造轮船,就是要使它"相衍于无穷",成为能制造机器的机器,即"母机","至轮车机器、造铁机器,皆从造船机器生出"。左宗棠所谓造船工业是综合性的科学技术的观点,与恩格斯的观点相符合:现代的军舰不仅是现代大工业的产物,同时还是现代大工业的缩影,是一个浮在水上的工厂。左宗棠说:"如能造船,则由此推广而制作，无所不可。"此后逐步可以建立本国的机器制造工业。

其八，他重视实地调查、因地制宜的农业经济思想。

左宗棠不仅提倡开办新式工业企业，还主张因地制宜发展农副业生产。他在西北地区任职期间，这一农业经济思想，通过多方面的农业实践得到了体现。比如西北地处边陲，人口稀少、百姓贫困，又因经过多年战乱，许多地方有土地却无人耕种，粮食缺乏、运输困难，左宗棠为了恢复当地的生产，解决军民粮食需要，采取了一路进军、一路屯田的政策，取得了显著的成效。

其九，自强、自主、自力，积极进取，有所作为。

其十，对近代企业支持民办，反对官办（按：官办实是官僚办，非国办）。

这是更值得赞许的经济思想，此处不再赘言。

左宗棠还非常重视以儒学为正统地位的传统封建教育，同时又能够正视"西学东渐"的影响，并顺应近代化的潮流，大力强调兴办近代教育。

左宗棠在福州设立正谊书院，重新校刊儒家典籍数百卷，以这些儒学著述为书院的教材，并"亲课诸生"。

左宗棠为至公堂和柳湖题写匾额，在陕、甘等地恢复和新建"义学"，主张以《小学》来教授入塾童子。他指出："塾师非仅因安置寒士起见，兴教非仅因文章科第起见。古人八岁入小学，十五入大学，次第节目一定不可易。故小成大成各有规模，经正民兴，人才从此出，风俗亦从此厚矣。览诸生所陈义学条规，鲜有见及者。须知自洒扫应对至希圣希天，下学上达，皆是一贯。今日入塾童子，先宜讲求《幼仪》《弟

左宗棠组织的提供回民子弟免费教育的"义学"

子职》,而归重于《小学》一书,方为得之。"左宗棠还"设局鄂省,影刊四书、五经、小学善本,分布各府厅州县。师行所至,饬设立汉、回义塾,分司训课,冀耳濡目染,渐移陋习,仍复华风"。

　　左宗棠十分重视弘扬民族气节。他曾在兰州修建碧血碑,亲书文天祥的《正气歌》。他还筹措款额,在浙江刊刻儒学典籍,以供"劝学"之需。左宗棠"敬教劝学"的目的,在于保护古籍,传之不绝,从思想文化上求得清王朝的"中兴"。他所刊刻的书籍,主要是一些儒家经典,特别是理学典籍。经过历年战乱,典籍焚毁散佚严重,在这种情况下,左宗棠提倡并亲身参与古籍的整理刊刻,并为此而招来一批文人学士,培养了一批刻书工匠,使一些"绝学孤本"不致失传。这对于保存历史文化遗产和促进文化教育事业的发展是有积极意义的,应予以充分肯定。

左宗棠任陕甘总督期间，还在其辖区内积极倡导"兴教劝学"，风气一度高涨。仅同治八年（1869）至光绪六年（1880）的十一年内，陕甘地区就新办或修复重办书院三十余所，创设各级各类义学三百多所，至于刊刻发给学生的教材更是不计其数。左宗棠在收复新疆后，"与南北两路在事诸臣筹商，饬各局员、防营多设义塾，并刊发《千字文》《三字经》《百家姓》《四字韵语》及《杂字》各本，以训蒙童，续发《孝经》《小学》，课之诵读，兼印楷书仿本，令其摹写。拟诸本读毕，再颁行《六经》，俾与讲求经义"。

在与发展教育有关的活动中，左宗棠最为得意也是颇有成效的一件事情，是甘肃乡试"分闱"。

"闱"，是科举考试的考场。甘肃自康熙二年（1663）从陕西划出建省后，在二百多年间一直是与陕西合并举行乡试，贡院设在西安。这样，"甘省距陕道阻且长，而乡试必须赴陕"，难度很大。左宗棠为此而上奏，他陈述了分甘肃乡闱并分设学政的理由，他的奏请最终得到了批准。

左宗棠曾多次强调，外国之所以有"日新月异"的发展，是因为它们的教育制度和方法，引导学生将其聪明才智集中钻研于"艺事"，"其艺事独擅，乃显于其教矣"。这就是差别所在。中国不能安于现状，而应向外国学习，培养"聪明才力兼收其长"的有用人才，数年之后，"彼之所长皆我之所长"，也就不致再受外国欺侮了。他论证了学习西方先进科学技术和引进现代化机器生产并不是"失体"，必须奋起直追，老老实实地向西方学习。他说："治天下自有匠，明匠事者自有其人，中不如西，学西可也。"

左宗棠关于"中不如西,学西是当务之急"等一系列论述,切中了中国士大夫空言义理的要害。

在左宗棠看来,学习西方的内容主要体现在器物文化方面,即从器物上承认中国不如西方资本主义国家先进,把西方的"艺事"置于所学的范围之内。左宗棠认为,外国的"长技"主要有轮船、火器、机器、开矿、电报、铁路等。事实正是如此,这些都是西方大工业和近代文明的主要标志,是生产力大幅度提高、社会飞速进步的助推器。针对中国当时的实际情况,我们的确需要取"西"之长,补己之短。

二四　筑路引水广植树，"引得春风度玉关"

中国的地势是倾斜的，西高东低。西北地处高原，是江河的发源地。那些大江大河的支流大都河道狭窄，水浅流急，不利于航运。行旅的往返、货物的转运，差不多全靠马拉、驼驮和车载，交通十分不便，因此道路的修筑显得格外重要。出于军事行动和巩固边陲的需要，同时为了开发大西北以及百姓的长远利益，左宗棠对陕西通往新疆的道路进行了普遍整修和拓宽。这项筑路工程从潼关开始，西到嘉峪关，横贯陕、甘两省，全长三千余里。路径随地形转移，路面宽阔，一般为三至十丈，最宽处达三十丈。因为凡所需军火、军装、军饷大多来自东南，均经潼关西运，左宗棠在甘肃东北、甘肃西南以及青海大通、湟源等地也修了不少路，此路大抵沿元、明、清的驿道而筑。

后来，大军进新疆，筑路也继续往西，分为两路，北路直到精河，南路直到喀什噶尔。沿路所修石桥、木桥不计其数。其道路之长，规模之大，不仅可与秦始皇所筑驰道相比，而且在作用和意义上也超过了驰道。秦始皇筑路，大致以首都咸阳为中心，向东南作扇形分布，主要是为了对付山东诸侯；左宗棠筑路和选择的方向，恰与其"背道而驰"。此外，前者是向富庶地区延伸，后者是向戈壁、沙漠进军；前者可凭借皇权动用全国的人力、物力，后者主要依靠西征士兵锄挖箕挑。

左宗棠领导下的筑路工作有几个颇令世人惊叹的成就：

其一，从哈密到巴里坤，必须翻过三十二盘的天山之脊。张曜受左宗棠之命驻扎哈密，便在这里凿平险阻，减低坡度，立石贯木，装设扶栏，回绕三十六盘，路宽一丈五六尺。左宗棠的《天山扶栏铭》中说："谁其化险贻之安？嵩武上将惟桓桓。利有攸往万口欢。"这就是为了纪念这个工程而作的。

其二，从哈密到吐鲁番，从瞭墩到七克腾木，有南、北两道。南路是官路，但大风起处，飞沙走石，常把人马疾卷而去，不知下落，俗称"风戈壁"，古称"黑风井"，也就是《汉书》所说的"风灾鬼难之国"。北路经过一碗泉、七角井和西盐池等地，虽是小路，却可以躲避风灾，所惜沿路没有店铺，行人没地方栖息。于是左宗棠把南路台站移到北路，并且添建房屋，可以为行人供给水草。

其三，达坂到天山南北的通道山路绝陡，车常折轮，驮常失足，如今另凿一条新路，行旅称便。

其四，从托克逊到喀喇沙尔，须经过苏巴什山口，山径曲折，有一百七十里长，这是南路八城的咽喉。其中，苏巴什驿往南八十里可到达阿哈布隘口，也就是《唐书》中所说的"银山道"。左宗棠描述该地的形势说："两峰壁立，积石峻嶒；一径羊肠，下临无际。车驮经过，辄有意外之虞。"于是，他命人在这里筑路，以"化而为夷"。

其五，喀喇沙尔有清水河西碱滩五六里，该段泥淖纵横。于是，一律填筑车路，以使车辆往来无阻。

其六，在古称"轮台"的布古尔以东四五里，从北面山峡流下一条河，河上有一座大桥，这是西人回疆要津，《汉书》称之为"苇桥之险"，除此之外，别无路径。修筑完善后，人马辎重，一律通行。

当时，新疆南路在刘锦棠的管理之下。因此，其他筑路工作便可采录刘锦棠的报告：从玛喇尔巴什到爱吉特虎，修筑道路五百三十里、大小桥梁二十多座；从玉带里克到龙口桥，修筑其间所有的道路和桥梁；喀什噶尔城以南，修筑道路数百里，桥梁三十多座。

左宗棠在陕甘、新疆等地大规模筑路，是他深思熟虑、有远大战略眼光的表现。要想把入侵者赶出新疆、收回被占领的广大国土，一个极为重要的条件便是道路畅通。只有道路畅通，才可以保证高效的物资供应。左宗棠清醒地看到，新疆地域辽阔，西征战线很长，如果道路不畅，就会严重影响物资供应，进而影响战局。于是，他采取了一系列措施。一方面，他从甘肃、宁夏、内蒙古等地筹集了大批粮草，制定了先北后南的作战方针。另一方面，他又命张曜的嵩武军十四营进驻哈密，整修道路，尤其是对被山洪雨水冲垮的翻越天山达坂的咽喉要地，更是拓宽路面、凿平险阻。这一浩大的工程在进军新疆前就已顺利竣工，六万清军得以迅速、安全、顺利地到达指定地点，并利用商驼一万峰、官驼三千峰、大车三百辆，把大批粮食和军用物资及时运到了北路大军的前沿阵地。

在筑路的同时，左宗棠还致力于筑城。这方面的成就主要在陕、甘境内。他命人在兰州筑了一座外城，长二百四十丈，这也是现在兰州城的雏形。光绪二年（1876），左宗棠又把原有的外城进行彻底大修，城根深一丈多，宽一丈数尺，城墙高三丈七尺，顶宽八尺多。更挖有城濠，深、宽各有两三丈。如今，城廓依然，而城濠已不在了。特别是雄壮的西门城楼，用工一百七十多万，前后历时一年。

左宗棠初次到肃州时，发现西北要塞的嘉峪关失修已久，且边墙有四处坍毁，大车尽可自由通过，雄关形同虚设。于是他当即面谕肃州镇总兵官章洪胜等，让其整体维修，俟来年春天督促军队修治。左宗棠指出，应先将通车各口堵塞出路，以便稽查，同时要赶趁秋晴，拨兵勇分段兴修。在左宗棠的授意下，堵塞四处豁口的工程提前开工。左宗棠还题写了"天下第一雄关"的横额，将其安置关头，字大如斗。

何福堃（字寿萱，山西灵石人）有诗曰：

> 左侯昔日受降归，酾酒临关对落晖。
>
> 额书六字神飞动，想见如椽大笔挥。

此诗描写的就是这一段历史，可惜至今题额已失。左宗棠还命部下在关南种植杨树、柳树，共有三百余棵。在"天下雄关"的城门右侧，至今还有一棵四人才能合抱的细叶杨树，即"左公杨"。这是左公辉煌业绩的历史见证。

在大量修路的同时，左宗棠还命人在道路两旁植树，一行、两行，乃至四行、五行。植树的作用，一是巩固路基，二是"限戎马之足"，三是夏时可为行旅提供荫蔽之处。

左宗棠沿路植树，光是陕西长武到甘肃会宁之间的六百多里，历年种活的树就有二十六万株。河西仅永登县境内就有约七万八千株，河西各县沿路除沙碛，都种了不少杨树、柳树，还有榆树、槐树。隆无誉在《西笑日觚》中说："左恪靖命自泾州以西至玉门，夹道种柳，连绵数千里，绿如帷幄。"

甘肃兰州雁滩公园的"左公柳"　　　　　伊犁将军府内的石狮与两棵"左公槐"

这些树被后人称为"左公柳""左公杨""左公榆""左公槐"。

经过同治年间的变乱,哈密老城和新城被焚毁,回城也被焚掠,农村凋敝,田园荒芜,树木被砍伐殆尽。早在同治十三年(1874),左宗棠的先头部队张曜到达哈密后,就按照左公的吩咐,一面派人兴修水渠、屯田垦荒,一面命人遍插榆柳、植树造林,在田埂上多种榆树,在道路两旁广栽柳树。种植柳树,可给人歇荫乘凉;榆木则是农民制作铁木车的材料,青黄不接的时节,榆钱儿还可充饥。现在哈密尚存的"左公柳"虽由后人继种,但称"左公柳"的仍比比皆是。

左宗棠大营从肃州迁至哈密后,在张曜的基础上,继续大规模栽种杨树、柳树。从东面的新庄子、陶家宫、蔡湖庙、下阿牙尔到老城东门,再从老城西门下大坡,经回城西门到回王坟,沿途都栽柳树。东、

181

西河坝有天山雪水的滋润,柳树都长得粗壮茂密。特别是回城至回王坟这一路,夹道柳树蔽日,抬头不见天日,人们将其称为"柳树巷子"。

这些茂密的"左公柳"虽然在20世纪30年代被砍伐了一大部分,但仍然有一些被保存了下来。1949年10月解放军进疆时,人们仍然能看到一些几个人合抱才能抱过来的"左公柳"。当时,进疆的解放军里有一名记者是这样描写"左公柳"的:"我看到一棵棵古老的大柳树,披着粗糙的紫褐色树皮,犹如身着铠甲的武士,昂首挺胸,站立路旁,像路标一样,给人们指明前进的方向。这些古柳,株距约半华里,都一般高大,想必是同时栽种的。"

清光绪五年(1879)暮春,杨昌濬应左宗棠之约西行,见驿道旁左军所植柳树浓荫蔽空,联想到左宗棠的知遇之恩,触景生情,遂在嘉峪关前赋七绝二首:

第一雄关枕肃州,也分中外此咽喉。
竭来跃马城西望,落日荒山拥戍楼。

上相筹边未肯还,湖湘子弟满天山。
新栽杨柳三千里,引得春风度玉关。

秦翰才在其《左文襄公在西北》一书中引用此诗,并有一段评论文字:"前是思咏文襄公的豪情胜概,后是改造了王之涣'杨柳春风不度玉门关'的理解。传诵肃州大营,文襄公掀髯大乐。"

杨昌濬的后一首诗,以恢宏的气势抒发了对西北生态环境的关注，一百多年来深受人们的喜爱，诗题也被命为《左公柳》。

杨昌濬是老湘军中一位文武兼备的将才，颇得曾国藩和左宗棠的欣赏与器重。平定太平军战事后，杨昌濬担任浙江巡抚，想不到后来被一个冤案牵连，成为牺牲品。这便是轰动全国的"杨乃武与小白菜"案。

有一天，虞绍南拿着一册账本对左宗棠说："大人，现在各省所欠的军饷越来越多。就连过去一直不欠饷的浙江，现在也开始拖欠了。"

左宗棠感到惊讶，说道："浙江巡抚杨昌濬可是个守信用的人，这次他怎么回事？"

施补华答："大人，浙江最近出了大事，巡抚杨昌濬以下所有的湘军官员，全部被朝廷革职了。"

左宗棠一惊："为什么？"

施补华随之说出了一桩冤案的真相。

余杭有个姓葛的男人，他老婆喜欢穿绿色衣服，腰系白围裙，人送外号"小白菜"。有一天，这个姓葛的男人突然死了，好像是被人毒死的。当地有个书生，姓杨，叫杨乃武。有人说他和"小白菜"有奸情，因此怀疑是他俩合谋。余杭知县刘锡彤审理此案。杨乃武和"小白菜"开始不承认，后来经过上刑，"小白菜"认了。杨乃武的姐姐认为"小白菜"是屈打成招，就告状到省里。杨昌濬一时疏忽，相信了"小白菜"的口供。后来，杨乃武的姐姐又通过关系告到刑部。刑部经过调查，发现是冤案，死者其实是因病而死的。慈禧太后一怒之下，将浙江的几十名两湖籍官员全部革职，换上了淮军的人马……

…………

左宗棠问："你们怎么不早说？"

施补华答道："山高路远，鞭长莫及，怕大人知道了着急上火，所以我们商量了一下，就没跟大人禀报。"

左宗棠长叹一声说："李鸿章这个混账，这是要给我西征大军釜底抽薪啊！一开始，他反对收复新疆，随后他又通过手段把刘铭传调到陕西来，等着接我陕甘总督的位置。弄了两万人马到陕西来，什么也没干，白白花了朝廷那么多银两。等到要让刘率部进军新疆了，他又装病辞职，回家养生了。两万大军也没去新疆。唉！"

施补华："大人，刘典将军以病请归，军务帮办的位置让谁来补？"

左宗棠："有了，启奏朝廷，让杨昌濬来！"

施补华准备纸笔。左宗棠口述："启奏皇上：杨昌濬任浙江巡抚七年，以余杭案去官，时论异同，臣固毋庸置喙；然观浙民去思之切，亦足见其无负于浙人也。今军务帮办刘典以病请归，臣举荐杨昌濬续任该职……"

光绪六年（1880），左宗棠自哈密东返北京，一路见到"道旁所种榆、柳，业已成林，自嘉峪至省（兰州），除碱地、砂碛外，拱把之树接续不断"，"兰州东路所种之树，密如木城，行列整齐"。左宗棠甚为感慨。

《点石斋画报》将左宗棠西北植柳之事以《甘棠遗泽》为题作画。画面上，穿行于长城内外、重峦叠嶂中的驿道两侧绿树成荫，驿卒行旅跋涉其中，免受炎阳之苦，无不感激左公之德。

此画题款表明，左宗棠平定新疆、调任两江总督后，一些无赖之徒盗伐"左公柳"，致使有些路段寸木未存。杨昌濬继任陕甘总督后，萧

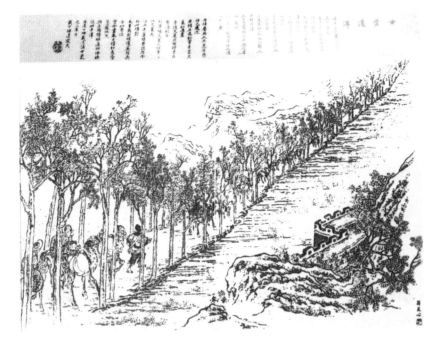

甘棠遗泽(原载《点石斋画报》)

规曹随，"令将此项树木重为封植，复严饬兵弁加意巡守。今当春日晴和，美荫葱茏依然，与玉关杨柳遥相掩映"。

种树固然重要，但还要护树。这里且讲一则一头毛驴因啃柳树皮而被左宗棠处斩的真实故事。

据说，当时每个士兵所栽之树，都要挂上牌子，保证对树的照料栽培。到了晚上，树上还要悬挂灯笼，提示车马不要碰坏树木。尽管如此，还是有的人素质较差，对植树造林、绿化环境的认识不足，致使左宗棠及其部属费尽力气所种之树常遭折损、毁坏。

一天，左宗棠微服出访，发现有的乡民骑驴进城办事，顺手将毛驴拴在树上，而毛驴大啃树皮。他跨上一步，解开缰绳，将驴拉到鼓楼前拴定。然后健步登楼，挥臂击鼓。鼓声"咚咚"，传遍四周，震撼军民。

顷刻间,衙门大员和仪仗士兵、施刑武士等都浩浩荡荡、开锣喝道而来,后面跟着一大群民众。

左宗棠向分巡道和审判官讲明为何要审斩啃树皮的毛驴之后,又说道:"本来,驴主人要一并处斩,但谅其不知规矩和后果,免其一死,下不为例。"衙门卫士又擂了三通鼓,分巡道宣布:"杨柳榆槐是左帅及其部属苦心所植,为民造福。然而,常有不法之徒砍伐树木,更有愚众不知珍爱,随意损毁。今左帅亲手逮住一头犯法毛驴,它啃嚼树皮,罪该当斩,立即执行!从今以后,若再有驴马牛羊损毁树木,牲畜与其主人同罪,砍伐树木者罪加一等,勿谓言之不预!"

毛驴旁边,已站着几个杀气腾腾的刽子手,大刀明晃耀眼。毛驴本能地觉得性命难保,便从鼻子里发出"呜昂——呜昂——"的悲哀长鸣,惊恐万状。

"开斩!"随着宣判官一声令下,刽子手手起刀落,驴头滚落在地,驴身立即倒下。自此,左宗棠斩驴护树,传为佳话。

二五 "当年是丝绸之路，
将来更是欧亚孔道"

在我国西北，由于有喜马拉雅山、昆仑山、天山、阿尔泰山等高山峻岭的阻隔，大西洋、印度洋的水汽难以进入，所以素缺雨水，沙漠蔓延，水土严重流失，历来被人们视为荒凉地区。唐代诗人王之涣有"羌笛何须怨杨柳，春风不度玉门关"诗句，更显此地之荒凉。直至20世纪50年代，此地仍流传着"到了嘉峪关，两眼泪不干"的说法。

但是，左宗棠有关注西北的战略地位和生态环境的远见卓识。他在年轻时便立志让这个地域辽阔、气候干燥的大漠地带披上绿装，引雪山融水灌溉，使其成为赛过江南鱼米之乡的地方。他期冀通过开垦屯田来强固西北边陲。他令士兵一路修道搭桥、植树造林、屯田自给，都是为了实现这个宏伟的目标。

《甘宁青史略》载："安定（今甘肃定西）早寒，草枯木凋，村农纵火，山谷皆红。左宗棠见之，问知县，以烧荒对。"左宗棠告诉他们，明代鞑靼经常犯边，明军出塞纵火，使鞑靼骑兵无水草可恃，实在是不得已而为之。现今承平年代，怎能这样呢？"况冬令严寒，虫类蛰伏，任意焚烧，生机尽矣，是岂仁人君子之所宜为？"于是左宗棠下令严禁烧荒，并通令陇东南及宁夏所属一体遵行。

放火烧荒，是古代刀耕火种畲田之习。焚烧草木植被，殃及飞虫鸟兽,无非是获得一些草木灰做肥料而已,其代价却是破坏生态环境和造成水土流失。烧荒对干旱少雨的甘肃中部地区的危害尤为严重。

左宗棠是开发大西北的先驱,他与龚自珍、林则徐、魏源等几位晚清巨子一样,具有宏远的战略眼光。

西北的地理和气候条件与江南的水乡泽国、丰腴之地相比,还是差了不少,这是事实。然而,西北又是一块资源丰富、潜力巨大的宝地,开发大西北对国防、经济和交通等极为重要,意义深远。

开发西北,军民屯边,首先要改善生态环境。抵御风沙、涵养水源、调节气候、遮阴乘凉等,都要靠成片成林的绿树。植树绿化向来被看作造福子孙、美化家园的积德之事。栽种柳树,是因为柳树生命力强,插枝便能活,且其树冠高大,亭亭如盖。左宗棠当年栽的多是阔叶的旱柳,杨树则有胡杨和白杨。胡杨是号称"一千年不死,死后一千年不倒,倒后一千年不朽"的生命力极强的奇树,特别适合在西北地区栽种。白杨生长得很快,乔木参天,迅速成林,变成一排排威武的大漠"哨兵"。榆树、槐树不仅树龄很长、木质优良,榆钱、槐花还可食用。为种活、种好这些树,军务繁忙的左宗棠曾多次亲自走访百姓、请教老农,学习植树护林之法。这种处处为国为民着想的崇高品格和精神,怎能不令后人肃然起敬和永久怀念呢!

曾随左宗棠三度进疆的萧雄写道:

千尺乔松万里山,连云攒簇乱峰间。

应同笛里边亭柳,齐唱春风度玉关。

此诗与杨昌濬的诗一样,都以唐诗"羌笛何须怨杨柳,春风不度玉门关"来反衬左宗棠及其部属筹边新疆、为民造福的不朽功绩。此后,有不少清廷官员和内地文人来到新疆,他们对"左公柳"有许多描述。例如,光绪年间翰林院编修宋伯鲁路过哈密时,写下了《抵哈密》一诗,诗中道:

> 万木伊州道,垂条拂客车。
>
> 塞城隐白雪,古戍访黄花。

人坐在车里,两旁的柳枝可垂拂到车内。当年的伊州古道,已经是杨柳夹道、浓荫蔽日了。

《缘督庐日记钞》中载:"左文襄公治军陕甘时,自陕之长武,西至肃州,二千余里驿路,皆栽白杨。昨在长武,日中即受其荫。……自过泾州,一路浓阴如幄,清风徐来。闻西行树愈密,真甘棠之遗爱也。"

光绪十八年(1892),远戍新疆的裴景福有《哈密》一诗云:

> 天山积雪冻初融,哈密双城夕照红。
>
> 十里桃花万杨柳,中原无此好春风。

"十里桃花万杨柳"一句描绘的正是春天的景色。桃花开了,杨柳绿了,一片大好春光。长途跋涉的人们到边塞一看,真觉得胜似中原风光。

光绪十七年(1891)到过哈密的陶葆廉,在《辛卯侍行记》中这样描述:"三里夹道官柳,甚密,折西南过下阿牙桥……"这里所说的"官柳",就是"左公柳"。

新疆巡抚袁大化在《辛亥抚新记程》中说:"自出潼关西来,柳阴夹道,望之如硤路然,皆三十年前左文襄西征时种植。柳皆成材,纹赤质坚,作器具,与皖、豫蒲柳不同。""自平凉以西,左公柳夹道断续,拳屈瘠薄,不如青白杨之条达肥美。或西来土性宜杨不宜柳欤。"1911年,袁大化路过哈密,只见"十里柴湖庙,村户比连,绿树重阴",其"风景尤佳,绿阴夹道,清流贯其中,水声潺潺,草木畅茂"。

赵敦甫笔述《左宗棠杂事》载:"甘肃安西县属三道沟(离县城约九十华里,离玉门县城约六十华里)有老树十株。树上钉木牌,楷书'左文襄公手植'。"

裴景福《河海昆仑录》载:"(平凉)府东十里外大路,宽十余丈,植柳四五层,三路并行,参天合抱。想见左文襄经营西陲,同于召伯甘棠,而远略尤过之。"

由于左宗棠筑路植树的巨大影响和各级官吏的效法督办,原有的驿道和沿线驿站,种植了不少柳树和杨树。新中国成立后,一些生于清光绪年间的老人说,在民国十几年,永昌城至水磨关还有一些杨树和柳树。

秦翰才在《左文襄公在西北》一书中记载:

凡是文襄公或楚军湘军所到之地,就大家种树。如今可考的:会宁境内种活树二万一千多株;安定境内十万六千多株;皋兰境内四千五百多株;环县境内一万八千多株;安化县丞(境)及镇原境内一万二千多株;狄道境内一万三千多株;平番境内七万八千多株;大通境内四万五千多株。其时魏光焘做平庆泾固化道,大概所有东路路工和桥工,都是在他指挥之下完成的。

自古以来,用兵西北的将领多矣,自西汉赵充国到清代岳钟琪、杨遇春等,均未大规模植树。左宗棠何以独具慧眼,"新栽杨柳三千里"呢?这与左宗棠的人生经历紧密相关。左宗棠自幼在湘阴半耕半读,对农林园艺及生态平衡有一定的认识。年长后,他又致力于农学、地学、杂学等经世致用之学。西征时,他参酌秦始皇筑驰道的规制,即"道广五十步,三丈而树,厚筑其外,隐以金椎,树以青松",因地制宜,沿驿道广种柳、榆,加强管护,以实现遮荫、防尘、路标、绿化的综合目标。

更值得一提的是,曾经有一首著名的爱国歌曲《玉门出塞》,它在海峡两岸学生中间广为流传,且解放军进军新疆时也一路高唱此歌,意气风发、斗志昂扬。歌词写得妙:

左公柳拂玉门晓,塞上春光好。

天山融雪灌田畴,大漠飞沙旋落照。

沙中水草堆,好似仙人岛。

过瓜田碧玉丛丛,望马群白浪滔滔。

想乘槎张骞,定远班超,汉唐先烈经营早。

当年是匈奴右臂,将来更是欧亚孔道。

经营趁早,经营趁早,莫让碧眼儿射西域盘雕。

此词是著名教育家罗家伦先生所作,开头便以"左公柳"起句。结尾以"经营趁早,经营趁早,莫让碧眼儿射西域盘雕",留下了中国人的志气和爱国主义最强音。罗家伦,字志希,笔名毅,先后就读于复旦公学、北京大学,是新文化运动最早的团体新潮社的发起人之一,后来成为国立清华大学首任校长,对学校有许多重大改革,业绩卓著。此词描写新疆景物美好,笼括古今,展望未来,优美大气,言近旨远,一韵到底,朗朗上口,传达出热爱新疆、建设新疆的情怀。该词一经问世,人们争相传抄,得到了广泛赞誉,知名教育家、作曲家李惟宁为其谱了曲,这首歌得到广为传唱。

二六　安抚回部的各项政策值得称道

道光、咸丰年间，国内国际形势混乱。洪秀全等人领导的太平天国运动风起云涌，云南、陕甘的回民也先后掀起了所谓的"反清起事"。这些反清事件的爆发，无疑是清朝统治者推行反动民族政策和对回民残酷压迫、剥削的必然结果。但是，陕甘回民"起事"从一开始就被民族仇杀的阴影笼罩，斗争的锋芒未能对准整个封建统治阶级。这固然是清政府"以汉制回""护汉抑回"政策的产物，但汉、回两族封建主的煽动、挑拨，更使矛盾激化，形成惨烈的"汉回仇杀"，用今天的话说，就是恐怖主义的分裂行为。

对于"汉回仇杀"，左宗棠并没有囿于民族偏见，他站在维护国家稳定的角度，作了较为冷静的分析。他多次指出，"从前回、汉仇杀，其曲不尽在回"，"陕回之祸，由于汉、回构怨已久，起衅之故，实由汉民"，"关陇肇衅，曲在汉民"。凡此种种可以看出，作为陕甘总督，左宗棠在当时能说这样的公道话，确属难能可贵。

左宗棠注意贯彻"服者怀之，贰者讨之"的方针，他认为只有这样，才能达到长治久安的目的。他在上清廷的奏折中说："陕甘频年兵燹，孑遗仅存，往往数百、数十里人烟断绝。新复之地，非表给牛种、赈粮，则垂毙之民势将尽填沟壑。各省克复一郡县，收一处丁粮厘税；甘肃克复一郡县，即发一处牛种、赈粮。非是则有土无民，朝廷亦安用此疆土。"

左宗棠之所以下大气力安置回民,不仅是为了民族团结和国家长治久安,也是为收复新疆做必要的准备。因为下一步他将率领大军出关去收复新疆,河西走廊这一带乃是西征唯一的交通要道,也是战略后方,从给养和运输上着眼,清除障碍和维持安全也尤显必要。这是他的深谋远虑。

延至陕甘新的茶马古道

一天,有人来报告说:"有的将领不遵照迁徙中的规定,克扣回民的粮食,甚至滥杀回民……"

左宗棠听后十分气愤,立即亲自前去调查。原来,刚被升为道员的周铁真在安顿金积堡的回民时,没有按照迁徙规定发足粮食。回民提出质询,他便恼羞成怒,公然将回民打骂致死。

左宗棠当即问周铁真:"你记得迁徙途中给回民的粮食补助是多少?"

周铁真回答:"大人每人每日给粮八两或一斤,小孩五两或半斤,随带的牲口也发给草料……"

左宗棠问:"那你为什么不按照规定发给回民?"

周铁真说:"我认为他们吃不了那么多,我们的军队只比他们多一半呀!"

左宗棠很生气:"那些规定是经过朝廷恩准的,是皇上发给他们的,你怎敢克扣?"

说到这里,左宗棠非常激愤地责备道:"你刚被提升,就敢违背朝廷旨令,真是胆大妄为! 你把质询的回民打骂致死,造成极坏的影响,必须严惩!"于是,周铁真被革职遣送回籍。

按察使史念祖负责遣送西宁的部分回民去清水县,恰巧这部分回民种了一些庄稼还未收完,就不愿意走。史念祖一怒之下竟派士兵将庄稼点火烧了。回民拿着贴在墙上的迁徙规定去找史念祖评理,反被殴打致死,导致群情激愤。

左宗棠严厉责问史念祖:"你简直是胡作非为! 在迁徙中不执行规定,为什么要这样做?"

史念祖答:"我认为,对回民过于迁就会引起汉民反感,这样做也是为了防止回民得寸进尺……"

左宗棠气愤地说道:"无论是回人还是汉人,都是中华子孙,也是大清的臣民,不能歧视,要一视同仁,哪里有迁就他们之说呢?"

史念祖不服气:"那些搞民族分裂、滥杀汉人的回民也要一视同仁?"

左宗棠说:"你要把回民中的好人和坏人区分开来。搞民族分裂的坏头头毕竟是少数。"

左宗棠立即作了新的规定:在迁徙当中,有回民在原住地已种下庄稼的,可以等待庄稼收完之后再迁移。规定写进告示,四处张贴,还

官府分给耕牛和土地后，回民正在耕种

有专人去宣讲，以使被迁的回民了解。回民因此对左宗棠和西征军十分拥护和欢迎。

为了严明纪律，左宗棠革去史念祖的职位，并向朝廷奏劾。

西征军费本来就十分拮据，左宗棠坚持按规定迁徙，受迁的回民大部分被安置在平凉、会宁、静宁、安定、秦安等地，汉民则被安置于安定等地，都在今天的陇东平原，水草比较繁茂，土地又是肥田沃壤。

这些优厚措施的推行，使得迁徙比较顺利，但左宗棠的这一举措，却引起陕甘地区一些上层人士的反对，地方上的一些官吏也找出种种借口多方阻挠。有人公开发怨言说："我们陕甘一带的土地本来就贫瘠干旱，你左大帅将那些有水有草的地方都分给了回民居住，我们怎么办？"

左宗棠听说之后，一笑置之。他说道："那些地方本来都是无人耕种的荒地,现在分给了回民,你们又有了意见,早干什么去了？况且回民也是中华大家庭中的成员嘛！让他们到没有水和草的地方,怎么生活？"

平凉城里有一个武举出身的士绅名叫李振基,他对回民的安置措施很有意见。他说化平川一带原是他家的土地,不准回民到那里居住,把安置在这一带的回民赶跑了。

左宗棠得知消息之后,派人去找他。李振基不但不来,还出言不逊:"怪不得有人说左宗棠是'左阿訇',他竟如此袒护回民！"

左宗棠决定亲自去碰碰这块硬石头。

幕僚告诉左宗棠:"李振基是武举出身,年龄在四十余岁,两臂能举起千斤重鼎,而且家里有数十个武艺高强的亲丁,平日就嚣张跋扈,此人不好对付。"

左宗棠冷笑一声道:"据说,这个李振基曾与马化龙打得火热,我们还没有算他老账。现在,他居然主动挑事,岂不是自投罗网？"经过一番谋划,左宗棠决定在平凉城公开审判李振基。他把用意对幕僚说破:"这叫敲山震虎、杀鸡儆猴,借机教育广大汉民、回民,要和睦相处,过安定的日子。"

次日,阳光万里,秋高气爽。在平凉城的十字街口,面南背北的一座台子上方,一条横幅引人注目:

回汉一家,共同繁荣。

"不分回汉",中华一家

高台两边的柱子上,挂着一副对联:

同饮黄河水,华夏之内皆兄弟;

共食麦黍稷,九州方圆应团圆。

这是一次公审李振基的大会,在会上,左宗棠公开宣传了对回汉一视同仁的政策,打击了像李振基那样的豪绅地主阻挠安置回民的势力。

在处理复杂的民族问题时,左宗棠还有比其他官吏显得更高明的地方。比如,他注意尊重回族的风俗习惯,反对强制的"同化"政策。有官吏曾向他建议,对于安插的回民,应"令与汉民联亲,开荤食肉",

以期"用夏变夷"。左宗棠在批文中驳斥道:"……独不闻'修其教,不易其俗;明其政,不异其宜'乎? 有天地以来,即有西戎;有西戎以来,即有教门。所应禁者新教,而老教断无禁革之理。"

本着这个原则,当回民要求修建清真寺时,左宗棠欣然同意,只不过他对清真寺的结构和尺寸提了一些具体要求,这也是为了防止清真寺建成后被用作军事用途。左宗棠在批示中说:"回教之建立清真寺,例所不禁。"他提出了修建的具体要求:"高广准照各神庙祠宇之式,高不得过二丈四尺,长宽不得逾十丈。头进为大门,两旁为厢房;二进为神堂,供奉穆罕默德神位;三进为经堂,以藏经典。二进至三进两旁为长廊,以居守庙之人。墙厚不得过二尺五寸,寺内外不得修建高楼,以示限制。"

左宗棠应对陕甘回军时所采取的一系列善后措施,固然是从维护清朝的统治出发,但在当时具体的历史条件下,也对社会生产力的恢复和发展起到一定的积极作用。还要指出的是,左宗棠在处理汉、回矛盾的问题时,不囿于传统的民族偏见,采取了比较客观的态度,这对于汉、回杂居之地的社会秩序由动荡而渐趋于安定显然是很有作用的。20世纪30年代,一位甘肃平凉的老阿訇马六十就曾口述了这样的情况:"甘肃河州一带,一部分回民颇与左宫保有好感,至今每逢一事不决,尚说:'左宫保的章程——一劈两半。'盖左在所谓平乱时,遇回、汉之争,尚能折衷办理也。"

晚清时期回部起事,起事军与官军长期恶战,各有伤亡,是个复杂的历史事件,非三言两语所能说清。笔者只简略提出五条个人识见:

其一,清末的回部起事是由清政府错误的民族政策引起的,但随着起事头目逃奔国外引狼入室，性质便发生了变化，前后之事应分别作具体、客观分析；

其二，回部起事后，与清王朝形成了对抗性矛盾，暴力冲突、战场搏杀呈现你死我活的残酷性，前线将帅只是奉皇命履职，不能归罪于他们；

其三，回军头目的结局归宿各有不同：董福祥、马占鳌等主动投诚，得到重用和升迁，利及回民；白彦虎、马化龙、马文禄等顽抗者下场可悲，咎由自取且祸殃众生；

其四，左公在西北用兵之初，便提出了"欲靖西陲，必先清腹地"的方略。新疆被外族侵占，其中一个重要原因便是腹地不平。陕甘不宁，河西走廊阻塞，清廷在新疆兵力薄弱，鞭长莫及。清廷平息回民起事，安定和巩固后方，才能去想出兵新疆，收复失地。这是一盘棋局中必先下好的重要一着，甚至是关键之着。把收复新疆视为左宗棠之功，而将平定回部起事视为左宗棠之恶行，其实是将两件有机联系的事情割裂开来，实在是多年来看待历史问题的一个通病；

其五，国家主权高于一切，我们应站在领土完整、国家统一、中华民族大团结的高度上来评价左宗棠的勇敢担当——他确是一位连西方也承认的民族英雄，且立下了怎么评价都不过分的丰功伟绩。

我们必须以理性思维和理智态度来看待这段历史，要从国家和民族的根本利益出发。不能局限于一事一时、一地一方。况且，世界上没有完人，也没有只有功而无过者。左宗棠不是回族的敌人，而是在中华民族积贫积弱、危机深重的年代站出来的一位大英雄，他为中国统一和领土完整立下了彪炳千秋的丰功伟绩。如果没有左宗棠，新疆、内蒙古和陕甘地区或将被俄、英等列强所侵占，中国版图或将支离破碎，包括汉族、回族在内的各族人民或许都会被境外异族统治。

左宗棠像

二七 左公严劾成禄,"思规百年之安"

《孙子兵法·计篇》讲到"经之以五事"——道、天、地、将、法,位居其首的"道"即"令民与上同意也"。如果不得民心,尤其是不惩恶申冤,则军队不可战,若战亦必败。

左宗棠到西北不久,便遇到了一桩大案:朝廷大员高台提督成禄胡作非为、滥杀无辜,致使民怨沸腾。经过调查核实,左宗棠于同治十一年(1872)十二月十九日上《武职大员苛敛捐输诬民为逆纵兵攻堡请旨察办折》,这道奏折的大意是:提督成禄驻扎高台,每年征收名目繁多的苛捐杂税,合计银子不下三十万两,然而"兵不出城"。高台县事、灵台县知县等又层层加码,各乡士民不堪重负,赴城请求减免,守城之兵不让士民入城呈诉。无奈之下,各乡士民便寄寓于离城十余里的权家囤庄等待批示,并派遣数人入城呈诉。成禄突然发兵进行围捕,攻破权家囤庄,屠杀主客士民及老幼妇女,并擒生员李载宽、赵席珍等,而后将其正法。当时,肃州有秀才在权家囤庄教书,结果他和私塾中的十余学童一起被杀,还被扣上"教官失察、生员谋逆"的罪名。

经过主审官吏一番审问,将高台县教谕雷启甲、民人胡生春等人的供结、代理抚彝通判王佳植的禀报、前高台县知县管笙的供词合在一起,基本上拨开了"成禄案"的迷雾:

同治四年(1865)至同治九年(1870)春,成禄在高台县搜刮民财多达三十万两白银。同治九年，他在按亩摊捐之外加派富户捐输。当时正赶上秋禾被冻，秋粮减产，当地士民承诺待成禄出关时再捐裹带，请求成禄减免捐输，而成禄却于七月二十四日突然派兵攻破权家囤庄，屠戮二百余人。

案情真相大白后，左宗棠上奏折一封，他在奏折中写道：

> 此实稍有人心者所不忍为，亦军兴以来所仅见。臣既察讯得实，若壅于上闻，何颜立于人世。合无仰恳敕下六部九卿，会议乌鲁木齐提督成禄应得之罪，以雪沉冤而彰公道。

左宗棠也已预料到清廷会怎么处理，于是他不久后又上《请特简贤能接任陕甘总督并钦差大臣折》，以自己"眼目昏花，心神恍惚，衰态毕臻"和"关外局势，以区区之愚揣之，实非从内预为布置，从新预为调度不可"为由，请求卸任陕甘总督。折中写道："合无仰恳天恩，特简贤能接任陕甘总督篆务，并绾钦符，俾臣得释仔肩，稍宽咎责，无任感祷之至。"

我们向来崇敬左宗棠的骨气和勇气，赞赏他的智慧与谋略。此时，他要是不撂"挑子"、摊"底牌"，不给朝廷一点颜色看看，那也太软弱、太窝囊了！

该折上达后，清廷立即批复：

> 该大臣办理陕甘军务，宣力数年，地方渐就肃清，大功不日告竣。嗣后一切善后事宜及吏治民生，正赖该大臣悉心筹度。至新疆军务，诚非从内预为布置，从新预为调度不可。将来大军出关，

关内既须重臣镇抚，而筹饷、筹粮并筹转运等事，尤特有大臣实力实心经营布置，庶前敌各营不虞后顾。该大臣素顾大局，谅早筹计及此。应俟甘境敉平，先将饷事、兵事通盘筹画，据实奏闻。朝廷倚畀方深，岂可遽萌退志！左宗棠着赏假一个月，安心调理。河州、肃州军情，仍着随时详悉具奏，以慰廑系。

"遽萌退志"这四个字，是皇帝谕旨中用的词。左宗棠只是说自己近来身体不好，头昏眼花，衰老不中用了而已，但掌握大权的两宫太后、年轻皇帝，都从左宗棠的奏折中看到了他"遽萌退志"、请病卸职的根本原因，也看到了不严肃查处成禄一案的严重后果。

同治十二年（1873）正月廿一日，清廷谕军机大臣等："前此，左宗棠劾奏成禄迁延糜饷，举动乖张。令穆图善密查。旋据穆图善复奏称，成禄不知检束，参款俱属有因。"

有了旁证，就更有说服力了。时任宁夏将军的穆图善亦系满族贵族，他的复奏，清廷是信得过的。所以，"成禄案"的真相被左宗棠揭露后，清廷不得不下达这样的谕旨："本日复据左宗棠奏，成禄前在高台苛派捐输，诬民为逆，纵兵冤毙多命，是该提督丧心昧良，情罪重大，实难一日姑容。"

到了这时，清廷不能再继续袒护和包庇成禄了。清廷将对成禄革职治罪的命令送到凉州金顺处，"著金顺兼程出关，接统成禄各队，传旨将成禄革职拿问，即日遴派员弁押解来京，听候治罪"。

左宗棠以钦差大臣、陕甘总督的高位来督办陕甘军务，镇压陕甘回部起事，他来到西北后，在用兵的同时，采取了一些治本的办法。同治十年(1871)他在给文祥的信中说："思规百年之安，不敢急一时之效，任一日事，尽一日心力而已，它非所知也。辱承注念，故敢奉闻。"

如何"思规百年之安"呢？

左宗棠于1873年在给谭钟麟的信中说："陇自乾隆置省以后，百为草创，持节多丰镐旧族，因陋就简，莫为之前。失今不图，终必沦为绝域，可慨矣！"

1874年，左宗棠在给著名学者吴大澂的信中说："陇自置省以来，百数十年，荒陋如昔，不但文为阙略，即大经大法有关治具者亦并略焉。蒙以衰朽之年，适承其乏。关陇无事，窃思综简而整齐之，以导其先。"

作为西北封疆大吏，左宗棠严劾成禄主要是为了消除乱源，以求治本，进而粉碎沙俄吞食西北的图谋。同时，我们也应该看到，左宗棠弹劾成禄，是为民作主、伸张正义，因而极得民心。这是安定西北、收复新疆的题中之义，也可说是前提条件之一。

二八　对索贿者分文不予,跺脚骂殿

　　左宗棠带领亲兵从肃州"舆榇以行","誓与俄人决一死战"。这一消息迅速传到了伊犁,传到了俄国。沙俄确实被这口大棺材震慑住了,怕这位倔强的湖南老头子来硬的。经过数千里艰难行军,左宗棠终于到达哈密。崇厚签订的丧权辱国条约被废除后,清廷又派曾纪泽为全权代表赴俄谈判。经过多次唇枪舌剑的斗争,清廷与俄国终于签订了一个差强人意的和议,约定俄国将伊犁归还中国。左宗棠对此颇为不满,他说道:"不料和议如此结局,言之腐心。"皇帝下诏命左宗棠进京,于是左宗棠于1880年11月14日从哈密启行入关,至1881年2月24日行抵京都,时间长达百天。朝廷本应礼待西征荣归的统帅,但左宗棠竟吃了宦官的"闭门羹"。当左宗棠坐着雇用的骡车,一路风尘仆仆到达北京的崇文门(俗称"哈德门")后,不仅未有官员迎接,还遇到敲诈勒索之事。这是怎么回事呢?

　　当时的崇文门,是官吏、百姓、货物进城经过的唯一一个需纳缴银税的城门。宦官控制下的门卫要收进门钱,这已经成了惯例。地方任职期满后回京的高级官员,都要在城门口缴纳一笔捐献,数目多少因人而异,有的优差肥缺甚至须纳银十多万两。

　　"请你报告左大人,入崇文门需要先交进门钱,捐献多少随官职大小而定。"一个小太监态度傲慢地对左宗棠的随行官员刘见荣说道。

"大帅,太监说进门要先缴纳一笔捐献款。"刘见荣回报左宗棠。

"你问问他,要给多少钱?"左宗棠漫不经心地说。他觉得如果只是少许银子,便掷给他们几个子儿,省却麻烦,赶紧进城。

刘见荣问了小太监,小太监像个业务熟练的会计,脑子一转,便喊出数字:"左大帅是封疆大吏,起码要缴纳四万两银子!"

"四万两? 这么多? 这相当于大帅两年的薪俸了!"

刘见荣无奈,只好如实向左宗棠报告。

左宗棠听后,冷笑一声,下了骡车亲自对小太监说:"皇帝下旨命我进京,如果进京觐见皇帝需要付钱,那这笔钱应该由朝廷来付。"

"左大人,当年曾国藩大人统领湘军攻克长毛老巢金陵,受封一等侯爵。他进京来领赏时,也是送上五万两银子才得进此门,您怎么能破这个规矩呢?"

"原来如此! 不过,我左某人没有钱,所以只好破了这个规矩!"

"您在地方当了多年大官,捞了那么多的钱财,就这么吝啬吗?"

"我捞了什么钱财?"

"那您的钱呢?"

"我的钱是给你们这帮肮脏的家伙享受的吗? 我们是从西北来的,不让进京城,我们便回西北去。但我要告诉你们,谁不让我觐见皇上和皇太后,后果自负。"

小太监见左宗棠正气凛然,一下子惊得目瞪口呆。自从长眼睛以来,他还从没有见过此等堂堂正正的人;自从长耳朵以来,他还从来没有听到过这样理直气壮的话语。

不交钱,小太监当然不会轻易放行,而左宗棠也早已打定主意,一文钱也不给！

相持之下，左宗棠一行在城外滞留一日。他不着急，只叫侍从和卫士就地休息。

左宗棠在崇文门口受阻滞留的消息很快在京城传开。丰台大营将此事飞报军机处，朝廷中一些正直人士感到震惊。左宗棠虽然已交卸了钦差大臣督办新疆军务的大印和陕甘总督的大印，现在只有东阁大学士的职衔，但他毕竟是立下大功的西征统帅、封疆大吏啊！他自己不以大将军的身份班师回朝，可朝廷也不能如此怠慢他，不然定会使前线将士和天下贤士寒心的！

恭亲王请示了太后，由醇亲王奕譞率领军机大臣、六部九卿齐至永定门外，迎接左帅凯旋。打前站的刘见荣急忙派侍卫报告左宗棠，然而来迎接左宗棠的官员已经到了。

见醇亲王及众大臣齐聚在城门口，左宗棠急忙下车，在刘见荣的搀扶下快步上前，屈膝下跪，口称："臣左宗棠叩见王爷，恭请两宫太后、皇上圣安！"

"左帅一路辛苦了，太后及皇上命本王及众大臣前来迎接大帅凯旋。"

左宗棠拱手施礼道："感激太后、圣上恩遇，又蒙王爷及列位大人亲临，愧不敢当。自问何德何能敢受隆遇，虽肝脑涂地，不足以报答万一！"

次日上午，左宗棠奉旨觐见。由于长期腹泻，他面黄肌瘦，身体虚弱，加之旅途劳顿，更是眼皮红肿，一脸倦容。至于脸颊上那深深的皱纹，则是长期在西北被凛冽如刀的风雪和弥漫飞旋的沙尘刻下的。

左宗棠拖着疲惫的身躯来到了太和殿前。他整了整衣冠,对一个面目清秀的小太监说:"前陕甘总督、协办大学士左宗棠奉诏求见皇上、皇太后!"

小太监见左宗棠两手空空,便露出一副轻蔑的神态,冷冷地说道:"左大人,你要让我进去通报,又想进殿觐见皇上和皇太后,就不想想缺点什么吗?"

左宗棠一听,火气陡升,当即开口骂道:"吾尝出入百万军中,无有敢阻挡者,安识汝曹鼠辈!且吾廉俸所入,自瞻尚虞不给,更何来余资给汝?吾是受皇命来京觐见,今既阻我入见,吾惟有仍返任所耳!"

说完,左宗棠拂袖而去,命轿夫原路返回。小太监见左宗棠真的要走,便急忙进去悄声报告李莲英。李莲英一听,脸色大变,惶恐不安。

这天慈禧太后生病了,李莲英便向慈安太后报告:"奴才的手下索要一点礼银,想不到左大人一个子儿也不给,说要是不让进殿,他就回西北去!"

慈安笑着说:"汝何不自量乃尔。此人功高性戆,先帝且优容之,吾何能为力?惟有向彼自行乞哀,或能赦汝狗命耳。"

听到这话,李莲英赶紧对小太监说:"赶快去追,多说好话,将左大人请进殿来!"

小太监吓得屁滚尿流,好话连篇,作揖磕头,才将左宗棠请了回来。

慈安太后见左宗棠这个曾经充满活力之人变得老态龙钟,吃了一惊,便道:"左爱卿,你衰老多了!唉,长期在西北荒漠之地领兵打仗,太辛苦劳累啦!"

左宗棠答道："臣舆榇出关,为的是抗击俄人,壮士长歌,不复以出塞为苦。奉诏回京,随带精兵三千,也是为防御俄人侵犯,风雨兼程,也不以为苦。"

"左爱卿,你怎么老是擦泪呀?"

"禀报太后,西北地区长年有大风沙,臣有眼疾,见风见光常要流泪,平时只好戴着墨镜。"

"那你就戴上墨镜吧。"

不巧,左宗棠在摸墨镜时,墨镜掉在地上摔碎了。

慈安太后立即吩咐身后的太监:"快去,将我镜台左侧用黄绸缎包的一副先帝用过的墨镜拿来!"

太监将墨镜拿来后,慈安太后说:"这是洋人赠给先帝的一副墨镜,先帝生前常用它,据说还能治疗眼病。左爱卿,你戴上它试试。"

左宗棠激动地用双手接过墨镜,连叩三个头谢恩,口中说道:"先帝的遗物赐给老臣,是至高无上的荣耀。老臣肝脑涂地也不能报答如此恩惠。"

慈安太后又问道:"左爱卿去西北多年,家中多位亲人弃世,你想必十分伤感。你是如何度过的?"

左宗棠听到太后的问话,心中一阵酸楚。他回答道:"臣在西北,发妻周诒端、长子孝威、长媳陶氏、四女孝瑸、家兄宗植,以及外母周夫人、妻妹周诒繁先后去世,臣在数千里外听闻噩耗之时,已是数月之后。臣不能凭棺,不能临穴,欲哭无泪,伤心已极。但臣知自己王命在身,军情紧急,筹兵、筹饷、筹粮、筹运,种种机要大事,不容有一日懈怠。故而臣不敢以私废公,只能强忍悲痛,勉力从公。"

慈安太后叹息道："唉！先帝识拔了你，为我大清保住了江山。这些年，你身负重托，远离家眷，南征北战，出生入死，身先士卒，餐风宿露，吃尽苦头，多位亲人去世，也不能见上一面。我知道你和夫人感情诚笃，兄弟、父子之间也是情意至深。人非草木，孰能无情？我第一次见你的时候，你虽年近六旬，身子却很硬朗。可如今你回到京师，竟是须发斑白，衰病缠身，和当年判若两人。这叫我们母子如何能够心安……"说到这里，太后已经控制不住自己的感情，声泪俱下，再也说不下去了。

慈安太后像

此时，大殿里恭、醇二亲王及文武官员都不禁骇然：当朝国母痛惜臣下勤于国事，竟至于泣不成声。众人也为之潸然泪下。

左宗棠此时已激动得老泪横流，伏在御案前不知如何是好，只是以额撞地，叩头不已。慈安太后缓过气来，对小皇帝光绪说："皇帝，左爱卿为大清江山鞠躬尽瘁，你下座去扶他起来。左爱卿，你快起来吧！"

年方十二的光绪听了太后的一番话，也很感动，立即起身下座要去扶左宗棠。此时，殿前的宝鋆和李鸿藻已经走过去搀起了左宗棠，并对走下来的光绪皇帝说："陛下，臣等代劳，搀扶左大人。"光绪帝仍然要亲自去扶左宗棠。

左宗棠艰难地起身，仰头瞻望太后慈容，泪如雨下，模糊了视线。宝、李二人扶他到醇亲王下首坐下，大殿上一下子沉寂无声。

御座后的慈安太后又说话了："左爱卿，你虽年纪大了，身子也差些了，但你见识深远，多谋善断，朝廷还要依靠你办事的。你且待我和慈禧太后、皇帝商量商量，再安排你的事务，眼下就先下去休息吧！"

左宗棠叩首谢恩，戴着皇帝用过的墨镜，退出了太和殿。

此后，又发生了一起太监向左宗棠索贿之事。

有一次，左宗棠走出宫时，陪引他出来的一个小太监顺手递给他一张纸条。左宗棠展开一看，知道是怎么回事了。原来，内宫中目前最得宠的太监李莲英要为其父亲做寿，并以此为名向左宗棠索取礼银五万两。

自从进皇城门以来，左宗棠曾几次遭到太监的敲诈勒索，加之他近来又遇到一些不顺心事，因而当即勃然大怒，压抑了许多天的窝囊气顿时迸发出来。他把纸条撕得粉碎，在殿前跺着脚破口大骂："尔等乃绝后之卑劣阉者，竟屡次敲诈本帅，国事败坏于尔辈身上。毋说吾无银，若有，亦不予分文！"

左宗棠毫无顾忌、毫不客气地把那个小太监及其主子李莲英当众狠骂了一顿，为很久以来敢怒不敢言的正直之士出了一口恶气。

尾　声

左宗棠成为手握兵权的封疆大吏后，凡涉外之事，无不维护国格，其原则坚定，态度强硬。对英、俄、法等一切侵犯我国领土主权的外部势力，他主张坚决抵抗——"胜则当战，败亦当战！"

用现在的话说，左宗棠就是晚清极少数的"鹰派"人物，极具"亮剑"的勇气与决心。当时的中国积贫积弱，"鹰眼四集，圜向吾华"，时刻有被列强豆剖瓜分的风险。这是真正有血性的、愿以性命相拼的爱国英雄唯一的选择，左宗棠是其中最杰出的代表之一，这也是中华民族的幸运和骄傲！

左宗棠从新疆回京入军机处之后，参与过同法国人的谈判，是法国人最畏惧的对手。慈禧太后曾当面赞扬他："尔向来办事认真，外国怕尔声威。"

左宗棠在总理各国事务衙门行走，先是管理兵部事务，后又负责水利建设。但是，他干了几个月，就以"病难速痊"为由请假回湖南老家养病了。1881年（光绪七年）11月，左宗棠回到了阔别二十多年的长沙。1860年（咸丰十年）左宗棠离开长沙时，他四十多岁，回来时已近七十岁。左宗棠把自己二十多年的时光都献给了国家，其中十几年献给了西北，献给了新疆。

1884年，左宗棠以古稀高龄领钦差大臣衔，亲自指挥了抗法战争。他以战略眼光关注台湾并促成台湾建省，最后又带病指挥各路大军频获大捷，著名的镇南关大捷便是代表。

法军战败的消息传到巴黎，法国举国震动，发动侵略战争的茹费理内阁在法国人民的抗议和反对派的攻击下随之倒台。

然而，李鸿章却在这时建议抓紧机会与法国政府议和，以免节外生枝。昏庸的慈禧太后居然同意了李鸿章的主张。

光绪十一年（1885年），李鸿章在天津签订了屈辱的《中法会订越南条约》。该约共十款，条约中承认越南为法国的保护国，给予法国在广西、云南通商的特权，如减税等；规定以后中国在这两省修筑铁路时，要与法国协商会办。法军在战场上战败，没有索取"赔款"，又答应从基隆和澎湖撤兵，李鸿章认为面子上已过得去。条约得到清廷和慈禧的批准。

这项条约公然承认法国占领越南，中国西南大门自此洞开，法国人得以长驱直入。这项条约是我国在战场上取得了胜利之后签订的，真是世界外交史上的奇闻！

这项条约的签订，对左宗棠而言是一个重大打击。他闻讯后悲愤无比，但回天乏术。

当时，左宗棠的病势已很严重，他曾描述自己的健康情况说："自到福建以来，食少事烦，羸瘦不堪；手腕颤摇，难以握笔，批阅文件，万分吃力；时间稍长，即感心神彷徨无主，头晕眼花。有时浑身痛痒，并经常咯血；偶尔行动，即气喘腰痛。"

六月初十日夜间，左宗棠忽感一口痰涌上来，一下子气喘不已，手足抽搐，昏迷过去。医生赶紧进药急救，左宗棠才又慢慢苏醒过来。

左宗棠自知在世的日子不多了。他思前想后，国家仍如此积弱，许多要办的事都没有来得及办，于是他竭尽最后一点衰微的精力，汇总了长期以来考虑到的有关国计民生的重要问题，一连上了两道奏折，即上文已述的《复陈海防应办事宜请专设海防全政大臣折》和《台防紧要请移福建巡抚以资镇慑折》。

1885年9月，台风袭击福州，接着下起了倾盆大雨。处于弥留时刻的左宗棠，满怀悲愤和遗憾之情口授遗折，由其子孝宽在榻前笔录：

伏念臣以一介书生，蒙文宗显皇帝特达之知，屡奉三朝，累承重寄，内参枢密，外总师干，虽马革裹尸，亦复何恨！而越事和战，中国强弱一大关键也。臣督师南下，迄未大伸挞伐，张我国威，怀恨生平，不能瞑目！渥蒙皇太后、皇上恩礼之隆，叩辞阙廷，甫及一稔，竟无由再觐天颜，犬马之报，犹待来生。禽乌之鸣，哀则将死！

方今西域初安，东洋思逞，欧洲各国，环视眈眈。若不并力补牢，先期求艾，再有衅隙，愈弱愈甚，振奋愈难，虽欲求之今日而不可得！伏愿皇太后、皇上于诸臣中海军之议，速赐乾断。凡铁路、矿务、船炮各政，及早举行，以策富强之效。

然居心为万事之本，臣犹愿皇上益勤典学，无怠万机，日近正人，广纳谠论；移不急之费以充军食，节有用之财以济时艰；上下一心，实事求是。臣虽死之日，犹生之年。

折文感情诚挚激越，悲壮有力，强烈的爱国主义情怀跃然纸上，感人肺腑！左宗棠劝告统治当局，应当振奋精神，"并力补牢，先期求艾",及早举办铁路、矿务、船炮各政,"以策富强之效"。他特别规劝最高统治者,要努力学习,勤理政事,"日近正人,广纳说论",整理财政,以"充军食""济时艰","上下一心,实事求是"。折文中所述,都是切中时弊的,是符合振兴中华的需要的。可惜,腐朽的清王朝统治者未能切实加以办理,以致国家一天天衰败下去。诚然,左宗棠虽有光复新疆的盖世之功,却无拯救大清衰亡的回天之力!

左宗棠的这则口授折文,缮交福州将军穆图善、陕甘总督杨昌濬,转奏于清廷。

处于昏迷中的左宗棠突然醒了过来,眼中似乎出现一道光……他恍惚觉得自己回到了柳庄门前,正和全家人一起为灾民施粥施药,眼望着灾民一群群走过去,心头充满着同情和叹息;他回到了那间梧桐塘书屋,白发苍苍的祖父在教他咿唔读书;他又到了空旷寂寥、风沙弥漫的西征路上,远望着白雪皑皑的天山山脉,回忆湘江夜晤时林公的谆谆嘱托……然而,刹那间一切都过去了,眼前又是一片昏暗。病榻前,亲人们听到他在低声喃喃自语:"娃子们出队,打孤拔去!""哦哦!出队!出队!我要打仗……"

左宗棠的声音越来越低……

终于,那双目光炯炯的眼睛阖上了。

左宗棠停止了呼吸,告别了人世。

福州城经历了一整天的狂风暴雨。

那天晚上,福州城东北角崩裂两丈多宽,城下居民却未受到损害。大雨下了一夜,第二天清晨,左宗棠逝世的噩耗传出,一位福建士人记录了当时的情形:"全城百姓,闻宫保噩耗,无不扼腕深嗟,皆谓朝廷失一良将,吾闽失一长城。"军队中,营斋营奠,倍深哀痛。讣闻传出后,福州城中,巷哭失声。"丧归之日,江、浙、关、陇士民闻之,皆奔走悼痛,如失所亲。"

左宗棠之死,有些悲壮,也有些悲凉。但左宗棠的一生是伟大的、雄壮的,他与其同时代的满汉重臣相比,鹤立鸡群,厥功至伟。他给中华民族留下了物质财富——广袤的新疆大地,也留下了精神财富——"天地正气"。这些都将永远被中华子孙铭记、继承,发扬光大。

2022年4月15日定稿

附录一 评价左宗棠的历史资料(选辑)

光绪帝亲政谕赐祭文①

朕惟入赞机宜,辅弼实资乎左右;聿昭芪绩,匡襄无间于昕宵。当年既丕建殊勋,此日宜特膺懋赏。尔军机大臣原任大学士左宗棠,秉忠体国,矢慎从公。翊垂帘听政之谟,赖揭笤宣勤之力。靖共匪懈,追念时殷。兹当归政礼成,祗奉萱闱之命;酬庸典重,眷怀枢密之臣。书勋则钟鼎千秋,论治而堂廉一德。特颁纶绰,用锡几筵。遣专官而致虔,用嘉醴以告洁。於戏!恪恭将事,每思顾画以难忘;密勿承休,犹念遗型之宛在。灵其不昧,尚克来歆!

《国史本传》摘录②

咸丰二年……十二月,御史宗稷辰奏平寇需才,请保举备用,称"宗棠通权达变,疆吏重倚之,不求荣利,真心辅翼,迹甚微而功甚伟,若使独当一面,必不下于胡林翼诸人"。命湖南巡抚出具切实考语,送部引见。

---

①辑自《左文襄公全集》卷首,原标题为《亲政谕赐祭文》。
②辑自《左文襄公全集》卷首。原标题为《国史本传》,当为清国史馆所撰大臣列传稿本。

闽浙总督杨昌濬、甘肃新疆巡抚刘锦棠奏陈宗棠历年勋绩：

昌濬略云："宗棠三试礼部不第，遂绝意仕进，究心经世之学，伏处田里十馀(余)年，隐然具公辅之望。前两江总督陶澍，前云贵总督林则徐、贺长龄，交相推重。湖南巡抚骆秉章延佐军幕。适朝命在籍侍郎故大学士曾国藩练团御寇，乃就商，意见甚合。遂各举平素知名之士，召练乡勇，激以忠义，一时民气奋兴，所向有功。湖南之得为上游根本，湘、楚军之能杀贼者，曾国藩主之，宗棠实力成之。用兵善于审机，坚忍耐苦，洞烛几先。戊辰召见，面奏西事，以五年为期，人或以骄讥之。及事定，果如所言。克一城，复一郡，即简守令，以善其后。用人因材器使，不循资格。为政因时制宜，不拘成例。外严厉而内慈祥，所至威惠并行。甘省安插回众十馀(余)万，不闻复有叛者，固措置之得宜，亦恩信之久孚也。廉不言贫，勤不言劳。绾钦符十馀(余)稔，从未开支公费。官中所入，以给出力将士及亲故之贫者。督两江时，年七十余矣，检校簿书，审视军械，事事亲裁。其言办洋务，要诀不外《论语》'言忠行，行笃敬'六字，以为物必相反，而后能相克。西人贪利而尚廉，多诈而尚信，彼亦人耳，未必不可以诚动、以理喻也。居尝以汉臣诸葛亮自命，观其宅心淡泊，临事谨慎，鞠躬尽瘁以终王事，可谓如出一辙。"

锦棠略曰："(左宗棠)其莅事也，无精粗巨细，必从根本做起，而要以力行。如师行万里沙碛之地，虽酷暑严寒，必居营帐与士卒同甘苦。民房官舍，从不少即休止。垒旁隙地，悉令军士开垦，荒芜既辟，招户承种，民至如归。城堡、桥梁，沟渠、馆舍，每乘战事馀（余）暇，修治完善。官道两旁，树株遍植，迄今关陇数千里，柳阴夹道，行旅便之。蚕织、畜牧诸政，罔不因势利导，有开必先，而襟怀浩荡，绝无凝滞。……军兴日久，教泽浸衰。……身在行间，讲学不辍，……每克复一城，招徕抚绥，兴教劝学。……俄官索斯诺福斯齐游历过甘，携带教师，沿途阐说西教。逮至兰州，该故大学士（左宗棠）接见如仪，……与讲孟子'三自反'之义，俄官为之敛容。"

据《清史稿》载，左宗棠的骨气与勇气独步当时：

国藩以学问自敛抑，议外交常持和节；宗棠锋颖凛凛向敌矣，士论以此益附之。

善于治民，每克一地，招徕抚绥，众至如归。论者谓宗棠有霸才，而治民则以王道行之，信哉。

内无余帛，外无赢财，淡泊如武乡。

志行忠介，亦有过人。

左宗棠晚年出任两江总督、南洋通商事务大臣时，几次"巡阅江防至上海，西吏执鞭清道，声炮十三响，各国升用中国龙旗，以其君主出巡之礼相待，盖威服殊域，自国初以来，未之有也"。

《西国近事汇编》中说，左宗棠"谋定而往，老成持重之略，绝非西人所能料"，其赫赫功业"足令吾欧人一清醒也"。

左宗棠逝世后，挽联、挽诗不可胜数，现摘录若干：

> 负亘古经天纬地之才，管乐复生，事业不居三代后；
> 画国家长治久安之策，匈奴未灭，弥留犹上万言书。

> 平生作事，独为其难，大业佐中兴，遗疏犹烦天下计；
> 一息尚存，此志不懈，斯言尚自道，千秋共见老臣心。

> 绝口不言和议事，千秋独有左文襄。

> 公学备经济文章，而莫邃于舆地；公勋在闽杭关陇，而莫壮于戎疆；公品齐李郭范韩，而莫肖于诸葛。上下二百余载，几见伟人？论中兴功，除却曾湘乡、胡益阳，更谁抗乎？
> 其出山非有荐牍，以投效结主知；其入阁不由甲科，以奇猷协枚卜；其乞身仍许封侯，以退食预机宜。寿考七十四年（按：应为七十三），迭膺殊遇。数未了事，惟此鄂（俄）罗斯、法兰西，莫副初

衷。

　　负天下才，立功、立德、镇抚华夷，不朽名臣垂万古；
　　佐中兴主，允武、允文、奠安社稷，无惭元老历三朝。

　　相业亘古今，只凭忠耿一心，外攘内安，尽瘁手擎天柱赤；
　　恩知逾肉骨，适值冤埋三字，山颓云暗，望洋泪涌海潮红。

　　身系天下安危数十年，郭令公有此将才，无此相业；
　　手拓西域疆土万余里，班定远同其爵赏，逊其恩荣。

　　赤手整乾坤，久钦盖世勋猷，学并武侯，名高文正；
　　丹心辉日月，还乞在天灵爽，冤超黑海，路引青云。

　　两表著精忠，前后出师，千载能有几诸葛？
　　卅年戡巨乱，中边底绩，三朝仅见一文襄。

　　声名溢中外，功业迈古今，安国定邦，允宜绩著旗常，杞隆俎
豆；
　　德泽被黔黎，精诚塞天地，出将入相，自是灵钟河岳，光曜日
星。

　　一身系天下安危，驰驱卅载，柱石三朝，念盛德难忘，长城万

里谁能继?

四极仰相公威望,衡岳云愁,洞庭水咽,问哲人何去,名世百年我独伤。

超卫霍李郭韩范而上,大勋尤在平戎,才略如公,怅望乾坤一洒泪;

觇道德文章经济之全,下怀窃欣亲炙,迂庸是我,追随河陇感知音。

腹有数百万兵,名臣第一,名士无双,运筹帷幄之中,决胜沙漠而遥,露冕星轺空想象;

胸罗二十八宿,出为儒将,入为侯相,本文章作经济,大富贵亦寿考,云车风马太匆忙。

以一身系天下安危者三十年,看连云烽火,次第澄清,武侯挥扇而军,盖代大名垂宇宙;

为盛朝恢徼外版图凡数万里,只横海鲸鼍,频烦擘画,宗泽渡河未果,出师遗恨满沧溟。

公家之利,知无不为,每从时事论才,遗大投艰,整顿乾坤须此老;

鞠躬尽瘁,死而后已,长使英雄堕泪,运筹决胜,宣威沙漠复何人?

公是一代伟人,拓地开基,竟使外夷就羁勒;

我是边疆末吏,青芝赤箭,也蒙知己共珍藏。

横览九州、四海,更无此才,诵文忠之言,天下太息;

粤稽两汉、三唐,谁与比数? 以武侯相况,我公庶几。

为三公辅,封一等侯,当时砥柱中流,独有大名垂宇宙;

托六尺孤,奔百里命,此日星台忽陨,长留正气壮山河。

知己德难忘,谈心记在晋、在吴、在甘,不遗一得;

我公器何伟,屈指数名儒、名将、名相,能有几人?

大纛高悬,万里从征悲落日;

台星乍陨,三军同哭失元戎。

整顿乾坤,东西万里;

经纬文武,将相一人。

勋遍寰区,志吞夷虏;

名垂宇宙,气壮山河。

整顿乾坤,文经武纬;

扬厉中外,震古冠今。

侵华法军趾高气扬,不可一世,当他们从望远镜中看见厦门沿海诸山皆红旗恪靖军,知有备而遁,曰:"中国左宗棠厉害,不可犯也。"

慈禧太后曾夸奖左宗棠:"尔向来办事认真,外国怕尔声威。"左宗棠逝世后,她亲笔题写"经文""纬武"四个字予以表彰,现仍镌刻在湘阴"左文襄公祠"的内门上壁。

曾国藩尽管与左宗棠有过"论事不洽"而"合离"的经历,但是仍然高度评价左宗棠:"论兵战,吾不如左宗棠;为国尽忠,亦以季高(左宗棠字)为冠。国幸有左宗棠也。"

美国《世界日报》茂怡《曾左君子之争》一文载,曾国藩与常州吕庭芷侍读谈论时曾问:"你对左宗棠怎么看? 平心论之。"

吕庭芷答:"他处事之精详,律身之艰苦,体国之公忠,窃谓左公之所为,今日朝廷无两矣。"

曾击案对曰:"诚然! 此时西陲之任,倘左君一旦舍去,无论我不能为之继,即起胡文忠(胡林翼)于九泉,恐亦不能为之继也。君谓朝端无两,我以为天下第一耳。"

晚清著名军事家胡林翼早年曾这样评价左宗棠:"左氏横览九州,才智超群,必成大器。""一钱不私于己,不独某信之,天下人皆信之。"

罗正钧的《左宗棠年谱》中载,晚清名臣潘祖荫在1860年(咸丰十年)初的奏疏中有云:

> 楚南一军立功本省,援应江西、湖北、广西、贵州,所向克捷,由骆秉章调度有方,实由左宗棠运筹决胜,此天下所共见。而久在我圣明洞鉴中也。上年逆酋石达开回窜湖南,号称数十万,以本省之饷用本省之兵,不数月肃清四境。其时贼纵横数千里,皆在宗棠规划之中。设使易地而观,有溃裂不可收拾者。是国家不可一日无湖南,而湖南不可一日无宗棠也。

近代名人梁启超称左宗棠:

> 五百年来第一伟人

在党的七届二中全会上,王震同志主动请缨进军新疆,获准后,他率大军循左公当年的西征路线西行。大部队带辎重、骡马、粮秣在荒凉无垠、渺无人烟、干旱缺水的戈壁大漠跋涉上千公里。此时,王震深深感受到了左公当年的极端艰辛。他学仿左公军垦自给、军屯固防,并任新疆分局第一书记、新疆军区第一副司令员、代司令员。王震将军说:

> 史学界最近作了一件有意义的工作,对令曾祖父(左宗棠)作出了正确、客观的评价。这对海内外影响都很大。左宗棠在帝国主义瓜分中国的历史情况下,力排投降派的非议,毅然率部西征,收复新疆,符合中华民族的长远利益,是爱国主义的表现。左公

的爱国主义精神,是值得我们后人发扬的。

解放初,我进军新疆路线就是当年左公西征走过的路线。在那条路上,我还看到了当年种的"左公柳"。走那条路非常艰苦,可以想象,左公走那条路就更艰苦了。……左宗棠西征是有功的,否则,祖国西北大好河山很难设想。

王震同志曾经指着中国地图对部下说:"倘若没有左宗棠,这块160万平方公里的'雄鸡尾巴'早就给'北极熊'叼走了! 可惜左宗棠只有一个,不然我们的领土面积比现在要大得多。"

王震同志后来又多次评价左宗棠的功勋,他说:

办洋务的人也有所不同,有些是爱国的,有些是卖国的。像曾国藩和李鸿章,就不能和左宗棠相提并论,曾国藩、李鸿章是丧权辱国的,左公在福建办船政局,在甘肃办织呢厂,在新疆的屯田,客观上还是有利于国计民生的。我们是历史唯物主义者,对历史人物要一分为二,左宗棠一生有功有过,收复新疆的功劳不可泯灭。

阿古柏是从新疆外部打进来的,其实他是沙俄、英帝的走狗,左公带兵出关,消灭阿古柏、白彦虎,收复失地,得到了新疆各族人民的支持,这是抗御外侮,是值得赞扬的。

要尊重历史，实事求是，对历史人物要恢复其历史的本来面目。凡是对国家民族有功的人，都应该给予他以应有的历史地位。

　　·

王震同志在纪念左宗棠逝世一百周年的学术讨论会后，于长沙接见国内外左公后裔代表时说："左宗棠为中华民族立了大功，有功就是有功嘛！评价历史人物，账不能算得太细，搞得太繁琐，有些事可以求大同存小异。""打仗哪有不死人的，如果没有左宗棠，公鸡尾巴就没有了。"他还示意要写本简单明了、通俗易懂的介绍书，以鼓励后人发扬左公的爱国精神。

彭德怀与张治中于1949年11月26日由兰州飞往乌鲁木齐的途中，有这样一段对话：

彭："左宗棠有功于国家，可是也曾经镇压过农民起义。"

张："是的，左宗棠平回，是进行了民族镇压；不过，一般人以至近代史学家都习惯于把曾（国藩）、左、彭（玉麟）、胡（林翼）并称，这是不公道的。曾、彭、胡只有反动的一面，而无爱国的一面，但左宗棠为保全新疆这块一百六十多万平方公里的领土立过功劳。"

彭平静地点点头说："你说的有道理。"

当年英国《泰晤士报》记者问时任国务院总理的温家宝，晚上经常读什么书，掩卷之后什么事情让他难以入睡。温家宝引用六段诗章来回答他的问题，其中第一段便是左宗棠在二十三岁时贴在新房门口的

一副对联:

身无半亩,心忧天下;

读破万卷,神交古人。

时任中国史学会执行主席、中国人民大学历史系主任兼清史研究所所长的戴逸教授在1984年11月13日至16日于苏州大学召开的"全国首届左宗棠历史评价学术讨论会"上做总结发言时说:"50年代和60年代,历史学界对左宗棠的评价是完全否定或基本否定的。只说他是镇压革命的刽子手,卖国的洋务派,对收复新疆一笔带过,评价甚低。现在看来对左宗棠全盘否定或基本否定是不正确的。""奇怪的是收复新疆这样大的功劳,为什么在50年代、60年代不被充分承认,甚至不予承认?是什么东西遮住了我们的眼睛,使我们视而不见?政治气候的影响是一个原因。那时,我们跟苏联关系很好,'一面倒'的政治因素影响到历史研究,不说和少说沙俄的对华侵略。""左宗棠是地主阶级中的经世派、改革派,一方面他有爱国心、事业心,希望祖国强盛,他又有办事的魄力和才干;另一方面他又维护清朝封建统治。在我们今天看来,两者似乎是矛盾的、不协调的,但在左宗棠身上却是可以统一的。"

人民日报于1984年12月10日报道这次会议时说:"在中国人民反对侵略、保卫祖国的丰碑上理应镌刻上左宗棠的名字。"

著名史学家、教育家缪凤林先生曾说:"唐太宗以后,对于国家领土贡献最大的人物,当首推左宗棠,实非过誉。"

前美国副总统华莱士先生于1944年路过兰州时说:"左宗棠是近百年世界伟大人物之一,他将中国人的视线扩展到俄罗斯,到整个世界……我对左宗棠抱着崇高的敬意。"

美国人亚瑟·史密斯在其《中国人的国民性》一书中认为,左宗棠的伟绩"在任何现代国家的史册上都是最卓著的"。

《左宗棠传》的作者贝尔斯说:

在任何一个国家,同一个人兼有非凡的军事才干和政治才干,的确非常罕见。正因为二者兼具,左宗棠才成为一个真正卓越的人物。……左宗棠是一个具有真正伟大灵魂的男人。他是一位伟大的将军,一位伟大的政治家,也是一个伟大的人。他在国外名声不广,在他自己的国土上也未得到应有的声望。他的同胞只要认真研究他的生平和功绩,就会获得极大的价值。他热爱自己的祖国,为他的国人在悠久的历史中取得的成就而自豪,他尊敬圣贤,不懈地听从他们的教诲。他把自己的力量和才智毫无保留地用于服务祖国,深信国人能够通过自己的努力,按照自己的方式解决国家的所有问题。左宗棠不愧为其祖国和人民的光荣。

多位历史学家评价说:

中国历史上有四个永远不打败仗的将军：汉朝的韩信、唐朝的李靖、宋朝的岳飞、清朝的左宗棠。

一部晚清史，几乎都是吃败仗、割地赔款、丧权辱国，读来令人气沮，唯有左宗棠的西北经略是例外，确实值得我们兴奋。

中国近代史上抵御外侵六次大的战争中，收复新疆和谅山——镇南关大捷是仅有的两次胜利，都与左宗棠分不开。

中国近代史著名专家、山东省社科院资深研究员戚其章先生于2006年6月10日给本书作者的信中说：

左宗棠是历史伟人，不仅贡献大，也很有超出时人(如曾、李)之处。眼下一些传记，写得有些程式化，没有真正写出这位有血有肉的英雄的本来面目，十分可惜。

对左宗棠有较深研究的南京航空大学教授谢求成先生在为《左宗棠略传》所作的序中说：

左文襄公能够在朝廷昏庸、权奸掣肘的险恶背景中，建立丰功伟绩，其雄才大略，确非等闲！对这样高风亮节的民族英雄，立德、立功、立言的三不朽的旷世奇才，理应深入研究、大力宣传，以传后世借鉴其历史经验，学习其高尚情操。

············

纵览史书论英雄，形象高低各不同，有真有伪，有夸张过甚的神坛偶像，亦有人工粉饰的政治赝品。而左文襄公则是肝胆照人、血肉丰满的人间豪杰。观其舆榇誓师的壮烈勇武，踩脚骂殿的戆直天真，捧腹自嘲的诙谐平易，街头对弈的争强好胜，灌园种菜的恋土之情，伉俪燕尔的儿女之态……其七情六欲，喜怒哀乐，与芸芸众生息息相通，洞明实在，天性自然，可亲可近，可敬可学，尤其可贵！

2000年，美国的《新闻周刊》推出了一个栏目：《千禧年一句话》。这个栏目一共刊载最近一千年全世界的四十位智慧名人，中国有三位：一位是毛泽东，一位是成吉思汗，一位是左宗棠。

国家清史编委会传记组专家、中国人民大学清史所教授、博士生导师杨东梁先生于2008年在凤凰卫视台的演讲《左宗棠何以成为世界千年智慧名人？》中，归纳了评价左宗棠的四句话：中兴清朝的名臣，求强求富的名贤，抗敌御侮的名将，一身清廉的名宦。

十一届三中全会以后，史学界对左宗棠作了评价："他抗击外国侵略者，收复六分之一的大好河山——天山南北诸地，以及沙俄强占的伊犁。他力排众议，正式在新疆建省，改西域为新疆，捍卫祖国领土完整，对中华民族建功甚伟。"

附录二　"左宗棠功高盖世，后人不能忘记"

军旅作家陈明福原是海军大连舰艇学院政治系教授。2000年退休后，经过六年的悉心研究，他以古稀之躯自费外出采访。他独自沿着清末重臣左宗棠当年的足迹，辗转湖南、福建、陕西、宁夏、甘肃、新疆等地，行程数万千米，收集地方史志资料，求教专家学者，用深入发掘、考证和鉴别得来的言之有据的历史文献，写出上、中、下三卷共一百二十余万字的《晚清名将左宗棠全传》，并于2009年5月由军事科学出版社出版。此书以历史唯物主义的观点还原历史的本来面目，以不加虚构渲染的历史传记文学形式，生动地记述了左宗棠坎坷的经历、独特的性格、超群的韬略、辉煌的业绩和传奇的人生，首次颇为详尽地对左宗棠作了客观、全面、公正的评价，引起了广泛关注，产生了很大影响。2009年7月，《人民日报》记者徐锦庚就"如何评价左宗棠的历史功勋"采访了陈明福。以下是他们的对话。

记者：左宗棠是一位饱受争议的历史人物。1955年以前几乎被全盘否定，1955年以后学界开始肯定他的某些方面，20世纪70年代末以后才逐渐有了比较客观的评价。请问，历史上对左宗棠一生的评价主要有哪些观点？

陈明福：在这个问题上，我未作系统归纳。根据有关书籍的记载，主要有六种观点：一是认为他"基本上是一个极反动的人物"，这是过去的传统观点，认为他是"统治阶级驯顺的走狗"，是"革命人民最凶恶的敌人"，人民永远不能宽恕他在镇压太平天国、捻军、陕甘回部起事中犯下的滔天罪恶；二是功过互考，功大于过，认为他作为爱国者的历史功勋，比他所犯下的血腥罪行还要重要一些；三是分期评价，前罪后功，认为他在前期是个杀人盈野、血债累累的"刽子手"，是统治集团中重要的反动人物之一，后期则是个顺乎人心、功在民族的爱国者，是统治集团中少数进步人物之一；四是称他为"民族英雄"；五是评价他为杰出的爱国主义者；六是认为他是颇有影响的地主阶级政治家、军事家和改革者。

记者：在这些评价中，有将他定位为"统治阶级驯顺的走狗"的，有定位为"民族英雄"的，有定位为"爱国者"的，有定位为"地主阶级政治家、军事家和改革者"的。不难看出，赋予左宗棠不同的角色，就会得出不同的结论。从您书中的内容看，您把左宗棠定位为"民族英雄"吗？

陈明福：在晚清政府中，左宗棠是举足轻重的军事名将、封疆大吏、中兴名臣，他为反对外侮、统一中国立下卓著功勋，其爱国主义精神可与林则徐比肩。近代中国的民族英雄，是在抵抗帝国主义侵略的斗争中产生的。在中华民族与外国侵略势力的矛盾上升为主要矛盾的时候，凡是为保卫国家领土完整和民族利益而以英雄气概同外国侵略者作战到底并在斗争中起了巨大作用、具有深远影响的杰出人物，都可以而且应该称之为"民族英雄"。左宗棠收复新疆，超出了阶级利益的局限，堪称维护全民族利益的壮举，应该称为"民族英雄"。不要因为左宗棠曾镇压过农民起义，就轻易否定他是"民族英雄"；也不要因为左宗棠曾经参加过洋务运动，因后人对洋务运动褒贬不一，就轻易否定他是"民族英雄"。

　　一些历史学家说左宗棠是个"复杂"的人物。我不赞同这样的评价。为什么在历史学界内常用"复杂"这个带有贬义的词呢？如果左宗棠只有"单纯"的历史，一直当个清白的举人，没有为清廷立下平定太平军和捻军之功，那么清廷能让他当闽浙总督和陕甘总督吗？假如他没有达到这个职位，仍是"湘上农人"，能率军出关去收复新疆吗？所以，我们期望左宗棠没有前面的这段经历，只有后面的功业，实在是脱离客观实际的"想当然"。若无前"过"，难建后"功"。评价其他的历史人物如林则徐等，也是如此。假如林则徐没有镇压过少数民族起

作者在霍尔果斯口岸

义,没有为清王朝效忠和立功,是不可能任钦差大臣去广州禁烟的,因而林则徐也不可能成为民族英雄。既然没有"前"便没有"后",没有"过"便建不了"功",我们为何非要纠缠于他们早期的某段历史呢?

记者:综观历史学家和学者对左宗棠的评价,不少是带有"以阶级斗争为纲"的痕迹和烙印的。我们应如何客观、公正、理性地看待左宗棠?

陈明福:我们应该用辩证唯物主义和历史唯物主义的观点看待左宗棠。我对左宗棠的功过总结为"十功三过"。

左宗棠的主要功勋是:

其一,左宗棠创办了福州船政局,对中国近代化作出了巨大贡献,为建立中国近代海军奠定了根基,是"中国近代海军之父"。左宗棠创建的福州船政学堂,培养了大批中国近代海军精英和骨干。马尾海战、甲午海战中指挥战舰英勇作战的舰长,包括像邓世昌这样的民族英雄,基本上都是从福州船政学堂毕业的。关于这一点,连李鸿章都承认。清末重建的海军以及民国时期的海军将领,也大多是福州船政的历届学生。孙中山先生曾评价福建船政"足为海军根基"。

其二,左宗棠最先创办甘肃机器局、西安机器局、兰州制造局、兰州织呢局等,引进西方先进设备和技术,为中国近代军事和民用工业开了先河。

其三,不论在浙闽还是陕甘、新疆,左宗棠走到哪里,任职何处,都十分关注民生疾苦,采取各种措施安抚民众。《清史稿》对左宗棠这样记载:"善于治民,每克一地,招徕抚绥,众至如归。论者谓宗棠有霸才,而治民则以王道行之,信哉。"在克己奉公、为民谋利方面,兰州黄河大铁桥(原名"左公桥")值得一提。这座桥花费的三十八万多两银子,全都来自左宗棠的"茶马使"饷银,他自己一分也没花,特地留给后人办公益事业。百余年来,兰州的黄河大铁桥上通过了多少车辆行人? 给人民提供了多少方便? 北京奥运会火炬在兰州的传递,起始点便是在黄河大铁桥! 但是鲜有人知道,这是左宗棠从个人腰包里掏的钱!

其四,左宗棠十分重视兴修水利。他说过:"水利可以养民,先务之急,以此为最。"左宗棠并不是清廷专职管水利的大臣,却在几十年间主持兴修了许多重大水利工程,可谓体恤民艰、为民造福。这里不妨列个主要工程的清单:

在陕西,修治了西安郑白旧渠,使"关陇创此永利";在泾水上源开沟渠、设闸,取得了很大成效,达到了预期目标。

在宁夏,多次拨款给地方用以兴修水利,使得宁夏"干渠二十多道,渠一百四十多道,能灌田八十多万亩"。

在甘肃张掖,开渠七道,又修复马子渠五十六里,可灌田六千八百亩。在肃州临水河修筑七道大坝,在抚彝厅亦开挖渠道,支银一千七百多两,疏通了渠道、发展了农业,让农民休养生息。特别是左宗棠指派部将王德榜完成了引抹邦河水溉田的工程,取得了良好的效果。

修复了西宁府城西阴山崩裂时压坏的渠道,创修碾伯、栖弯堡一带沟渠二十余里;在河州新甲集新挖水渠四十余里,祁家集新修水渠一道,狄道州修旧渠两道。

在新疆哈密,修了城子渠,镇西厅之大泉东渠,迪化之永丰、太平两渠,安顺一渠,绥来县长渠,奇台各渠等;在库尔勒,修复旧渠四十里,并疏通东西大渠。这些工程"皆以兵工所修,其雇民力者给以工资"。

左宗棠的下属陶模在秦州知州任内,引渭河之水开陈家渠、张杨家渠、河边渠等四道,灌田数千亩。

在左宗棠的统一部署下,其部将张曜在哈密首先重修了过去已报废的石城子渠,使哈密一带取得了每年收军粮数千石的可喜成效。除了北疆,左宗棠在南疆也劝导"兴修水利,广种稻田,美利不减东南"。到1880年左宗棠调离西北时,新疆已修筑的大型水渠有:乌鲁木齐的永丰渠(共三渠),总长一百二十里;太平渠(共三渠)总长一百六十里;地窝堡、九家湾三道渠总长二十余里;库车修渠两道,长十里;库尔楚修河道四十里;大连、小连、萼拉合齐和老南四渠,共长一百六十里;喀喇沙尔修渠十一道,共长三十里。1881年,喀喇沙尔河修治完工,叶尔羌河也已"堵筑决口,挑挖沙洲,并将老岸及长堤加高加厚"。入京后,左宗棠立即治理水患不断的永定河和桑干河,亲自带病督工,取得显著的成效。任两江总督后,他立即视察水利,治理淮河,克服了极大的困难,终于完成了"历代只有口头议论,实际施工则畏难却步"的朱家山和赤水湖两大工程。

其五,左宗棠大力筑路植树,栽柳种杨,优化边疆生态环境。他是开发大西北的先驱者。

左宗棠筑路,从潼关开始,西到嘉峪关,横贯陕、甘两省。路随地形转移,路面宽阔,一般为三至十丈,最宽处三十丈。他在甘肃东北、甘肃西南以及青海大通、湟源等地也修了不少路。凡所需军火、军装、军饷大多来自东南，均经潼关西运。此路大抵沿元、明、清的驿道而筑。

他沿路植树（即诗中所说的"新栽杨柳三千里"），光是陕西长武境到甘肃会宁之间，历年种活的树就有二十六万四千多株。河西仅永登县境内就有约七万八千株，河西各县沿路都种了不少杨树、柳树，还有榆树、槐树。"左恪靖命自泾州以西至玉门，夹道种柳，连绵数千里，绿如帷幄。"这便是后人常说的"左公柳""左公杨""左公榆""左公槐"。

秦翰才《左文襄公在西北》一书中记载："凡是文襄公或楚军湘军所到之地，就大家种树。如今可考的：会宁境内种活树二万一千多株；安定境内十万六千多株；皋兰境内四千五百多株；环县境内一万八千多株；安化县丞及镇原境内一万二千多株；狄道境内一万三千多株；平番境内七万八千多株；大通境内四万五千多株。其时魏光焘做平庆泾固化道，大概所有东路路工和桥工，都是在他指挥之下完成的。"

其六，左宗棠十分重视文化教育事业，为抢救典籍、编印书刊、兴教劝学、修建书院等做了大量的工作。

左宗棠在福州创设"正谊堂书局"，修订重印《正谊堂全书》六十八种，共五百二十四卷，为正谊书院题写联语、制定章程；在陕西和甘肃复刻《六经传注》；为《至公堂》题写匾额；对魏源的《海国图志》备加推崇，为其再版作序，主张学习西方以致富强；写下《学艺说帖》，主张改变重义、重理轻艺的传统，对中国知识界长期昧于世界大势、轻视西方长技的现象深为不满，提出认真学习西方技艺。

左宗棠在任陕甘总督期间，仅同治八年（1869）至光绪六年（1880）

的十一年时间内，就新办或修复重办书院三十余所，创设各级各类义学三百二十余所，至于刊发给学生的教材就不计其数了。收复新疆后不到一年，左宗棠便兴建义塾达三十七处。为便于陕甘考生应试，左宗棠在陕甘乡试、会试予以"分闱"，他亲自督率官员择定在兰州袖川门外建修贡院。他能够正视西学东渐的影响，并顺应近代化的潮流，大力强调兴办近代教育。

其七，在那个年代，西方列强对中国进行豆剖瓜分、任意宰割，在其强行租借的地盘上为所欲为、作威作福，唯有左宗棠不怕洋人，大长中国人的志气，大灭洋人的威风，这在晚清的大吏中是独一无二的。

其八，左宗棠克服了不可想象的艰难险阻，用两年多的时间，终于打败了盘踞新疆十三年之久的沙俄和英帝走狗阿古柏，光复了新疆大部，并五次上奏折建省。兵饷粮运是他呕心沥血、熬白须发筹措的，"缓进急战"的正确战略是他亲手制定的，前线将领和后勤官吏是他精心挑选的，每步行动是他审时度势确定的，重大难题是他悉心解决的，各种奏折是他亲自撰写的……

其九，调遣重兵，进击伊犁，舆榇出关，威慑敌胆，为曾纪泽赴俄谈判提供了坚强后盾和武力支持，迫使凶恶而贪婪的沙俄吐出快要咽下去的肉，使伊犁连同新疆其他广大地区得到光复，捍卫了国家主权和领土完整，这是永垂不朽的功绩。

为了写这部作品，我曾沿着左公的进军路线，从西安到银川，然后到吴忠、兰州、武威、张掖、酒泉、嘉峪关、哈密、乌鲁木齐、伊犁、和田等地，体会了西征路的漫长和艰辛，更领略了新疆之大，新疆之好，新疆之美，新疆之重要！

新疆人民自豪地传唱《新疆是个好地方》,国内各地人民成群结队去新疆旅游,游天池,游阿尔泰,游伊犁,被美景陶醉。

当你吃到又甜又香的哈密瓜时,须知这块宝地向来盛产封建时代向皇帝进贡的佳果;当"吐鲁番的葡萄熟了,阿娜尔罕的心头醉了"时,国人的嘴也馋了,可以享口福了;当你的私家车高速行驶,尾气却很少时,须知这是克拉玛依开采出来的优质石油;当年勒住马瞭望一眼后便"赶紧转个脸,向别处走去"者的后代,现在都趋之若鹜,想成为克拉玛依的居民;当新疆到了采棉的季节,那一眼望不到边的洁白,仿佛是天上的白云整块掉在了地上;天山南北碧绿青葱的草地,花白相间的奶牛在悠闲自得地吃草,那里有伊犁奶业的生产基地,牛奶每天输送到全国各地;至于在这块辽阔的土地上蕴藏的各种不可估量的宝藏以及成片的原始森林,那是我们中华民族发展振兴的物质基础!这一切,都是谁的功劳?

不到新疆,不知中国之大。这么一大片国土,这么重要的地方,是谁以老命相搏夺回来的?有人还对他的一些缺点和过失抓住不放,吹毛求疵,甚至夸大其词,上纲上线,太不公道了!作为一个中国人,良心何在?

其十,法军在越南、云桂边界和台湾、福建等地大举入侵,国家处于危急的关头,这时,左宗棠以七十高龄慷慨请行,再次"受任于败军之际,奉命于危难之间",撑着重病之躯走上抗法前线,派遣名将,统率劲旅,坐镇福州,获得谅山—镇南关大捷。他精心筹划海防全局,关心台湾防务和建省,最后殉职在岗位上,真正体现了"鞠躬尽瘁,死而后已"的精神。对于抗法战争"未大伸挞伐,张我国威",他"怀恨生

241

平,不能瞑目"!

记者:在您看来,左宗棠主要有哪些过错?

陈明福:人无完人,孰能无过? 我将左宗棠之过概括为三个方面:

其一,他经不起别人一次又一次的诚聘、敦劝、说服,终于投入张亮基的幕府当上幕僚,直接参与同太平军作战。

其二,他有追求功名的动机,仕途不通,名儒当不成,便想当名将。想当名将,必然要"以血染红顶子",那也应该适可而止。像冯子材虽然多次镇压了起义军,但人们印象不深,觉得他罪孽不重。左宗棠太突出了,屡胜强"敌"。他的思想根源是报皇帝重用之恩,他忠于封建统治者,为皇帝尽忠,愿效"犬马之劳"。

必须着重指出的是,凡俘太平军将领,左宗棠审讯后即将被俘者处以磔刑,并对其家属进行追查、处罚,参与"造反"者的家属要遭"连坐"。这固然是封建王朝的法律,但毕竟在执行过程中是可以从宽的。左宗棠没有丝毫宽宥,这不能不说是他的严重过失。

其三,左宗棠在执行清朝政府制定的对回部起事军"剿抚兼施"的政策时,"抚"得还不够,未能"仁至义尽"。特别是金积堡"杀降"和肃州"滥杀"。马化龙等人多次反叛,朝廷坚决主张"斩草除根",主将刘锦棠为报叔父刘松山在攻打金积堡时战死的深仇大恨,坚决不肯执行左公宽恕降者的指示,甚至以"辞官还乡"要挟。官兵也报仇心切,誓不宽宥,故在攻破城堡时有报复行为。对于这些,左帅当然负有不可推卸的领导责任。但如果左宗棠屡上奏折,讲明利害,并将招抚叛军和对官兵的教育、说服工作做细、做好、做到位,能顺应和满足陕甘回民的意愿,那才是上策。左宗棠口口声声称自己为"今亮",为什么不学学诸葛亮对孟获"七擒七纵"呢?马化龙最后一次投诚,尽管是在败局已定、堡将被破的形势下才发生的,但毕竟不是官军"擒"来的,而是自缚的。左宗棠却不予宽容和优待,连"一擒一纵"也未做到,反倒是将其凌迟处死。

记者:寻觅左宗棠的足迹完成这部作品,您最深的感触是什么?

陈明福:我最想说的是:左宗棠功高盖世,对这样的民族英雄,后人不能忘记! 我感触最深的是:对本民族的英雄不加珍惜、不予崇敬、妄自菲薄,甚至肆意贬损,这是民族自尊心、自重感、自信力的悲哀,这将难以弘扬民族精神,难以挺起民族脊梁;对本民族的英雄不善识别、不予定评、求全责备、长期争论不休,这是社会意识的悲哀,这将导致理性思维的衰退和理论制高点的滑落。

(原载2009年8月14日人民网,收录时有改动。)

附录三

玉门出塞

罗家伦　词

李惟宁　曲

C 调 4/4

```
        C    Am        Dm   G      C              Am
1.2 | 3. 5 6 5 3 | 2 - - 2.5 | 3 2 1 1 - | 1 1 1 1 . . .
左公  柳拂玉门    晓，   塞上 春光好，   天山溶雪
```

```
                         Dm                        . .  . C
6 3 6 3 - | 6 6 6 6 5 3 5 2 - | 0 2 1 2 6 1 5 0 |
灌田   畴，  大漠飞沙旋落  照，    沙  中水草堆，
```

```
  . Dm            C          F           Am
5 3 2 - 6 5 | 1 - - 0 | 1. 6 6 6 6 6 0 6 6 0 |
好 似 仙人 岛。     过  瓜田 碧玉  葱葱，
```

```
  C . .
2. 1 1 1 2 1 2 1 | 6 1 5 6 3 6 | 3 2 1 6 1. 2 |
望    马群白浪滔滔，想乘 槎张  骞，定远班超汉 唐
```

```
C             Dm   G        C
3 . 5 6 5 3 | 2 - - 2 5 5 | 3 2 1 1 - |
先   烈经营  早，   当年是 匈 奴右 臂，
```

```
Am       . .                 F           . . Am
1 1 1 1 6 3 6 3 - | 6 6 6 6 1 1 1 1 3 . 1 6 1 |
将来便是 欧亚孔 道，   经营趁早 经营趁早 莫  让
```

```
    G   . . .     C
6 3 6 5 2 2 2 | 1 - - 0 ‖
碧眼 儿 射西 域盘  雕。
```

附录四

电影文学剧本

左宗棠收复新疆

● 李忠效　陈明福

左宗棠收复新疆

（根据《晚清名将左宗棠全传》改编）

字幕：可惜左宗棠只有一个，不然我们的领土面积比现在要大得多。——王震

序幕——

左宗棠行营，竖着两面大旗——橙黄色的"帅"字旗，大红色的"左"字旗。另有各色彩旗迎风飘扬，骑兵步兵列队齐整……

左宗棠骑在一匹高头大马上，士兵举着"钦差大臣""陕甘总督"两块高脚牌，分立左右。旁边是一辆马车，车上装着一副枣红色的棺材……

左宗棠拔出佩剑，朝天一指，出征的号鼓齐鸣……

旁白　公元1880年（光绪六年）5月26日，钦差大臣、陕甘总督左宗棠为了全面收复新疆失地，亲自挂帅出征。当时他已68岁，此去新疆，山高路远，战事连连，充满艰险，不知能否再回中原。左宗棠让部下给他做了一副棺材，以备后事，同时也表现了他为国赴死、视死如归的豪迈气概。这就是清史记载的"左宗棠舆榇（抬棺）西征"。

在舆榇出征的画面中，推出片名《左宗棠收复新疆》，叠出演职员表……

正片——

1.新疆,吐鲁番

字幕:十年前(1870年,同治九年)吐鲁番

　　阿古柏马匪浩浩荡荡,一路狂奔,杀入吐鲁番城池。烧杀抢掠。维吾尔族、哈萨克族等各族男女老幼四处逃难。无数房屋被焚,城里火光冲天……

2.塔城,乌里雅苏台将军荣全官邸

荣　全　(对维吾尔族部下阿尔汉和尼格买提)你们二人立刻赴京,向
　　　　朝廷报告新疆的处境,请求朝廷派兵增援,否则新疆将全境
　　　　不保。

阿尔汉、尼格买提　是!

3.戈壁荒滩

　　阿尔汉和尼格买提二人带十余骑兵快马奔驰,扬起一片烟尘……

4.紫禁城,养心殿

　　身穿维吾尔族服装的阿尔汉和尼格买提二人向15岁的同治皇帝及垂帘听政的慈禧太后和慈安太后禀报新疆军情。李莲英站在慈禧垂帘旁,众大臣垂手肃立在阿尔汉和尼格买提身后。

阿尔汉　同治四年(1865),浩罕汗国阿克麦吉特要塞司令阿古柏在俄
　　　　英政府的支持下悍然侵入我南疆地区,成立哲德沙尔汗国,

并自己称汗。之后他不断蚕食北疆土地,不久前又侵入吐鲁
番地区,烧杀抢掠,极其残忍。荣全将军命我二人禀报朝廷,
请朝廷速速派兵驱逐阿古柏匪帮,解救新疆百姓于水火。

(注:演员说台词时,括号中的公历年份可以省略,字幕中可
保留。)

同治皇帝神情木然,仿佛听不懂阿尔汉说的那些奇怪的地名和人名。

慈　禧　这个阿古柏到我大清的新疆成立哲德沙尔汗国,如今也五六
年了,怎么以前没奏报朝廷啊?

阿尔汉　回太后,下官人微位卑,奏报朝廷之事,下官无法回答。

慈　禧　你说的倒也是。

慈禧向众大臣。

慈　禧　众爱卿,你们也没听说吗?

众大臣面面相觑。吏部尚书、翰林院掌院学士文祥站出。

文　祥　回太后,自同治四年(1865)以来,微臣历任户部尚书、吏部尚
书,均未闻知新疆形势。想必是西北捻军和回部叛乱,阻塞
了信息通道。

慈　禧　荣全那时在哪里?

文　祥　回太后,荣全当时被伊犁将军明绪派到俄国借兵、借粮、借武
器。伊犁各城失陷后,荣全滞留在俄国境内,不在新疆。

慈　禧　左宗棠那里有什么消息?

文　祥　据前期所报,老湘军正在进攻甘肃“回乱”头领马化龙的老巢
金积堡。如果拿下金积堡,就能对稳定西北的形势起到举足
轻重的作用。

慈　禧　两年前,我在这里见"左老三",你们还记得吧?

5.紫禁城,养心殿(两年前)

字幕:同治六年(1868)

太　监　宣陕甘总督左宗棠入殿觐见——

养心殿前,左宗棠拾级而上,入殿觐见两宫太后。

左宗棠　微臣左宗棠觐见皇太后。

慈　禧　爱卿平身。

左宗棠　谢太后。

慈　禧　你这个陕甘总督,到任一年多,对平定西北有什么定见?

左宗棠　回太后,西北之乱,皆源于洪秀全起事。今太平军已灭,捻军
　　　　式微,但要严防各地太平军和捻军余党死灰复燃。臣以为,
　　　　"欲靖西陲,必先清腹地"。

慈　禧　久闻你这个"左老三"能打仗,对朝廷忠心耿耿。现在咱家想
　　　　知道,西北之事何时可了?

左宗棠　臣以为,剿抚兼施,长治久安,得五年工夫。

慈　禧　要五年吗?你不觉得时间长了些吗?

左宗棠　西事艰险,棘手事甚多。首先是粮饷问题——西北贫穷,粮
　　　　饷匮乏,需要从中原筹集;其次是粮饷的转运问题——从中
　　　　原到西北,山高路远,主要通道均有饥民、劫匪;最后是需要
　　　　安抚饥民。平息叛乱容易,保持安宁很难。叛乱其实是因为
　　　　贪官的压迫和灾年的饥饿。

慈禧和慈安都点头表示认同。

左宗棠 如果不解决根本问题,今天平息了叛乱,明天还会起事,永无安宁之日。所以,在平息叛乱的同时,定要进行安抚。要安排他们的生活,给他们提供种子、耕牛,让他们种地。城市里还要发展一些工业。当地百姓有吃有喝,不仅不会再当亡命徒,还可以给朝廷缴税。如此,永泯后患,再无事端。

慈 禧 嗯,你说的也有道理。

左宗棠 五年功成,已是有幸。臣不敢在太后面前虚言承诺,也不敢延宕时日。

慈 禧 那你就抓紧时间去办吧!

6.紫禁城,养心殿(现实)

慈 禧 现在时过两年,陕甘两地的清剿事宜仍无大的进展,看来左宗棠所言不虚。

文 祥 据前线所报,金积堡是个极其坚固的堡垒,易守难攻。它的围墙总长九里,厚三十尺,高三十九尺,全部用黄土筑成,堡墙四周以水濠环绕,即使用挖洞、炸墙之类的战法,在这里也行不通。金积堡的东、西两侧,还有五百七十多个大大小小的堡寨拱卫,有的堡寨异常坚固。匪首马化龙顽固抵抗,与官军相持已经近一年了,官军伤亡惨重,估计还要相持一段时间。

慈 禧 如若左宗棠不能从陕甘脱身,对于新疆救援之事,众爱卿有何妙计?

文 祥 僧格林沁亲王战死之后,八旗兵和绿营兵多为弱旅,不久前又发生"天津教案",当下内地动荡不安。臣以为,此时不宜从内地调兵支援西陲。

奕　䜣　太后,臣也以为,在左宗棠打通新疆通道之前,不宜大举出兵新疆,否则粮草供应无法保障,难以取胜。

慈　禧　爱卿所言极是。那就只好等待左宗棠打通新疆通道再说了。

7. 甘肃,金积堡,马五寨,夜

(一场激烈的战斗……)

老湘军首领刘松山在战斗中被回部乱军的子弹射中,当场毙命……

8. 平凉,左宗棠临时总督府(行营),晨

左宗棠站在行营门口,神情肃穆,遥望远方……

左宗棠的身后站着几个人:军师施补华,大管家虞绍南,贴身卫士王青龙,传令兵湘伢子。

一名传令兵骑一匹快马奔至门前,飞身下马,快步跑到左宗棠跟前,单膝跪地,抱拳行礼。

传令兵　禀报大帅! 刘松山将军在进攻金积堡马五寨时中弹殉国!

左宗棠沉痛地闭上眼睛,片刻后问传令兵。

左宗棠　战况如何?

传令兵　战斗仍在继续。

左宗棠轻轻地挥挥手,传令兵起身复去。

9.左宗棠临时总督府内

一幅巨大的地图挂在墙上。另有一副林则徐手书的条幅:"苟利国家生死以,岂因祸福避趋之。"(注:此条幅在此后所有左宗棠的住处都要悬挂。)

左宗棠在地图前来回踱步。

军师施补华和大管家虞绍南伫立门外,随时准备应召入内。

左宗棠突然停步,朝向屋外。

左宗棠　湘伢子!

湘伢子　大人,有何吩咐?

左宗棠　传我的口令,擢刘锦棠统领老湘营,继续攻打金积堡!

湘伢子　是!

湘伢子转身要走,被施补华拦住了。

施补华　等等。

施补华　大人,在下有句话,不知该说不该说。

左宗棠　有什么话直说!

施补华　大人,少将军刘锦棠才26岁。老湘营中,刘松山以下老将很多,比如黄万友,早已身为提督,无论职务还是资历,都远胜刘锦棠。大人提拔刘锦棠做老湘营统帅,恐怕难以服众。

左宗棠沉吟片刻,面对湘伢子。

左宗棠　口令暂缓。你下去吧!

湘伢子　是!

左宗棠　你来起草奏章,其一,为刘松山请功;其二,奏请朝廷任命刘松山之侄刘锦棠接任老湘军总统领。你再给黄万友写一封信……算了,这封信还是我自己写吧!

253

10.黄万友住处,夜

黄万友正在洗脚,管家入内。

管　家　提督大人,总督大人来信。

黄万友　念!

管　家　是!"万友吾弟:前日松山为国捐躯,老湘营亟需选出新的统
　　　　帅。愚兄思考再三,决定提拔刘锦棠统领老湘营。然锦棠年
　　　　轻,资历薄、功劳浅,还需贤弟等老湘营老将大力辅佐……"

黄万友举手示意。

黄万友　好,不要念了,立刻给总督大人回信。

管家走到案头,提笔写信:"总督大人……"

11.左宗棠临时总督府,晨

虞绍南给左宗棠念信。

虞绍南　难道大帅以为我会闹情绪、不尽力吗?万友虽然是个粗人,
　　　　可大家都知道,我绝不会对权力、地位如此斤斤计较!老湘
　　　　营刚刚遭受挫折,军心不稳,亟需良将统领,提振士气。请大
　　　　帅放心,我一定会当好锦棠的副手……

左宗棠的脸上露出笑容。

左宗棠　我就知道万友心胸大,是难得的副帅之才!

12.黄万友住处,晨

参军陈虎走来,见黄万友从屋内出来,迎上前,抱拳致礼。

陈　虎　提督早!

黄万友摆摆手。

黄万友　有事吗?

陈　虎　我刚刚听说,刘锦棠要当老湘营的统帅了。

黄万友　你怎么看?

陈　虎　论资历,论战功,他刘锦棠哪个强?

黄万友板下脸来。

黄万友　总督大人的安排,自有他的道理。我已经向总督大人表态
　　　　了,坚决支持他的决定。你发什么牢骚? 老湘营的人比你资
　　　　格老的人多了,哪里轮到你说三道四!

陈　虎　我这不是替你……

黄万友　干好你自己的事情,不准再胡说八道,小心我割了你的舌头!

13.刘锦棠住处,晨

刘锦棠正在穿戴盔甲,参军左明瑞帮助穿戴。

左明瑞　少将军,老将军殉国,部队士气受到很大影响,现在亟需想办
　　　　法提振士气。

刘锦棠　打仗总是要死人的。有总督大人在,老湘营就不会有过不去
　　　　的坎儿!

传令兵　报告将军,黄万友提督求见。

刘锦棠　快快请进!

黄万友进屋,抱拳致礼。

黄万友　黄万友拜见统帅大人。

刘锦棠连忙让座。

刘锦棠　提督大人快请坐。提督大人今天这是怎么了？

黄万友取出一个信封，递给刘锦棠。

黄万友　这是总督大人的来信，还有我给他复信的底稿。

刘锦棠看信。

黄万友　总督大人已经上奏朝廷，朝廷的任命很快就到。你要抓紧整
　　　　顿部队，以利再战。

刘锦棠收起信，面对黄万友。

刘锦棠　锦棠不才，但有提督大人提携，锦棠定不负众望，继承先辈遗
　　　　志，拿下金积堡，消灭马化龙！

14.左宗棠临时总督府

左宗棠在召开军事会议，刘锦棠、黄万友、徐占彪、董福祥等各路统领
在座。

左宗棠指着地图。

左宗棠　我军围攻金积堡已数月，久攻不下，伤亡很大。马化龙凭借
　　　　金积堡易守难攻的工事，气焰非常嚣张。我们要吸取此前失
　　　　败的教训，不再强攻，而要多些佯攻，尽量消耗马化龙的资
　　　　源。马化龙的武器存量再多，也有用完的时候；马化龙的部
　　　　队再骁勇，也有被拖垮的时候。周围的这些堡子要比金积堡
　　　　容易打一些，我们抽出一部分兵力，先把它们一个一个拔掉！

刘锦棠　大人，我有些担忧。

左宗棠　说。

刘锦棠　马化龙经常在官军分兵攻打其他叛匪时突然出兵,对围困金积堡的官军进行袭扰。我建议将刘松山的灵枢后撤,以防马化龙突袭时落入其手。

董福祥　我不同意!刘老将军的灵枢绝对撤不得!将士们要为老将军复仇,且求助老将军神灵保佑!

左宗棠　寿公忠样,仍是暂停灵州为妥。到时候,要用马化龙的头为松山祭灵!

15.李鸿章住处

李鸿章在写信。

画外音　铭传吾弟……

16.淮军将领刘铭传住处

刘铭传在看信。(李鸿章的画外音继续)

画外音　日前,为左宗棠办理西征粮台的翰林院侍讲学士袁保恒上奏朝廷,称左宗棠所部军情紧急,陕西北部地区贼势彼猖。左宗棠所部老湘军、卓胜军"饥疲之余,现存不过十之五六",陕甘战场已经出现严重危机,建议清廷将这两支军队裁撤归并,以节省军饷移作续调的淮、皖各军之用。目前,"回乱"的堡垒金积堡久攻不下,刘松山战死,老湘营士气低落,亟需良将出任统帅。吾已上奏朝廷,推荐你以钦差大臣的身份督办陕西军务。左宗棠和他的湘勇是南人,不适合陕甘作战,即使在那里硬撑下去,亦不会有好的结果,之前的陕甘总督杨岳彬及陕西巡抚刘蓉、刘典,都已经证明其规律。左宗棠或许要回湖南湘阴老家当农人,陕甘总督一职将虚席以待。只要朝廷再发一道上谕,贤弟即可走马上任……

(注:画外音中可出现相对应的画面。)

17.乡村野路

一杆"刘"字帅旗迎风招展。

刘铭传骑在马上,带领大军浩荡前行。尘土飞扬,遮天蔽日……

旁　白　刘铭传接到李鸿章的信后,紧急准备出兵西北。朝廷的命令一到,他便带上两万装备精良的重兵,马不停蹄前往陕西……

18.金积堡

刘锦棠带领老湘营在金积堡周围构筑工事。

旁　白　让李鸿章和刘铭传没有想到的是,刘锦棠和黄万友这两名新上任的将领,配合十分默契,很快就度过了刘松山阵亡以后的不稳定时期。金积堡前线战事,节节胜利。当刘铭传赶到陕西时,金积堡之役快要结束了。李鸿章关于"湘勇不适合北方作战"的预言随之完全破灭……

19.金积堡

刘锦棠的参军王明瑞在激战中肩膀负伤,敌军蜂拥而上,左明瑞的处境非常危险。就在这时,一支马队疾驰而来,一阵乱枪,将敌军打了回去。队中有一员女将跳下马来,将左明瑞扶到马上,在众人的掩护下,疾驰而去。

20.荒野临时救护站

女将为左明瑞清洗、包扎伤口。左明瑞疼得龇牙咧嘴。

女　将　忍着点!

左明瑞含情脉脉地看着她。她发现了他的目光。

女　将　看什么看?

左明瑞　我发现,看着你,就不那么疼了。

女　将　那就看吧!

左明瑞　近看,比远看更好看。

女将故意手重了一点。

左明瑞　哎呀,轻点!

女　将　叫你不安好心!

左明瑞　哎,你是怎么突然跑来的?

21.左宗棠临时总督府

虞绍南进屋向左宗棠报告。

虞绍南　总督大人,金积堡方面传来报告,守敌非常顽固,我军仍然没能破城,且又有伤亡,左明瑞也负伤了。

左宗棠　伤得重吗?

虞绍南　据说不是很重。当时情况紧急,幸好董福祥的堂妹董月桂及时赶到,将左明瑞救了出来。

22.野外临时救护站

刘锦棠和董福祥骑马赶到,一起看望左明瑞。

董月桂看到刘锦棠,拱手致礼。

董月桂　末将拜见大将军。

刘锦棠　免礼。明瑞伤势如何?

左明瑞想要起身,无奈伤口疼痛,只"咝咝"倒吸凉气。

刘锦棠上前按住他。

刘锦棠　不要动。伤到骨头没有?

左明瑞　好像没有。

刘锦棠　那就好。回到你义父那里,好好养些日子,就又可以上前线
　　　　了!

董月桂面对董福祥。

董月桂　(小声说)哥,我想留在明瑞身边,照料他些日子。

董福祥　那要看明瑞愿不愿意了。

左明瑞　(大声说)我愿意!

刘锦棠不知怎么回事,把董福祥拉到一边,向左明瑞和董月桂摆了一
下头。

刘锦棠　什么情况?

董福祥　我也是刚知道……

23.战场上

(闪回,伴董福祥的画外音)

一场清军与董福祥反清军队的激战……

董福祥　那时我还没有降清……

(闪回)左明瑞的坐骑中枪摔倒,左明瑞从马上摔了下来。董月桂骑马赶到,正要举枪射击,但看到左明瑞长相英俊,就没有开枪,一扭马头,跑开了。

董福祥　不久,我表妹又落到了左明瑞的手里……

(闪回)一场激战,董福祥军队战败,董月桂成为清军的俘虏。左明瑞在俘虏中看到了董月桂,将她叫出来,并给她松绑。

左明瑞　女孩子不要舞枪弄棒,你回家吧……

24.野外临时救护站

刘锦棠面对董福祥。

刘锦棠　这是穆桂英放了杨宗保,杨宗保又放了穆桂英啊!

25.左宗棠临时总督府

董月桂带领几个随从,护送左明瑞来到左宗棠行营。

虞绍南　总督大人,明瑞回来了。

董月桂扶着左明瑞进屋,向左宗棠拱手施礼。

董月桂　末将董月桂拜见总督大人。

左宗棠迎上前,打量她一番。

左宗棠　哦,你就是火线救我明瑞的女英雄啊?(拱手)容老夫后谢。

左宗棠走到左明瑞跟前。

左宗棠　(关切地)伤得厉害吗?

左明瑞　还好,好像没伤到骨头。

左宗棠　那就好。

左宗棠面对虞绍南。

左宗棠　你让大夫给他好好看看。

虞绍南　是。

左明瑞看了董月桂一眼。董月桂心领神会,看向左宗棠。

董月桂　总督大人,末将有个请求,不知大人能否应允?

左宗棠看看左明瑞,又看看董月桂。

左宗棠　说来听听。

董月桂　我想留下来看护少将军。

左宗棠挥挥手。

左宗棠　允啦! 允啦!

左明瑞高兴地挥了一下拳头,忘记了身上有伤,疼得他"哗哗"吸凉气。

26.左宗棠临时总督府,夜

虞绍南手持一封信走进来。

虞绍南　总督大人,这是刚刚收到的家书。

左宗棠看着虞绍南,虞绍南神情肃穆。

左宗棠　家里出事了?

虞绍南　听信使说,夫人去世了。四小姐先于夫人七天去世。

左宗棠像是被人猛击了一棍,脖子梗了一下,闭上双眼,深深地吸了一口气。

虞绍南将书信放在案头,退了出去。

左宗棠拿起书信,打开,默读……

27.左明瑞住处,夜

虞绍南与左明瑞和董月桂默默呆坐。

董月桂 我们去看看总督大人吧!

28.左宗棠临时总督府,夜

虞绍南进屋。

虞绍南 总督大人,左明瑞和董月桂求见。

左宗棠收起信札。

左宗棠 (低沉地)叫他们进来吧!

董月桂扶着左明瑞进屋,准备行拱手礼。

左宗棠 免了免了。坐过来。

董月桂 谢大人!

左明瑞 义父,听虞管家说,义母和四姐去世了?

左宗棠 人固有一死,就是死得早了点。特别是孝瑸,她是为殉夫而死的。我要是在家,是不会让她这样做的。现在已经不怎么兴这个了吧?

董月桂 也许四小姐和夫婿感情深吧!

左宗棠 你义母与我同庚,我们20岁结婚。嫁给我,她没少吃苦啊!

董月桂 听说夫人博通经史,长于吟咏。

左宗棠 是啊!我们刚成亲的时候,她做了一个枕头,绣的是《渔村夕照图》,题了一首小诗:"小网轻船系绿烟,潇湘暮景个中传。君如乡梦依稀候,应喜家山在眼前。"

（注：在左宗棠的讲述中，可出现当时的画面。）

董月桂　我文化低，不懂诗，可我听着，感觉意境挺美的。

左宗棠　道光十三年（1833），她用陪嫁的妆奁钱一百两银子，资助我赴京会试。我写了《燕台杂感》八首抒怀，她作了《得外都中书却寄》两首慰勉。诗中有"虞卿尚有居穷乐，庞统知非作令才"，还有"信有诗书能自乐，为知时命更无求"，给我以激励。道光十六年（1836），我昼耕夜读，为匡济天下而研究地理之学，并制作地图册；她帮我查询典故，检出其典出自某书某函某卷，给每张地图影绘誊清。

（注：在左宗棠的讲述中，可出现当时的画面。）

董月桂　夫人真是好内助啊！

左宗棠　我屡次科举不第，嗟叹岁月蹉跎，她便以诗慰勉曰："清时贤俊无遗逸，此日溪山好退藏。树艺养蚕皆远略，由来王道重农桑。"我读后深受启迪，乘兴挥毫，一气写成"不向科举讨前程"七字，将其贴到书案前，作为座右铭以自勉。

董月桂　"不向科举讨前程。"好！有志气！

左宗棠　咸丰二年（1852），我初入湘幕，讨伐太平军，此后就一直在外颠沛流离。她长期居于乡间，继续从事女红、农事，暑天施茶，冬天施粥，造福乡里，很少随我官所居住，基本没享什么福。同治五年（1866）初，夫人率家人到福建，年末随我到武昌。我奉诏入陕围剿捻军，家人返回湖南，从此一别，再未相见。算来已是四年。

（注：在左宗棠的讲述中，可出现当时的画面。）

董月桂　大人以身许国,家事已置身外。末将感佩之至!

左宗棠　好啦!不说啦!有你们陪着我说说话,现在感觉好多了。说
　　　　说你们吧!

左明瑞　我们?我们有什么好说的?

左宗棠　我听说你们两个在战场上一见钟情,原为对手,现为朋友。
　　　　你们准备什么时候结秦晋之好?

左明瑞　义父!义母去世,儿理应丁忧三年。

左宗棠　在国事与家礼发生冲突时,家礼要服从国事,孝子可出来为
　　　　国效力。另外,你知道为什么要丁忧三年吗?

左明瑞摇摇头。

左宗棠　因为小孩初生,三年母子不离,时刻都要父母照料,因此父母
　　　　亡故后,儿子也应还报三年。你是义子,你父母对你没有幼
　　　　时三年的照料,所以你不必有这些忧思。等你的伤好了,就
　　　　给你们办一个隆重的婚礼,用喜事冲冲晦气!

董月桂　谢大人!

左宗棠　嗯,准备改口叫义父吧!

29.金积堡

马化龙在部下陈林、袁希义及儿子马耀邦等人陪同下,查看金积堡周
边的工事。

官军在金积堡四周挖掘长壕两道,壕深丈余,宽数丈,壕边筑墙,高达
丈余。远处是官军的哨兵和临时大营。

马化龙　你们说,我们挖壕是防止官军进攻的,他们挖沟筑墙干什么?

陈　林　属下猜测：一是防堡内的人突围出去，二是防堡外的友军突
　　　　进救援。

马化龙　左宗棠的这一招狠哪！

马耀邦　父亲，堡内的粮食不多了，如果继续坚守，不被打死，也会被
　　　　饿死。

马化龙　现在金积堡被官军围得水泄不通，如果突围，伤亡会更大。

突然，一声炮响，一发炮弹落在马化龙的附近爆炸。

马化龙等人立即钻进地堡之中。

原来，刘锦棠指挥的老湘营就埋伏在附近的树林里。

一场激战……

双方各有伤亡……

30.金积堡，马化龙大屋，夜

马化龙端坐大椅之上，陈林等几位下属列座两侧。

马化龙　今天让大家来，是想和你们商议一下金积堡的命运大事。

陈林等属下面面相觑。

马化龙　本阿訇生于斯，长于斯，成业于斯，经营金积堡几十年，将金
　　　　积堡建成固若金汤的堡垒，就连威震四方的左宗棠也难奈我
　　　　何。可惜啊！天运不济，我回部武装分兵割据，未成气候，现
　　　　已被官军各个击破。金积堡孤悬绝地，抵抗官军将近一年
　　　　半，如果堡内给养充足，谅他左宗棠再攻一年也未必能攻下。
　　　　但是，堡内有三千多张嘴要吃要喝，现在剩下的粮食和弹药
　　　　不多了，破敌突围几无可能，再扛下去会全部饿死。为了堡

内的男女老少能有一个活命的机会,我准备亲自去和左宗棠

谈判,一人抵罪,换取众生。

陈　林　这些年我们杀了那么多汉人,左宗棠会饶过我们吗?

马化龙　这个问题我也想到了。自同治年以来,我马化龙杀的汉人起

　　　　码有几十万,左宗棠恨不得把我点天灯。但事到如今,没有

　　　　别的路可走啊!

众人沉默不语。每个人的神情都显得呆板、肃穆。

马化龙　好啦,散了吧!

31.金积堡,马化龙大房,夜

沉睡中的马化龙被一阵枪声和嘈杂声惊醒,匆匆穿衣走出睡房。

马耀邦跑来报告。

马耀邦　父亲! 陈林跑了!

马化龙　别着急,慢慢说!

马耀邦　陈林可能买通了官军,带着他的人马从西南那边跑了!

马化龙　外面打枪是怎么回事?

马耀邦　我发现陈林的人马异动,想带兵去追,被官军一阵乱枪挡回

　　　　来了。

马化龙一屁股坐在椅子上,长叹一口气。

马化龙　金积堡气数已尽了!

32.左宗棠临时总督府,侧屋

左宗棠在看大夫给左明瑞的伤口换药。董月桂站立一旁。

左宗棠　明瑞这伤,何时能痊愈?

大　夫　伤筋动骨一百天,他这才几天啊?

左宗棠　不是没伤着骨头吗?

大　夫　但伤着筋了。

左宗棠　明瑞,踏踏实实安心养伤吧!

左明瑞看了董月桂一眼,董月桂脸上面露羞色。

虞绍南　大人,刘锦棠将军求见。

左宗棠连忙走向大堂。

33.左宗棠临时总督府

刘锦棠已在大堂等候,见了左宗棠,立刻拱手致礼。

刘锦棠　末将刘锦棠拜见总督大人。

左宗棠走到自己的座位,示意刘锦棠入座。

刘锦棠仍然站在原处。

刘锦棠　大人,马化龙投降了。他自己捆绑来降,指名要见大人。

左宗棠　他人在哪里?

刘锦棠　就在外面。

左宗棠　押进来。

刘锦棠　(向门外喊)把马化龙押进来!

两名武士将五花大绑的马化龙押入大堂。

左宗棠打量他一眼,神色威严。

左宗棠　跪下!

马化龙　左大人,我有个条件。

左宗棠　跪下说！

马化龙仍然不想跪,被武士一踹腿弯,被迫跪地。

马化龙　久闻左大人威名,今得一见,果不虚传。

左宗棠　少废话！

马化龙　我是自缚来降,我愿一人抵罪,换得堡内百姓一条活路。

左宗棠　自缚来降？一年前你怎么不自缚来降？一年多来,我老湘营
　　　　死伤一千多人,刘松山将军也战死在这里。等我去问问他们
　　　　什么意见再说。

左宗棠　先把他押起来,等候发落。

刘锦棠　是！向武士挥挥手,马化龙被押出大堂。

左宗棠示意刘锦棠落座。

刘锦棠落座。

刘锦棠　大人准备怎么处置马化龙？

左宗棠　依你之见,该如何处置？

刘锦棠　马化龙杀人如麻,罪大恶极,同治二年(1863)四月,马化龙攻
　　　　克靖远,十万汉人遭屠杀;同治二年七月,马化龙向官军诈
　　　　降,骗开城门,攻克宁夏府、灵州,两城损失一百多万人。金
　　　　积堡一战,耗时将近一年半,我老湘营损失上千人,包括我的
　　　　叔叔刘松山。马化龙这个恶魔,双手沾满了汉人的鲜血,不
　　　　杀不足以平民愤,我刘锦棠也无颜见江东父老、列祖列宗。

左宗棠站起身,走到刘锦棠身边,拍拍他的肩膀。

左宗棠　锦棠啊！我能够理解你的心情。杀与不杀,以后再议,当务
　　　　之急,是把金积堡和其他几个"回乱"堡垒荡平！

34.一组过场戏镜头并伴以旁白

刘锦棠率领老湘军冲进金积堡……

回部叛军举手投降……

老湘军清点战利品……

旁　白　被老湘营围困将近一年半的金积堡,终于在弹尽粮绝的情况下缴械投降。老湘营缴获各种火炮五十六门,各种枪千余支,后来又从地下挖出洋枪一千二百余支……

左宗棠口述奏章……

施补华执笔书写……

旁　白　随后,老湘营又连续剿灭了王家疃庄等回部叛乱据点,以及白彦虎残部……

刘锦棠率领老湘营冲进王家疃庄……

回部叛军举手投降……

旁　白　肃清金积堡一带叛乱回军,刘锦棠请假护送刘松山的灵枢回湖南老家安葬,并招募湘勇补充老湘营。

刘锦棠带领数百骑兵,护送刘松山的灵枢启程……

左宗棠骑马相送……

35.左宗棠临时总督府

施补华执笔记录,左宗棠口述奏章。

左宗棠　处理回事政策,臣以为,应剿抚兼施、以抚为先。回汉一视同仁,不分回汉,只分良莠……

36.紫禁城,养心殿

16 岁的同治皇帝及垂帘听政的慈禧太后和慈安太后端坐朝堂之上,恭亲王奕䜣和文祥汇报西北军情。众大臣垂手肃立其身后。

奕　䜣　综合西北方向各路报告,阿古柏已占领新疆几乎全境,俄军已占领伊犁地区……

慈　禧　新疆的事,鞭长莫及。咱家最关心陕甘一线的情况。

奕　䜣　陕西方面,刘铭传的部队坐镇西安,当地回民不敢轻举妄动。甘肃方面,回部叛乱武装仍然非常猖獗。左宗棠一面安抚之前收复的静宁、安定等地的回民,一边保护洮河以东的粮道。与此同时,他派出的先头侦察部队,已到达甘肃通贵堡地区,打算招降回军残部,下一个目标是攻取河洲。

慈　禧　新疆情况紧急。告诉左宗棠,不要用招降来浪费时间,不要只用怀柔之策,而要抓住有利时机,获取军事上的全胜!

奕　䜣　遵命! 太后!

慈　禧　奕䜣和文祥留下,其他人下去吧!

李莲英　奕䜣大人和文祥大人请留,退朝——

众大臣退下,李莲英也把同治皇帝扶下龙椅,进入后宫。

慈安太后招呼奕䜣和文祥。

慈　禧　你们过来一点。

奕䜣、文祥　(同声)谢太后!

移步向前。

慈　禧　我这里有一份密报,举报左宗棠贪污。既然有人举报,朝廷当然得调查,也好对举报人有个交代。为了防止打击报复,举报人的信息要保密。

文　祥　前方战事如此紧张,这……

慈　禧　如果没有问题,也好还左宗棠一个清白。如果真有问题,正好刘铭传人在陕西,左宗棠就地免职,让刘铭传接任陕甘总督。

奕䜣、文祥　(同声)臣领旨。

37.养心殿外

奕䜣和文祥走出大殿,走下台阶。

奕　䜣　文大人,你说,什么人会在这个时候给左宗棠放暗箭?

文　祥　此事对谁有利,谁就最可疑。

奕　䜣　不一定是某个人,或许是某个集团。

文　祥　亲王此话在理。

奕　䜣　那就让都察院去办吧!

文　祥　左宗棠清正耿直,要选个清廉公正的人去,否则会对当事人不利。

奕　䜣　英雄所见略同,我也这么考虑。

38.郊外

左宗棠带领随从人员视察平凉郊区。满目苍凉,荒无人烟。

左宗棠　这些地方为什么不栽上一些树呢?

虞绍南　这地方水少,怕不好活。

左宗棠　那就栽一些好活的树,像杨树、柳树、榆树、沙枣树等。有了

树,一可以固沙防风,二可以巩固路基,三可以改善气候环
境,四可以……你们想想,还可以干什么?

施补华　还可以给行人遮凉。

左宗棠　好!近期官兵休整,也不要太闲着。传令下去,各营官兵都
去栽树,谁栽的树,挂个铭牌,要负责栽活。谁栽的树死了,
要补栽!

虞绍南　是!

左宗棠　以后大军走到哪里,就栽到哪里。

虞绍南　是!

39.郊外

左明瑞和董月桂骑马奔驰在乡间小道上,左明瑞跑在前面。突然,从
庄稼地里蹿出一头野猪,左明瑞的马一惊,前身高高立起,左明瑞毫无
思想准备,被摔下马来。

董月桂连忙下马,将左明瑞扶起。

董月桂　(关切地)明瑞,你的伤没事吧?

左明瑞站起身,用力抡了几下胳膊。

左明瑞　你看,已经好了!

这时,从庄稼地里走出两个回族农民,一个青年,一个中年。青年农民
看到左明瑞,气哼哼地面对左明瑞。

青年农民　我认识你,你是总督府的人。

左明瑞　原来是你们惊吓了野猪,野猪又惊吓了我的马!

中年农民　军爷,你没摔伤吧?

左明瑞缓和了一下口气。

左明瑞　唔,没事。

中年农民　军爷,跟你说个事,请你转告总督大人。

左明瑞　什么事? 说。

中年农民　以前吧,我们都是有枪的,野猪也没这么多。现在可好,官
　　　　　军把枪都收走了,野猪泛滥,好不容易种点庄稼,都被野猪
　　　　　祸害了。左大人心肠好,很照顾我们,给我们提供种子、耕
　　　　　牛,大家私下都称他"左阿訇"。能不能让左大人给我们发
　　　　　些枪,好打野猪啊?

左明瑞想了一下。

左明瑞　过去没有枪的时候,你们是怎么保护庄稼的?

中年农民　过去都是土办法,挖陷阱、下套子。

左明瑞　那就再把土办法用起来啊!

青年农民　别跟他说了! 说也没用!

两人转身钻进庄稼地。

左明瑞和董月桂牵着马往回走。

董月桂　明瑞哥,有个事,我一直想问你,没敢问。

左明瑞　什么事?

董月桂　你是怎么给总督大人当义子的?

左明瑞　我父亲原来是湘勇。我很小的时候,母亲被太平军杀了,父
　　　　亲也阵亡了。义父见我可怜,便将我收养在老家柳庄,和孝
　　　　威哥哥一起读书。我原来姓王,是我自己要求跟义父姓的。
　　　　四年前,义父奉诏入陕追击捻军,我随义父入陕。义父见我

喜欢舞枪弄棒,就让我跟老湘军接受磨炼。要不然,我也不会遇上你。

董月桂　那时候咱俩还在不同的阵营。你知道那次我为什么没杀你吗?

左明瑞　那还用问? 你喜欢我呗!

董月桂　臭美!

左明瑞　那你知道我为什么放了你吗?

董月桂　那还用问? 你喜欢我呗!

左明瑞　臭美!

董月桂　就臭美,就臭美! 要不是我喜欢你,你早让马匪给杀了!

左明瑞　所以啊,为了感谢你的救命之恩,我准备以身相许……

董月桂　咿! 大男人说这种话,怪肉麻的!

董月桂飞身上马,疾驰而去。

左明瑞随后上马,追了过去……

40.左宗棠临时总督府

左宗棠在门前散步,见左明瑞和董月桂骑马归来,脸上露出笑容。

二人下马,上前拱手致礼。

左明瑞　义父。

董月桂　大人。

左宗棠　伤好了?

左明瑞抡了几下胳膊。

左明瑞　看。

左宗棠　那是不是该给你们把婚事办了?

左明瑞看了董月桂一眼。

董月桂　谢大人!

左宗棠　不对,不对!

左明瑞、董月桂　(齐声)谢义父!

左宗棠　哎,这才对嘛! 我想过了,你们的婚礼暂时还不能大办,而且不能在我这里办,要到董姑娘家那边去办。这样,就跟总督府没什么关系了。战争期间,总督府大办婚礼,影响不好。

董月桂频频点头,左明瑞却愣在那里,像没有反应过来一样。

左宗棠　你不要感到委屈。我当年也是入赘到周家的,你看我现在,不是也当上总督了吗?

左明瑞　义父,我不委屈。我是觉得幸福来得太快了。我能有今天,全拜义父恩德。

董月桂　大人……不,义父,有件事禀报义父。刚才我和明瑞遇到两个当地的回族农民,他们过去有枪,野猪很少,现在没有枪了,野猪泛滥,庄稼损毁严重。他们问,能不能发枪保护庄稼?

左宗棠　这倒是个很实际的问题,不过枪是不能放松管控的。

左明瑞　我还问他们,过去没有枪的年代,是怎么保护庄稼的? 他们说,过去用的都是土办法:挖陷阱,下套子。我让他们把土办法用起来。

左宗棠　说起土办法,我想起一个办法:敲锣!

左宗棠回头走进大堂,大喊一声。

左宗棠　虞绍南!

虞绍南　　在。大人。

左宗棠　　你立刻给上海军需局去信,让军需局买四十面铜锣送来,发
　　　　　给当地的农民用来保护庄稼!

虞绍南　　是!

41.左宗棠卧室,晨

左宗棠准备起床,忽然感到腰疼,"哎哟"了一声。王青龙和湘伢子连
忙跑了进来。

王青龙　　大人,怎么了?

左宗棠　　我的腰好像不能动了。

王青龙面对湘伢子。

王青龙　　快去叫大夫!

湘伢子应声而去。虞绍南和施补华也赶了过来。

虞绍南、施补华　　大人! 大人!

左宗棠　　没事。老毛病犯了。闪了一下。慢慢扶我起来。

虞绍南　　大人躺着休息吧! 就不要起来了。

左宗棠　　那我就躺着听汇报吧!

虞绍南和施补华互相看看。

虞绍南　　没什么情况。大人先休息。

左宗棠　　你跟了我这么多年,你那点小机灵还想瞒得过我? 什么事?
　　　　　说吧!

虞绍南　　是这样。昨天晚上,军机处的信使送来军机处的命令,要求
　　　　　我部不要用怀柔之策招降回军了,免得浪费时间。要抓住有

利时机,获取军事上的全胜!

左宗棠　还有什么事?

虞绍南　也是昨天晚上,来了两个维吾尔族兄弟,是乌里雅苏台将军
　　　　荣全派来的。

这时,湘伢子带着大夫来了。

大　夫　大人,哪里不舒服?

左宗棠摆摆手,示意他到一边去。

虞绍南　新疆情况紧急,南疆从同治四年(1865)就已落入来自浩罕汗
　　　　国的阿古柏匪徒手中……

左宗棠　这个阿古柏是干什么的?

42.左宗棠临时总督府

左宗棠端坐帅位,阿尔汉和尼格买提坐于下首,虞绍南和施补华立于
一旁。

阿尔汉　阿古柏原是浩罕汗国阿克麦吉特要塞的司令,侵入我南疆以
　　　　后,宣布成立哲德沙尔汗国,并自己称汗。之后,他不断蚕食
　　　　北疆土地,现在几乎侵占了新疆全境。去年,我们二人受荣
　　　　全将军派遣,进京禀报朝廷,请求支援。太后说,因为陕甘地
　　　　区叛军尚未平定,进疆通道尚未打通,无力向新疆派兵支援。

左宗棠　新疆情况虽然紧急,可没有朝廷上谕,我无权驰兵支援啊!

尼格买提　这个我们清楚,荣全将军就是派我们来向总督通报一下情
　　　　　况,以便总督整体把握局势。

左宗棠　好的,我知道了。

左宗棠面对虞绍南。

左宗棠　刘锦棠那边有什么消息？

虞绍南　大人催他回来的信想必他已收到，现在应该在路上了。

左宗棠面对阿尔汉和尼格买提。

左宗棠　请你们回去告诉荣全将军，新疆是我大清国不可分割的领
　　　　土。我左宗棠虽然能力有限，但我作为大清老臣，一定会为
　　　　捍卫国家领土完整贡献余热，为子孙后代收复疆土。

阿尔汉和尼格买提起身施礼。

阿尔汉、尼格买提　总督大人保重，我们告辞了。

左宗棠想起身，忽然腰疼，倒吸一口凉气。

阿尔汉和尼格买提连忙阻止。

阿尔汉、尼格买提　总督大人安坐，在下就此别过。

左宗棠面对施补华和虞绍南。

左宗棠　你们代我送客。

客人刚走，左明瑞和董月桂从侧屋出来。

左宗棠　你们怎么还没走？

左明瑞　听说义父身体有恙，我们不走了，要在这里服侍义父。

左宗棠　我这里人多着呢！你们回去把你们的事情办了吧！

董月桂　不！义父身体不好，我们不走！

左宗棠无奈地一笑。

左宗棠　哼哼，真是皇帝不急太监急。我马上要忙了，没时间管你们
　　　　的事了。

董月桂　那不行，义父就要管！

左宗棠　好吧,好吧!义父管,还不行吗?

屋外传来杂乱的马蹄声,众人都把目光投向行营门口。

虞绍南进来报告。

虞绍南　大人,北京都察院的副都御史和佥都御史来了,要见大人。

说完,递上一张名帖。

左宗棠看了名帖,满脸狐疑,向左明瑞和董月桂挥挥手,他们从侧门离开。

左宗棠　扶我起来。

虞绍南　大人……

左宗棠　朝廷大臣远道而来,岂有坐迎之礼?

虞绍南和王青龙两人将左宗棠扶起来,走向大堂前门。候在门外的副都御史明江和佥都御史胡品正看见左宗棠由两人搀扶出迎,连忙上前施礼。

明　江　总督大人,末臣明江有礼了。

胡品正　末臣胡品正有礼了。

左宗棠　明大人、胡大人,老夫身体有恙,有失远迎,请多多包涵。请。

明江和胡品正落座。左宗棠没有坐主座,和朝廷使臣面对面,坐在下座。

施补华坐在案头准备记录,虞绍南和王青龙肃立一旁。

传令兵湘伢子迅速端上茶来。

左宗棠　二位大人千里迢迢来到甘肃,一路辛苦。先喝口水吧!

明江和胡品正同时回话。

明江、胡品　谢大人!

左宗棠　我与朝廷各部交往不多,二位大人颇有些面生。不知二位大人此来甘肃,有何指教?

明江看看虞绍南和王青龙。左宗棠会意,朝他们二人挥挥手。

虞绍南与王青龙退下。

明　江　总督大人,我们此来,是有件事要了解一下。有人举报,说大
　　　　人贪污军饷。

左宗棠神色平静,只是轻轻"哦"了一声。倒是坐在一边做记录的施补
华大吃一惊,毛笔抖了一下。

明　江　这是上面交下来的差事,我们只是奉命行事,希望大人理解、
　　　　配合。

左宗棠　没问题。

左宗棠回头面对施补华。

左宗棠　通知下去,各个部门、各个军营,必须全力配合,不得有怠。
　　　　两位大人要见什么人、要看什么账,悉数安排,不得推诿。

施补华　是!

大堂外传来一阵嘈杂声。

左宗棠　何人嘈杂?

湘伢子　报告大人,刘将军回来了!

话音未落,刘锦棠和左宗棠的二夫人张茹走进屋来。

刘锦棠　总督大人,你看我把谁带来了?

左宗棠坐在那里,没动身,面向刘锦棠。

左宗棠　我腰闪了,不能动。这两位是都察院的明江大人和胡品正大人。

明江和胡品正站了起来。

刘锦棠愣了一下,马上拱手施礼。

刘锦棠　末将刘锦棠见过两位大人。

明江和胡品正拱手回礼。

明　　江　久闻刘将军大名,原来这么年轻!

左宗棠面对从侧屋跑出来的左明瑞。

左宗棠　明瑞,你们安排义母去休息。

左明瑞　是!(扶张茹退下。)

左宗棠　锦棠,你也坐下听听。

刘锦棠　是。

左宗棠　湘伢子,给刘将军上茶!

湘伢子　是!

刘锦棠坐下。

左宗棠　锦棠,有人举报,说我贪污军饷……

刘锦棠"腾"地跳了起来。

刘锦棠　啥?有人举报左大人贪污军饷?开什么玩笑!

左宗棠　坐下!跳什么跳?有人举报,都察院来调查,这是办事程序,
　　　　又不是给我定罪了。身正不怕影子斜。太后圣明,会还我清
　　　　白的。你们好好配合就是了。

刘锦棠　(气咻咻地)二位大人,不要怪我情绪激动,我是无法忍受这样
　　　　的侮辱。我们辛辛苦苦在前方打仗,还有人在背后放暗箭,往
　　　　我们头上泼脏水,你们居然郑重其事地千里迢迢来调查……

左宗棠　锦棠,你没听清楚吗?二位大人是来调查我,不是调查你,别
　　　　一口一个"我们"的。

刘锦棠　(仍然十分激动)大人,调查你就是调查我。你别拦我,让我

把话说完。(转向明、胡)二位大人,你们不是来调查的吗?那我先给你们介绍一下情况。说左大人贪污军饷,那总得有军饷可贪吧?

左宗棠　刘锦棠!我命令你,把嘴闭上!

刘锦棠一看左宗棠发火,只得打住。

左宗棠面对明江和胡品正。

左宗棠　二位大人今天刚到,一路辛苦,先安顿下来,然后慢慢调查,如何?

明江和胡品正互相看看。

胡品正　我看就按左大人的意思办吧!

明　江　左大人、刘将军,我们出来之前,恭亲王和文大人特别嘱咐,一定要秉公办事,实事求是,绝不能偏听偏信,欺君罔上。所以,请左大人和刘将军放心。

刘锦棠　这样最好。请二位大人原谅,末将一时冲动,冒犯了二位大人。

胡品正　久闻刘将军骁勇善战,今日得见,果然血气方刚。此乃武将本质,朝廷就需要这样的热血战将!

左宗棠　安排二位大人休息吧!

施补华　好的,大人。

左宗棠　锦棠,扶我起来。

明江和胡品正连忙阻拦。

明　江　大人安坐,不必起身。

左宗棠　那老夫就失礼了。锦棠代我恭送二位大人。

施补华送二位大人出屋,刘锦棠送到门口,拱手施礼。

施补华　二位大人,恕不远送。

刘锦棠回身,从行囊中拿出一个木匣,双手递到左宗棠面前。

刘锦棠　大人,还认识它吗?

左宗棠　(有些兴奋)这不是林则徐林大人当年送给我的新疆资料吗?
　　　　怎么会到你的手里?

刘锦棠　是沈葆桢大人托我带来的。

左宗棠抚摸着木匣,感叹不已。

左宗棠　时间过得真快啊!道光二十年(1840),鸦片战争爆发,英舰
　　　　犯广州、浙江,陷定海。林大人被革职遣戍,发配新疆伊犁。
　　　　老夫那时年轻,闻警忧愤,写成《料敌》《定策》等六篇抗英策
　　　　论,得到胡林翼大人的赞赏。道光二十八年(1848),林大人
　　　　在云贵总督任上时,胡大人在贵州任职,曾推荐老夫去林大
　　　　人那里谋事,因家中有事未能成行。第二年冬,林大人乘船
　　　　回老家福建养病,途经长沙。林大人派他的儿子林忠到柳庄
　　　　找我,要我到船上去见林大人。我们在船上畅谈一夜,其中
　　　　谈到新疆的事情。最后,林大人将这个木匣交给我,里面都
　　　　是他在新疆期间写下的所思所想……

左宗棠指着墙上"苟利国家生死以,岂因祸福避趋之"的条幅。

左宗棠　最后,林大人还送给我那幅字。

　　　　(注:可再现左宗棠与林则徐湘江夜话的情景。)

左宗棠　道光三十年(1850),林大人去世,这个木匣一直由我保存。
　　　　同治五年(1866),朝廷调我任陕甘总督,剿捻军,平"回乱",

我推荐沈葆桢大人出任船政大臣。沈葆桢大人是林公的女婿,我遂将林公的这些遗物交还林公亲属。当时不知新疆已失,我是今天早晨才知道的。

刘锦棠　沈葆桢大人消息灵通,得知我回乡,即将返回陕甘,特派人送上此物,让我代转大人。

左宗棠指着墙上的条幅。

左宗棠　"苟利国家生死以,岂因祸福避趋之。"林公的那两句诗,是一般人难以企及的人生境界啊!

刘锦棠　我没见过林大人,也不了解他。听了大人一席话,我似乎从大人的身上看到了林大人的影子。锦棠不才,愿以大人为师,为国效力,为祖上增光。

左宗棠　国难思良将,家贫思贤妻。你我既然被朝廷选中担此重任,就要全力以赴,不辱使命。

刘锦棠　大人,明枪易挡,暗箭难防。

左宗棠　福祸生死天注定,横刀立马听由之。你带来多少新兵?

刘锦棠　两千。

左宗棠　抓紧训练。朝廷要求我们抓住有利时机,获取军事上的全胜! 不要用怀柔之策招降回军。

刘锦棠　那他们还听信谗言、乱泼污水?

左宗棠　浊者自浊,清者自清。不要在意冷枪暗箭。官场就是一个江湖,江湖从来不少是非。路上辛苦,你早些回去歇歇吧!

刘锦棠　(起身施礼)锦棠告辞。

左宗棠　等一下,明瑞和月桂的婚事,我已经准了,让他们到董营去办,一切从简。以后就让明瑞留在董营吧!

刘锦棠　就按大人的意思办。

43.一组过场戏镜头

刘锦棠指挥新兵操练……

明江和胡品正查账、找人谈话……

左明瑞和董月桂举行简单的婚礼……

44.紫禁城,养心殿

明江和胡品正向同治皇帝和两宫太后汇报调查左宗棠的情况。

参加的大臣,只有奕䜣和文祥。

明　江　微臣明江与胡品正二人奉命前往甘肃调查陕甘总督左宗棠
　　　　贪污军饷一案,业已完结,形成奏章,请皇上、太后御览。

李莲英上前用托盘接过奏折。

慈　禧　奏章就先不看了,你简要说说调查结果吧!

明　江　微臣查明,左宗棠是本朝少有的廉洁官员。告其贪污,纯属
　　　　诬告!

慈禧和慈安都大为吃惊。

慈　禧　哦? 这我倒要好好听听,他是怎么个清廉?

明　江　无论是查看账目,还是对大大小小的文武官员以及对士兵和
　　　　百姓的走访,都没有查出左宗棠任何经济上的问题;相反,还
　　　　听到了许多他廉洁奉公的事实。

慈　安　这可新鲜!

明　江　他不仅没有贪污军饷,反而连自己的大部分俸银和廉银用于各种各样的公务或者救济百姓和士兵,每年只有很少的银子寄回自己家中,生活也十分简朴,从不奢华。

慈　安　他是两省总督啊!总不至于搞得这么寒酸吧?

明　江　南方各省分摊的军饷,拖欠严重,只有浙江省分摊的饷银,杨昌濬基本按时调拨,还有老湘营的六万两饷银,由曾国藩从江苏照额调拨。为了维持全军的运转,左宗棠常常不得不以"借"的名义将老湘营的军饷挪用应急。左宗棠刚到甘肃的时候,老湘营的军饷还被马化龙抢劫了一次。

慈　禧　哦?还有这种事?

明　江　刘松山在宁夏北部向南推进时,前署陕甘总督穆图善和绥远将军定安告诉他,马化龙的甘回已经"就抚",可以放心,只要全力对付尚未"就抚"的陕回就可以了。刘松山听信了穆图善和定安的话,就把所有的军饷都存放在由马化龙控制的灵州城里,只派了十几名士兵守护,自己率部继续向南进发。后来刘松山发现,本来他只针对陕回作战,可马化龙的甘回也参与了陕回的队伍。刘松山意识到情况诡异,连忙派人掉头去查看军饷,却已经迟了:灵州城里的军饷全部被劫,护饷的士兵和前去领饷的几名军官也都被杀了。被杀的人里面包括提督、总兵这样的高级军官。

(注:可以出现相应的画面。)

慈　禧　(愤怒)穆图善、定安,成事不足,败事有余!

明　江　在左宗棠出任陕甘总督之前,原总督穆图善在军事上不能战胜马化龙，便接受了马化龙名义上的"就抚"，既可以避免和马化龙进行较量，又可以获得马化龙缴纳的一定数量的粮饷，还能以这种"就抚"的名义向朝廷邀功。实际上，马化龙是虚与委蛇，暗中抵抗朝廷。

慈　禧　穆图善不是善类！你接着说。

明　江　刘松山后来缴获了马化龙调动军队的手令，穆图善和定安说马化龙已经"就抚"的谎言不攻自破。这才有了后来不得不打的"金积堡之战"，白白耗时一年半，我军还伤亡了上千人。

慈　禧　这个马化龙就该千刀万剐！

明　江　一场持续了十多年的残酷战争，当地百姓需要解决起码的生存问题，规模巨大的安置工作，几乎全部是由左宗棠从部属的极其紧张的军饷中挤出钱来进行的。他要干这么多的事情，哪里还有钱让他去"贪"？

慈　禧　你说这些都属实吗？

明　江　微臣以项上人头担保，句句都是实话！

慈　禧　胡品正，你怎么不说话？

胡品正　回太后，明江大人所言完全代表微臣。另外，禀报太后，我们在调查期间，有几个士兵一边讲述他们经历的事情，一边哭……

慈　禧　哦？

胡品正　有一次庆功会，左宗棠和大家一起吃饭，没有酒，有肉，但肉不是很多。左宗棠的菜里仅有三片肉……

45.露天饭堂(回忆)

左宗棠夹起第一片肉。

左宗棠　吃这片肉的时候,不要忘了陕甘老百姓在流亡,在吃苦。

左宗棠将这片肉放在嘴里,慢慢地嚼完,又夹起第二片肉。士兵们都呆呆地看着他。

左宗棠　吃这片肉的时候,不要忘了陕甘地区的贫困,我们的条件也还非常差。

左宗棠说完,将肉放进嘴里,慢慢地咀嚼。

士兵的眼里有泪光在闪动。

左宗棠又夹起第三片肉。

左宗棠　不要忘记了死难的弟兄们。

左宗棠说完,又把这片肉放进嘴里,慢慢地咀嚼。

士兵们大多泣不成声……

大家都学着他的样子,把肉放到嘴里,慢慢地嚼着……

46.紫禁城,养心殿

胡品正已是泪流满面。

同治皇帝和两位太后也流泪了。

慈禧擦了一下眼泪。

慈　禧　真是没想到,左宗棠是我大清的清官啊!

胡品正　左宗棠手下有一大批这样的清官,即使职位远远高于知府的官员,也照样一贫如洗。很多战死的将军,甚至都买不起棺材。

明　江　调查结束返回京城之前,我们和左宗棠有一次谈话……

47.左宗棠临时总督府(回忆)

左宗棠仍然和明江、胡品正对面而坐。

明　江　左大人,腰疾好些了吧?

左宗棠　好多了。老毛病,加上年纪大了,经常会犯。休养几天就会
　　　　好些。感谢大人挂念。

明　江　我们明日返京,今日特向大人辞行。根据我们的调查,所谓
　　　　大人贪污军饷的举报,纯属子虚乌有。

左宗棠　谢谢二位大人明察!

胡品正　有一个问题,我们二人有些迷惑不解,想请大人解疑。

左宗棠　请讲。

胡品正　江湖上一直流传这样两句话:"三年清知府,十万雪花银。"可
　　　　见当官还是很有油水的。大人的官衔比知府高多了,何以如
　　　　此贫穷?

左宗棠　"十万雪花银"的传言,我也听说了。是不是真的,我不知道。
　　　　但近些年来社会风气很差,我是知道的。

胡品正　大人何以能在浊流之中保持自清?

左宗棠　首先,同流不合污,这是老夫做人为官的底线;其次,我是读
　　　　书人,虽然只是个举人,没有更高的功名,但读书使人心高
　　　　格大。

明　江　怎么理解这个"心高格大"?

左宗棠　心高,也可以理解为清高;格大,就是格局大,不会拘泥于眼
　　　　前的蝇头小利。人这一生,也就几十年,怎么活都是一辈子。
　　　　有的人,追求功名利禄;有的人,追求宁静致远。我属于后

者。我本是个"身无半亩"的乡间书生,偶然有了为国家效力

的机会,我非常珍惜它。大千世界,芸芸众生,并不是什么人

都有这个机会的。不能一人当官,鸡犬升天。名声比名利重

要。为官一世,不为自己想,要为后代想,决不能让我的后代

面对世人给我的骂名。

胡品正　听君一席话,胜读十年书。左大人实为末臣的人生楷模。

48.紫禁城,养心殿

慈　禧　这个"左老三"还真是个人物!

慈　安　你们去查贪官,结果查出来一个清官!

明　江　那举报左大人的人,应该给他一个诬告贤良的罪名!

慈　禧　问题也可能出在老湘营饷银被劫的事情上。别人不知内情,

　　　　误以为被贪污了。搞清楚了就好! 如果没人举报,朝廷还不

　　　　知道有左宗棠这样的好官呢! 今后三十年里,再也不准参奏

　　　　左宗棠了!

慈　安　左宗棠现在什么衔儿?

文　祥　太子少保衔儿。

慈禧与慈安对视了一下,慈安点点头。

慈　禧　给左宗棠晋太子太保衔儿!

文祥、奕䜣　臣遵旨!

49.凉州,左宗棠临时总督府

朝廷宣旨官马队飞驰到左宗棠大堂前,宣旨官下马,高声道:圣旨到——

左宗棠及身边人员一起跪下。宣旨官展开圣旨念。

宣旨官　诏曰："朕久闻大学士左宗棠为官统兵与时俗迥异,素来勤不言劳,刚明耐苦;刻廉奉公,化私为公;一介不取,两袖清风;爱兵如子,众口揄扬,实为廉吏将帅之楷模,特授太子太保之衔予以褒奖。钦此。"

左宗棠　谢主隆恩——

左宗棠跪着,双手接过圣旨。

50.兰州,左宗棠总督府

左宗棠召开军事会议。刘锦棠、黄万友、徐占彪、董福祥等将领在座。

左宗棠　新疆形势紧急,朝廷要求我们抓住有利时机,获取军事上的全胜,不要用怀柔招降之策浪费时间。近日我想了一下,金积堡之战虽然官军伤亡很大,耗时很长,但是我们也打出了威风。像金积堡这种近乎完美的防御我们都打下来了,还有什么堡垒不能攻破? 这无形之中产生了一种威慑力量,如果我们放出招降大赦之风,可能很多回军就会主动投降,官军即可不战而胜。

大家七嘴八舌,都说这个方法好。

刘锦棠　大人,我们下一个进攻的目标是河州。最近,我派人到河州刺探情报,听闻河州的回军都在议论谈判投降之事。特别是他们的首领马占鳌,虽然之前顶住了我们的进攻,但他对坚持多久没有信心。如果采取招降大赦的方法,很有可能取得事半功倍的效果。

左宗棠　好,我们研究一下具体做法……

51.河州,马占鳌家

亲信马海晏拿着一张告示走来,向马占鳌汇报。

马海晏　首领,这是官军贴在城门外的布告,说是要大赦回军。

马占鳌　好啊! 这真是刚想睡觉,左宗棠就给我送来个枕头!

马占鳌　马镛,你给我起草一个投降禀帖,我要去左宗棠大营。

马海晏　首领,你不能亲自去。"人心隔肚皮,虎心隔毛衣。"左宗棠诡
　　　　计多端,不得不防啊!

马占鳌　你说怎么办好?

马海晏　为了表示诚意,还是让年轻人去吧!

马占鳌　我明白了,你是建议让我的两个儿子去?

马　镛　这个主意太好了! 这是沿袭古代的谈判方式,派儿子去做代
　　　　表,象征着去做人质。

马海晏　不仅派你的儿子去,我们几个人的儿子都应该去。因为这是
　　　　关系到河州所有人命运的大事情!

52.兰州,左宗棠总督府

马占鳌派出的"十大少爷代表团"打着一面白旗,跟随刘锦棠,骑马来
到左宗棠总督府。

53.左宗棠总督府,卧室

大夫在给左宗棠针灸。

虞绍南　大人,刘锦棠将军求见。

左宗棠　让他稍等一会儿。

刘锦棠　(在门外)大人,末将等不及了!

刘锦棠随后入内。

左宗棠　什么事?

刘锦棠　好事! 马占鳌派来一个"十大少爷代表团",要求投降。

左宗棠　人在哪里?

刘锦棠　我已经带来了,就在外面。

左宗棠　(喜出望外)好啊!

左宗棠　快把针都拔了!

54.左宗棠总督府

虞绍南搀扶左宗棠入大堂。

虞绍南　(耳语)大人,马占鳌会不会是搞缓兵之计?

左宗棠　让自己的儿子来请降,说明他是诚心投降。准备接待。

左宗棠端坐上位,虞绍南走到门口,把"十大少爷代表团"请进大堂。

马七五　(行拱手礼)晚辈马七五拜见大帅!

马七九　(行拱手礼)晚辈马七九拜见大帅!

马如蛟　(行拱手礼)晚辈马如蛟拜见大帅!

马福才　(行拱手礼)晚辈马福才拜见大帅!

左宗棠　(笑)来来来,先坐下,一会儿再作介绍!

"十大少爷"入座。

左宗棠问马七五和马七九。

左宗棠　你们两个是马占鳌的儿子?

马七五、马七九　是。

左宗棠　你们怎么起这样的名字?

马七五　我生下来时,体重是七斤五两,父亲就给我起名"马七五"了。

左宗棠听了哈哈大笑,面对马七九。

左宗棠　这么说,你生下来是七斤九两了?

马七九　是。

左宗棠　你们的父亲也太省事了! 我看你们一表人才,总该有个像样
　　　　的名字。

马七五　那就请大帅给晚辈起个好名字吧!

左宗棠沉吟片刻,面对马七五。

左宗棠　叫马安良,字瀚如,好不好?

马七五立刻站起来,然后跪在左宗棠面前。

马七五　感谢大帅给我起的好名字,晚辈很满意。

马七五言罢,磕了一个头。

马七九　大帅,还有我呢?

左宗棠看着马七九。

左宗棠　你就叫马忠臣,字彦直。

马七九也学着哥哥马七五的样子,跪在地上。

马七九　非常感谢大帅赐的名字。

马七九磕头。

左宗棠　听说你们的母亲是姐妹双凤?

马七五　我母亲是大凤。

马七九　我母亲是二凤。

左宗棠　说是她们还会武功,当初是你们父亲的师傅,果真如此吗?

马七五　正是如此。

马七九　不过详情我们就不知道了。

左宗棠　(哈哈大笑)那时还没有你们呢! 你们的父亲能主动派这么多人来请降,真诚悔罪,很好,我表示欢迎。我要向朝廷奏明,为他们请求减轻罪责。

马七五　我代表父亲感谢大帅。

马七五拿出一张纸。

马七五　这是父亲提交的武器清单。

左宗棠接在手里阅览,念出声来。

左宗棠　战马四千匹,大炮十四门,枪矛一万四千件……这份清单数字要真实。如果以后查出另有隐藏,那可是杀头的大罪啊!

马七五　请大帅放心,这是真实的数字,绝无隐瞒。马化龙因为隐藏枪支而受到惩罚,大家心知肚明。

左宗棠　回去告诉你们的父亲,我非常欢迎他们主动投降,叫他们不要害怕,都来兰州见我。我要和他们一起商量善后的事情。

马七五率"十大少爷代表团",跪地表示感谢。

马七五　谢大帅!

55.左宗棠总督府,卧室

左宗棠正在看书,夫人张茹端了一碗吃食进来。

张　茹　大人,我做了一碗莲子羹,趁热喝了吧?

左宗棠　你来了以后,给我做各种养胃的小吃,我的胃病好多了。

张　茹　我不会用这里的炉子,做得不好……

左宗棠　很好啦! 很好啦!

张　茹　这个仗,什么时候才能打完? 到那时,咱回柳庄,奴家好好伺候大人。

56.野外

左明瑞和董月桂在练拳。

董月桂　董家拳最基本的要领就是:站桩稳,出拳快,侧马步,身如弓……

左明瑞跟着董月桂学了几招。

左明瑞　我想义父了,还有义母。咱去看看他们吧?

董月桂　我感觉你对周义母比较亲,对张义母要差一些。是不是?

左明瑞　谁说的? 我对她俩都亲!

董月桂　那义父对两个义母,哪个更亲一些?

左明瑞　都一样吧?

董月桂　我没见过周义母,我觉得张义母一来,义父的精神状态马上就不一样了。

左明瑞　我看见你,精神状态也不一样嘛!

董月桂　别打岔! 我听说,张义母原来是周义母的丫鬟,是吗?

左明瑞　是的。周义母连着生了两个女孩。周义母觉得对不住义父,就提出让义父把她的侍女张茹纳为副室,给他生儿子。义父开始不同意。后来周义母的母亲,就是义父的岳母,也帮着劝说,义父这才同意。后来,周义母又生了一个女儿、一个儿子,张义母生了一个女儿、三个儿子。这样,义父一共有四个女儿、四个儿子。

董月桂　多女多乐,多子多福。你想要几个孩子?

左明瑞　你能生多少,我就要多少!

董月桂　等把新疆收复了,咱们就回家使劲生孩子,给你生一大群。不用你找二房!

左明瑞　除非把你的武功废了,不然我也不敢啊!

董月桂　那你就好好练拳吧! 打不过我,休想找二房!

57.左宗棠总督府内、外

左宗棠和刘锦棠在地图前比比画画。大堂外传来一阵嘈杂声。

虞绍南持禀帖入大堂。

虞绍南　大人,马占鳌带人投降来了。

左宗棠　让他们进来。

虞绍南　人太多,堂内站不下。

左宗棠和刘锦棠走出大堂,只见外面跪了一群捆绑双手的回军头领。

马占鳌在最前面,是用铁链锁的。

左宗棠　是谁让你们用铁链锁他的?

马占鳌　报告大帅,是我自己锁的。我马占鳌有万死之罪,理应上锁!

左宗棠　赶快把他的铁链打开! 统统松绑!

松绑之后,左宗棠把12个投降的回军头目让进大堂。左宗棠坐上座,
刘锦棠坐侧座,12名降者坐下座。

左宗棠　你们能主动来降,真诚认罪,我们欢迎。古人云:"人非圣贤,
　　　　孰能无过? 过而能改,善莫大焉。"何况你们还年轻,来日方
　　　　长,为朝廷立功赎罪的机会还多着呢!

马占鳌　感谢大帅开导安慰,我等罪人一定追随大帅,为朝廷效力。

左宗棠　当初,你们为什么要起事造反?

马占鳌　先是为了报私仇,后来是为了反抗民族压迫,捍卫回民的利益。

左宗棠　那么,你们为什么要强迫汉人顺从你们的教规呢? 这么做,
　　　　不也是在搞民族压迫吗?

马占鳌　我们文化低,头脑简单,有时候只站在自己的立场上,是不会
　　　　换位思考的。

左宗棠　你们为什么拼命抵抗官军?

马占鳌　其实这只是一项斗争策略,目的是想让大帅答应我们的投降
　　　　条件,绝没有想打赢大帅的想法,我们知道小胳膊终究扭不
　　　　过大腿。

左宗棠　(哈哈大笑)这倒是实话。你们就没想过投降阿古柏和俄国
　　　　人,联络他们与我作战?

马占鳌　我们这帮弟兄,这点民族意识还是有的。投靠外国势力,那
　　　　是没有民族大义,会成千古罪人!

左宗棠　说得对! 汉回之间再怎么闹腾,属于手足之间的家务事,不
　　　　能投靠洋人,更不能引狼入室啊!

马占鳌　大帅所言极是!

左宗棠　我会奏请朝廷赦免你们的前罪,不会出现金积堡马化龙那样
　　　　的结果。

马占鳌　谢大帅!

左宗棠　你们回河州之后,要格外小心,不愿投降的回民会恨你们,夜
　　　　间须派人值守,免遭暗算。

马占鳌　谢大帅关心!

58.一组过场戏镜头

河州一片祥和宁静的景象……

旁　白　马占鳌率部投诚,避免了一场腥风血雨的厮杀。朝廷大赦马
　　　　占鳌等人,一批河州回民的头面人物被授以官府头衔和军队
　　　　官衔。马占鳌一家后来成为甘肃穆斯林社会中最有权势的
　　　　一支。马占鳌的大儿子马安良还当上了河州提督……

西宁城,刘锦棠带兵包围了西宁……

旁　白　马占鳌投诚之后,刘锦棠奉左宗棠之命,带领老湘军攻打西
　　　　宁……

59.西宁,白彦虎住处

白彦虎从窗户中看到华尔秃在外面练拳,面对一个亲兵。

白彦虎　去,把华尔秃叫来。

亲　兵　是!

白彦虎　(对师爷)这个左宗棠太厉害了!过去几任陕甘总督都没能
　　　　把回部起义军怎么样,他一来,回军立刻土崩瓦解。我们必

　　须把他除掉!

师　　爷　除掉他?没那么容易吧?马化龙那么厉害,都让他给灭掉了。

白彦虎　（阴险一笑）你想得简单了。我们当然不能硬干。

亲　　兵　大统领,华尔秃来了。

白彦虎　让他进来。

华尔秃进屋,身体笔直地站在白彦虎跟前。

华尔秃　大统领,华尔秃听候吩咐。

白彦虎　华尔秃,你也看见了,官军兵临城下,西宁难保。官军是我们
　　　　回军的死敌,尤其是那个左宗棠,必须除掉!

华尔秃　是!

60.一组过场戏镜头

西宁被刘锦棠带兵攻克,白彦虎落荒而逃……

旁　　白　同治十一年（1872）十月,西宁被官军攻克,白彦虎逃往肃
　　　　州……

一张官军进军肃州的示意图,红色箭头从河州、西宁指向肃州……

伊犁将军荣全与俄军谈判……

旁　　白　一年前,俄军占领新疆伊犁地区,朝廷调派乌里雅苏台将军
　　　　荣全为伊犁将军,立即赴伊犁跟俄国人交涉,要求俄国撤军,
　　　　交还伊犁。为了给谈判增加筹码,朝廷命令在陕西驻扎的钦
　　　　差大臣刘铭传所部和在高台驻扎的迪化（乌鲁木齐）提督成
　　　　禄所部开赴新疆;命令左宗棠再派一支部队前往肃州驻扎,
　　　　确保后方安全。刘铭传接到命令后,立即称病辞职回了安徽

老家,成禄则在高台制造冤案,滥杀无辜,后被朝廷处死。原来假称"就抚"朝廷的肃州回军首领马文禄也露出本来面目,成为左宗棠大军进军新疆的拦路虎。左宗棠一方面调查"成禄案",一方面派遣刘锦棠、徐占彪带兵攻打肃州,耗时一年多,刘、徐所部终于收复肃州,打通了进军新疆的要道。大部分回军头目或投降或被打死,只有白彦虎逃往新疆,成为后患。朝廷派遣乌里雅苏台将军金顺,以新疆军务帮办之职率所部先行进军新疆……

61.嘉峪关

左宗棠为出征新疆的金顺部队送行。刘锦棠等将军陪同。

左宗棠　（给金顺敬酒）金将军,此去新疆,山高路远。本督预祝金将军旗开得胜,所向无敌。

金顺接过酒杯,一饮而尽,把酒杯递给身边的随从,向左宗棠拱手致礼。

金　顺　谢大帅躬亲嘉峪关为下官送行。

左宗棠　（还礼）一路保重!

金顺抽出佩剑,向前一指。

金　顺　出发!

"金"字大旗一展,官军浩浩荡荡向西而去。戈壁滩上扬起黄色的烟尘……

62.兰州,左宗棠总督府

左宗棠带人返回兰州总督府。

左宗棠从马上下来,面对施补华。

左宗棠　　奏陈朝廷,金顺将军已出关。关塞用兵之策,在精不在多。

施补华　　是。

左宗棠走到大堂前,看见张茹带几个亲兵在迎接他。他看到张茹神情凄苦。

左宗棠　　出什么事了?

63.左宗棠总督府

张茹跟着进屋,在左宗棠身后。

张　茹　　(小声)家中有信来。

左宗棠顿时感到事情不好,他走到书案前,拿起一封信,看了一眼,像是受到沉重打击,一屁股坐在椅子上。

张　茹　　(慌忙跑过去)大人,你没事吧?

左宗棠一只手掩着额头,一只手挥了挥,示意张茹离开。

远处,施补华小声询问虞绍南。

施补华　　大人家里出了什么事?

虞绍南　　(低声)二姑娘和长子孝威先后病故了。

64.左宗棠总督府外

大风呼号,"左"字大旗猎猎飘扬……

65.一组过场戏镜头

清军浩浩荡荡出关……

旁　白　　同治十二年(1873)十月二十九日,上谕令张曜、宋庆所部"豫军"驰往哈密驻扎,会同文麟、明春相机防剿;命穆图善所部马步各队从泾州分起赴安西、敦煌、玉门一带驻扎,为诸军后继。再命陕甘总督左宗棠统筹各军所属粮饷、军火,如果各军逗留不进,则罪在主将;倘若粮饷不济,致误戎机,朕唯左宗棠是问。

官军开赴新疆的队伍浩荡前行,军旗猎猎……

日本入侵台湾,台湾民众拼死反抗……

紫禁城养心殿,文祥、奕䜣等大臣朝堂议政……

旁　白　持续了十多年的陕甘战事终于结束,收复新疆的通道终于打通。就在这时,新的问题产生了。同治十三年(1874)三月二十二日,日军借口"琉球漂民事件",在琅峤强行登陆,入侵台湾。各省停解西征协饷,海防、塞防之争随之而起……

66.兰州,左宗棠总督府

左宗棠站在地图前,满脸倦态。施补华手里拿着一张报纸站在一旁。

左宗棠　不要念报纸原文,把主要内容说一说。

施补华　报纸上说,日本人入侵台湾以后,朝廷任命沈葆桢为钦差,办理台湾等处海防兼理各国事务大臣,所有福建镇道等官均归其节制。九月二十三日,中日政府签署《北京专约》,主要内容为:中国承认日本侵台为"保民义举";中国给遇害难民抚恤银两和修道建房"筹补银两"七十五万元,合白银五十万两;中国设法约束台湾"生番"……

左宗棠用力将教鞭抽在桌子上,"啪"的一声,把施补华吓了一跳。

左宗棠　（沉吟）奇耻大辱啊！沈葆桢太让我失望了！东海一出此事，
　　　　对我西征是雪上加霜啊！

67.左宗棠总督府,夜

左宗棠挑灯夜读林则徐当年送给他的文札。装文札的木匣置于一旁。

施补华　大人,需要我做什么?

左宗棠　这是林则徐林大人二十五年前在长沙湘江的船上送给我的,
　　　　写的都是他当年在新疆时的所思所想。那是我们第一次见
　　　　面,他只是听胡林翼介绍过我的情况。我当时只是一个教书
　　　　先生,从未涉足官场。你说林大人他怎么就认定这些东西会
　　　　对我有用呢?

施补华　林大人绝非凡人。

左宗棠　就连我自己都没意识到,这些东西会伴随我一起重返新疆。
　　　　我在离开福建的时候,为了请沈葆桢主持船政事务,"三顾茅
　　　　庐"请他出山;最后一次,就是用他岳父林大人的这件遗物激
　　　　将而出的。

施补华　大人,时间不早了,早点休息吧!

左宗棠　你拿去看看,写奏章的时候用得着。

施补华　好的。

施补华收拾文札,随后离开。

张茹端一碗吃食走来,面对左宗棠。

张　茹　大人,这碗莲子羹,趁热喝了吧!

左宗棠慢慢吃着,张茹默默站在一旁看着。左宗棠拍拍座椅,示意她

坐下。

左宗棠　让你跟着我在这里吃苦了。

张　茹　我不苦。就是看着大人这么劳累,我心里难受。

张茹说着流下眼泪。

左宗棠　你出来这些日子,家里出了那么多事,老四孝同还没成年……

张　茹　家里还有好几个哥哥姐姐呢!

左宗棠　你出来时间不短了,也该回去了。

张　茹　大人,你就让我跟着你吧! 你看你每天过的什么日子,我在
　　　　这里,起码比那些孩子想得周到些。诒端姐姐临终的时候特
　　　　别嘱咐我,一定要照顾好大人。

左宗棠　(用手搂着张茹的肩膀)宗棠此生有你和诒端两位夫人相陪,
　　　　死而无憾啦! 那你就再住些日子,等我们起兵的时候,再走。

68.紫禁城,养心殿

四岁的光绪皇帝端坐龙椅之上,两宫皇太后垂帘听政。恭亲王奕䜣、
军机大臣文祥等禀报各大臣的复奏。

旁　白　同治十三年(1874)十二月初五,同治皇帝驾崩。四岁的光绪
　　　　皇帝继位,两宫皇太后继续垂帘听政……

奕　䜣　直隶总督李鸿章认为:新疆旷地,收复不值,将来亦断不能
　　　　守;宜停撤西征军,以匀作海防军饷。

慈　禧　持这种意见的人有多少?

奕　䜣　一共十五份奏折,支持以海防为重者居多。

慈　禧　塞防呢?

文　祥　回太后,主张以塞防为重的有湖南巡抚王文韶、山东巡抚丁宝桢、江苏巡抚吴元炳、漕运总督文彬等人。

慈　禧　左宗棠怎么说?

文　祥　回太后,此事要求一个月内奏复,西北路途遥远,无法按时完成奏复,故没有征求左宗棠的意见。

慈禧与慈安耳语。

慈　禧　奕䜣和文祥留下,其他人下去吧!

李莲英　退朝——

四岁的光绪皇帝高兴地跳下龙椅就跑了……

慈　禧　你们两个什么意见?

奕　䜣　臣以为应以海防为重。

文　祥　臣以为应以塞防为重。

慈　禧　此事重大,还是听听左宗棠的意见为好。

奕䜣、文祥　臣领旨。

69.兰州,左宗棠总督府

左宗棠　(对施补华)向朝廷奏陈,免甘肃积欠钱粮。

施补华　是。

虞绍南匆匆进屋,呈上一个信封。

虞绍南　大人,折差到,军机处六百里加急文书。

左宗棠　又是什么事这么急?

左宗棠走到书案前,坐下,打开信封,看着看着,神情变得严肃起来。

施补华和虞绍南都神情紧张地看着他。

左宗棠看完军机处密函,递给施补华,面对虞绍南。

左宗棠　把刘锦棠和徐占彪叫来。

虞绍南　是。

施补华　大人,"刻下情形如可暂缓西征,节饷以备海防,原于财用不无裨益",这是要我们撤军啊!

左宗棠　下面不是还有"统筹全局,究应如何办理之处"嘛!

施补华　"着该大臣酌度相宜,妥筹具奏。"那就是要听大人的意见了。

左宗棠　我先听听他俩的意见。

虞绍南　大人,刘锦棠、徐占彪提督到。

左宗棠　快请他们进来!

刘锦棠和徐占彪入来,拱手致礼。

刘锦棠、徐占彪　督帅!

左宗棠示意施补华把军机处密函给他们看。

左宗棠　这是朝廷给我的密谕,你们看看。

左宗棠说完,静静地观察他们的神情。

刘、徐二人看完密谕,都跳了起来。

徐占彪　督帅,这是什么话?难道咱们辛辛苦苦打到这里,都白打了?

刘锦棠　督帅,这放弃新疆、专注海防之议,未免偏颇了些,恐怕不行吧?

左宗棠故意耷拉下眼皮,不看他们二人,长叹了一口气。

左宗棠　唉!朝廷也有朝廷的难处啊!

刘锦棠　那督帅打算怎样复奏呢?

左宗棠　怎么复奏?自然是体恤朝廷的苦衷啦!

刘锦棠用怀疑的目光看着左宗棠,似有窥探内心的意图。

徐占彪心直口快,早已按捺不住愤怒,对左宗棠吼起来。

徐占彪　督帅糊涂了吗?我们千里迢迢跑到这里来,流血牺牲,为了
　　　　什么?督帅六十多岁,拖着生病的身体,靠前指挥,出生入
　　　　死,为了什么?

左宗棠　唉!此一时,彼一时。如今是保海防要紧啊!

徐占彪不知如何是好,一把拉住刘锦棠。

徐占彪　刘提督,督帅糊涂了,你快劝劝他老人家吧!

刘锦棠看出左宗棠是在故意逗他们,而不明就里的徐占彪都要急哭
了,于是刘锦棠也故意"演戏"逗他。

刘锦棠　徐提督,督帅说的在理啊!

徐占彪　什么在理?

刘锦棠发现,左宗棠和施补华也都一脸讶异。

刘锦棠　督帅说的在理。如今朝廷有海防之患,是万万顾不上西北的。
　　　　既然西北难以收复,收复后又难以管辖,不如放弃。督帅多年
　　　　以前就创办了福建船政,也是有先见之明。当下筹办新式水
　　　　师,朝廷应该不会忘记督帅这位船政元勋。不过……

刘锦棠故意卖了个关子。左宗棠坐直了身子。

左宗棠　不过什么?

刘锦棠　(慢条斯理地)不过督帅年纪大了,恐怕经不起海上的风浪。
　　　　哎!沈葆桢不是在督办海防吗?他又是福建船政大臣。干
　　　　脆,督帅保荐他为水师提督,咱们兄弟也去帮办一下……

刘锦棠话音未落,左宗棠气得猛拍一下桌子。

左宗棠　好你个刘锦棠!

刘锦棠憋不住笑,赶紧转过脸去捂着嘴笑。

左宗棠没有看见刘锦棠在笑,在屋中一边踱步,一边生气。

左宗棠　沈葆桢,让他办水师,还不把水师办到日本去了!想让老夫推荐?呸!老夫收复新疆之后,第一件事就参掉他沈葆桢!还说我老了,我老吗?

刘锦棠忍不住笑,捂着肚子蹲到地上。

徐占彪一脸懵懂,看看左宗棠,又看看刘锦棠,不知他俩在演什么戏。

施补华在一边看得清楚,知道怎么回事,就拦住左宗棠,让他看蹲在地上的刘锦棠。左宗棠这才停止了咆哮。

刘锦棠见左宗棠不吭气了,忍住笑,拱手施礼。

刘锦棠　督帅,我本来是配合你演戏给徐提督看的,督帅怎么自己也当真了?

左宗棠一屁股坐在椅子上,自己也忍不住笑了起来。

大家笑够了,刘锦棠一本正经地面对左宗棠。

刘锦棠　督帅,阿古柏不可不打,新疆不可不平,西北不可不保啊!

徐占彪看到刘锦棠的态度,上去捣了刘锦棠一拳。

徐占彪　原来你小子也来耍我!

左宗棠示意他们两个坐下,又示意施补华坐下。

左宗棠　占彪、锦棠,今天我找你们来,就是要商量一下复奏的事。刚才都是玩笑,你二人不愧是我左宗棠的左膀右臂。日本人在台湾闹事,给朝廷敲了警钟。我认为,海防不能丢,塞防也不能丢。眼下朝廷的难处我能体谅,但新疆我是不会放弃的,西北我是不会放弃的。朝廷要听我的意见,我们来一起研究一下,这个复奏怎么写。

70.兰州,节园(今兰州市委所在地)

左宗棠带刘锦棠、徐占彪、施补华一起游览节园。

节园是总督府的私人公园,位于督署后,逼近北城根,登高可见附近的河山。

左宗棠　为了写那个复奏的折子,熬了一个通宵,都累坏了吧?

刘锦棠　我们年轻,还好。

左宗棠　我老了,脑子都木了,今天出来换换脑子。

徐占彪　督帅要注意身体,下面还有很多事要干呢!

左宗棠　住到这里有些日子了,一直也没到处走走。

刘锦棠　那会儿天冷,也没什么好看的。

左宗棠　甘肃闹"回乱"十余年,百姓日子太苦了! 这里环境这么好,
　　　　应该在春暖花开的时候对百姓开放两个月,供百姓游玩。这
　　　　样,当地的百姓才会觉得,官府是真正关心爱护他们的。

刘锦棠　督帅想得远,想得深。

徐占彪　也可以让当兵的来玩儿。这大西北,好玩儿的地方太少了!

左宗棠　让他们在院内安几口大锅,备一些瓷碗,烧茶免费供应游客。

施补华　是。

71.紫禁城,养心殿

四岁的光绪皇帝及两宫皇太后与大臣奕䜣、文祥等议政。

慈　禧　左宗棠《复陈海防塞防及关外剿抚粮运情形折》,我认真看了

两遍。奕䜣、文祥,你们都看了吧?

奕　䜣　回太后,臣看了。

文　祥　臣也看了。

慈　禧　说说你们的看法。

奕　䜣　之前,李鸿章、沈葆桢等主张重视海防,王文韶、丁宝桢等主张重视塞防。左宗棠则表示"东则海防,西则塞防,二者并重",倒是谁都不得罪。不过臣觉得,他说的好像有道理。

文　祥　臣与恭亲王同感。

慈　禧　你们说说,左宗棠有道理在哪里?

奕　䜣　李鸿章说,新疆各城,自乾隆年间始归版图,开辟艰难,即无事时,岁需兵费尚三百余万两,徒收数千里之旷地,而增千百年之漏卮,已为不值。现在外部势力强大,即勉图恢复,将来断不能久守。左宗棠认为,加强海防并没有错,但我国的国防必须海塞兼顾,不得偏废,而收复新疆的根本目的在于防俄。李鸿章把新疆称为"漏卮",白花冤枉钱,将来还守不住。左宗棠则把新疆称为"藩篱"。你把庭院的篱笆拆了,却要求外来者在篱笆的位置上止步,可能吗?

慈禧和慈安都点头表示赞同。

慈　禧　文祥,你怎么看?

文　祥　臣以为,左宗棠是对的。自古以来,西部稳则国家安,西部乱则国家危。历史兴衰清晰地映示了西部稳定与国家安全和发展的关系。乾隆皇帝更是一针见血地指出:西北塞防乃国家根本。所以,如果放弃新疆,失去的绝不仅仅是一个新疆,还会导致后患无穷,就连北京也将变成一座边城,国家将永无宁日。至于说到匀款东就的问题,海防用款完全可以自己解决。现在西北的饷银不是多,而是奇缺。各省的助款多有拖欠,早在同治十二年(1873)十月初七,左宗棠曾在万般无奈之下,写了《恳改拨的饷以固军心折》,当时肃州战役刚结束。他说:截至本年九月,共欠军饷一千七百九十六万余两,而臣军近数年仅能发年终一月满饷……可见,放弃新疆,是战略错误;匀款东就,也无可能。总之,臣支持左宗棠,进军新疆。

慈禧与慈安耳语。

72.兰州,左宗棠总督府

大夫在给左宗棠用药水洗眼睛。

大　夫　大人的眼疾越来越重了,以后要尽量少看书,出门一定要戴上我给你配的墨镜。西北的风沙大、阳光强,戴上墨镜可以保护眼睛。

左宗棠　嗯,人一上了年纪,什么毛病都来了。

虞绍南持一封信进屋,面对左宗棠。

虞绍南　大人,直隶总督李鸿章大人来信。

左宗棠　哦?李大人给我写信,少见!有什么事?说给我听听。

虞绍南看了一下信的内容。

虞绍南　李大人说,去年"天津教案"之后,云南又发生了一起涉外事件。英国一支探险队从印度进入云南,与当地民众发生冲突,一名叫马嘉理的翻译官被杀,英国公使威妥玛扬言,要调兵攻打云南。现在,有几个在我国游历的俄国军人,要取道甘肃,出关回国。朝野上下都担心英国与俄国勾结,一南一北,共同进犯我疆土。此次俄军到访甘肃,有可能要探虚实、搞情报,请左大人千万不要将我军实况暴露给俄国人。

左宗棠　(笑)我倒是想探探俄国人的虚实。

73.左宗棠总督府

左宗棠会见索斯洛夫斯基上校一行。

旁　　白　1875年(光绪元年)5月23日,俄国军官索斯洛夫斯基上校一行五人抵达兰州。左宗棠以陕甘总督的身份接待了他们。左宗棠在会见中得知,索斯洛夫斯基就是俄国侵占伊犁那支军队的最高指挥官。

左宗棠　上校先生,外间传说,贵国与英国订约,准备结盟侵犯我国,有无此事?

索斯洛夫斯基　我们与英国没有订约。我们在伊犁驻兵,是为了防止回军和阿古柏侵犯伊犁,危及俄国。我们不是针对贵国的。等你们收复了迪化和玛纳斯后,我们就会交还伊犁。

左宗棠　我们肯定要收复新疆。

索斯洛夫斯基　可是你们一直按兵不动,为什么?

左宗棠　不是按兵不动,是稳扎稳打、步步为营。你也是军人,一定懂得"兵马未动,粮草先行"的道理。我军这么多人马,粮草是个大问题。我要让我的军队先在这里开荒种地,有了足够的粮食,才能"士饱马腾"。

索斯洛夫斯基与同伴露出恍然大悟的表情。

索斯洛夫斯基 左先生,我们可以帮你从俄国采购粮食,给你运到迪
化。

左宗棠 那当然好。这件事,我让下面的人与你具体磋商。

索斯洛夫斯基随从甲,看到墙上挂的大幅地图。

随 从 我们上校精通地理学,他画的大清国地图非常精细。

左宗棠 是吗?

索斯洛夫斯基让随从甲拿出一幅俄文版的大清国地图给左宗棠看。

左宗棠看了看。

左宗棠 不错,不错。上校先生,你是根据什么绘制出这张地图的?

索斯洛夫斯基 是根据贵国康熙时代的地图摹绘而成的。

左宗棠 (哈哈大笑)康熙时代的地图虽然精致,但乾隆时代又有所补
充,就更为精准了。

左宗棠面对在一旁做记录的施补华。

左宗棠 去拿一幅《乾隆内府舆图》来!

施补华 是!

《乾隆内府舆图》拿来了,索斯洛夫斯基展开地图,他与他的随从都情
不自禁地露出惊诧的神情。

左宗棠则满脸得意。

74.兰州街道上

左宗棠带领索斯洛夫斯基等人走在街道上。前面有亲兵开道,施补华

等人随后而行。

左宗棠　作为军人,我想你一定对枪炮感兴趣。今天带你去看看我的
　　　　制造局,也就是兵工厂。

索斯洛夫斯基　我最佩服的是英国、法国和普鲁士制造的武器,没听
　　　　　　说你们大清国也能制造枪炮。

左宗棠　看了你就知道了。

75.兰州制造局(兵工厂)

左宗棠带领客人参观车间。

一行人来行一台六英尺的车床前。

左宗棠　这是我们从普鲁士进口的车床,花了不少银子啊!

索斯洛夫斯基等人很是吃惊。

索斯洛夫斯基　没想到,没想到,你们还有这么好的车床……

76.兰州制造局射击场

左宗棠介绍摆在台子上下的各种火炮和枪支。

左宗棠　这些都是按照法国、普鲁士的枪炮仿造的产品。

左宗棠面对试射员。

左宗棠　给客人表演一下。

几名试射员用各种武器进行射击。枪响靶落,弹无虚发。炮击的威力
也很大。索斯洛夫斯基等人深受震撼。

左宗棠　你们想不想试试?

索斯洛夫斯基等人跃跃欲试,每人端起一支枪开始射击。也是枪响靶

落,弹无虚发。

索斯洛夫斯基　没想到你们还有这么好的武器,和普鲁士的产品相
　　　　　　　比,精密度一点儿都不差。

左宗棠　把你们那些宝贝都让客人看看。

试射员甲　是,大帅!

试射员甲打开一个仓库大门,一大批新造的武器展现在众人面前。

索斯洛夫斯基顿时"哇"了一声,看傻了眼。

索斯洛夫斯基　这是模仿的哪国的武器?

左宗棠　这是我们自己独创的产品。这个叫"大洋枪",这个叫"小车
　　　　轮炮",这个叫"三脚劈山炮"。

左宗棠面对试射员。

左宗棠　都给客人表演一下。

试射员甲　是,大帅!

几个试射员把各种武器都试射了一番。

索斯洛夫斯基震惊之余,似乎又不服气。

索斯洛夫斯基　你们制造枪炮的钢材是进口的吧?

左宗棠　都是本局自己炼制的。

索斯洛夫斯基不再多问什么,一边沉思一边点点头。

77.左宗棠总督府,夜

施补华　大人,李鸿章大人来信不是说,俄国人是来探虚实、搞情报
　　　　的,千万不要将我军的真实情况暴露给俄国人吗?

左宗棠　与外国人打交道,既要讲理,也要讲势。势,就是实力、威力。

实力强、威力大,理就足。让他们看看我们的实力,有好处。

78.兰州,节园

节园开放,民众欣喜。花红柳绿,游人如织。

左宗棠身穿便装,携张茹及随从也来了。随从中有施补华、虞绍南、王青龙、湘伢子等。

左明瑞和董月桂身穿便服跑来,向左宗棠和张茹致礼。

左明瑞、董月桂　义父! 义母!

左宗棠　哈! 你们也来了! 正好,陪着你义母到处转转。

左明瑞　好嘞!

董月桂　义母,这些日子太忙,也没去给义母请安。

张　茹　你们好好的,比什么都好! 月桂,你怎么还不怀个孩子?

董月桂　义母,现在我们的主要任务是跟义父收复新疆,生孩子的事,以后再说!

节园的另一处,左宗棠在一个茶摊前喝茶。

刺客华尔秃在一个妖艳女子的陪伴下,来到茶摊,要了一碗茶,近距离打量着左宗棠。

王青龙本能地站到华尔秃与左宗棠中间。王青龙用犀利的目光瞪了华尔秃一眼。

79.兰州,左宗棠总督府,卧室,夜

左宗棠两脚泡在铜盆里,用脚搓脚。他手里拿了一份文稿在看,旁边是林则徐送给他的装新疆材料的木匣,敞开着。显然,左宗棠手中拿

的文稿就是匣中的文稿之一。

张茹进屋,要给他洗脚。

左宗棠　不用了,不用了。泡一下就行了。

张茹用脚巾给他擦脚。

张　茹　大人今天也累了,早点休息吧!

左宗棠放下文稿。

左宗棠　不急,我想跟你说说话。

张　茹　(高兴)好,我马上来。

张茹端着铜盆出去倒洗脚水。

左宗棠细心地将文稿放进木匣,将抽拉的盖子插好。

张茹去而复来,看见左宗棠向上伸展双臂,在伸懒腰。

张　茹　我给大人捶捶背吧?

左宗棠　嗯,好。

张茹给左宗棠捶背。

左宗棠　舒坦。

张　茹　那我每天睡觉前,都给你捶一会儿。

左宗棠　等以后回柳庄吧!

张　茹　大人,你是要撵奴家走?

左宗棠　夫人,不是撵,是和你商量。

张　茹　如果是商量,我不同意!

左宗棠　大军即将移师肃州,那里久经战乱,已是荒凉的空城。官兵
　　　　皆住帐篷,生活条件太差。

张　茹　我不怕,只要能侍候大人。

左宗棠　我身边有那么多亲兵呢！

张　茹　他们乳毛还没褪，哪里会侍候人？

左宗棠把张茹拉到身边坐下，抚摸着她的手。

左宗棠　你看你的手，到了西北，粗糙多了。

张茹想把手抽回去，被左宗棠攥住了。

左宗棠　这次你必须走。

张茹把头歪左宗棠的肩上，流下眼泪。

张　茹　大人，让我在这陪你吧！我不想走……

左宗棠　我这辈子，可能是前世修来的福，可能是左家祖宗乐善好施
　　　　的回报，我居然有两位贤惠的夫人。当年，我与诒端成婚，你
　　　　帮助操持家务。后来，诒端生了两个女儿，承蒙岳母和诒端
　　　　开明通达，说服我收你为二夫人。诒端体弱多病，婚后甚少
　　　　云雨之欢。你的身份转换，给我弥补了些许遗憾，也使左门
　　　　这一支人丁兴旺、枝繁叶茂。养育子女，操持家务，你的功劳
　　　　最大。

张茹泪水涟涟，却满脸笑容。

张　茹　（哽咽）大人过奖了，奴家是尽为妻的本分而已。

左宗棠　（自顾自地）早年，我屡试不中，便无意功名，打算以农夫没
　　　　世。本来，我们可以在柳庄安居乐业，不料世事多艰，太平军
　　　　的出现，打乱了我们平静的生活。督府大人们多次访顾寒
　　　　舍，请我出山。我早年有愿，虽身无半亩，却心忧天下，当国
　　　　家有难时，我不能袖手旁观。此后，我便戎马倥偬，与二位夫
　　　　人离多聚少，鲜有团聚。就连诒端离世，我也不能回去为她

送行……

说到这里,左宗棠已是老泪纵横。张茹拿起手帕为他擦去眼泪。

张　茹　诒端姐姐并没有责怪大人。她临终前还嘱咐我,一定要好好
　　　　侍候大人……

左宗棠　你回去以后,替我在她坟前念叨念叨,容我收复新疆以后,再
　　　　去为她烧香祈福。

80.左宗棠总督府,晨

一匹快马奔入兰州城,驰向总督府……

驿马冲进总督府,轰然倒地,幸亏驿卒机警,一纵身跳了下来,大声叫喊。

驿　卒　上谕! 六百里加急快递! 左总督接旨!

左宗棠等人跪地听旨。

画外音　左宗棠奏海防、塞防实在情形,并遵旨密陈各折片,览奏均悉。
　　　　所称关外应先规复乌鲁木齐,而南之巴、哈两城,北之塔城,均
　　　　应增置重兵,以张犄角。若此时即拟停兵节饷,于海防未必有
　　　　益,于边塞大有所妨。所见甚是。左宗棠着以钦差大臣督办
　　　　新疆军务,金顺着帮办新疆军务,调景廉和袁保恒回京供职。

左宗棠听完上谕,激动万分,泪流满面,叩谢不止。

左宗棠　臣左宗棠叩谢皇上、皇太后隆恩! 愿皇上、皇太后万岁,万
　　　　岁,万万岁!

81.一组过场戏镜头

一面“左”字大旗迎风招展。一路大军浩浩荡荡前进在西北大漠

上……

旁　白　光绪二年(1876)三月,左宗棠将西征军统帅部从兰州迁往肃
　　　　州,开始为大部队进军新疆做准备……

82.肃州,左宗棠西征军总部大帐

左宗棠主持军事会议。刘锦棠、徐占彪、董福祥等将领在座。

左宗棠　根据情报,在我军打通新疆通道的这几年中,阿古柏从英国和
　　　　土耳其引进了很多先进武器,有后膛枪、来福枪、手枪和机关
　　　　枪。他还在英国人的帮助下,建立了生产和改装武器的工厂、
　　　　火药厂、铸炮厂。他有炮兵和步兵,有英国工匠和土耳其教
　　　　官。如今,他的部队已经不是以前的流寇土匪了。另外,"回
　　　　乱"头领白彦虎也投靠了他。大上个月,我军冯桂增在攻打玛
　　　　纳斯城的时候失利,桂增战死。所以,我军要"缓进急战,先迟
　　　　后速,致力于北,收工于南"。目前最困难的是筹粮。只有让
　　　　士兵吃饱了肚子才能打仗……

83.运粮驿站

一些运送粮草的运夫在休息,其中有在前面(左明瑞被野猪惊吓的那
场戏)出现过的中年农民和青年农民。

左宗棠在随从的陪同下策马而来,中年运夫认出了左宗棠,面对其他人。

中年运夫　督帅来了!

左宗棠下马,面对众运夫。

左宗棠　大家辛苦啦!

中年运夫　督帅辛苦！

左宗棠　你们从哪里来？

中年运夫　哪里的都有。我是平凉的,他是河州的,还有凉州的。

左宗棠　感谢你们为国效力。

中年运夫　我们还要感谢督帅送给我们的大锣呢！

左宗棠　哦？那些大锣还好用吧？

中年运夫　多亏了那些大锣！

青年运夫　大帅,我有件事情……

中年运夫　不叫大帅,叫督帅。

青年运夫　他是这里的老大,叫大帅也没错！

左宗棠　错了！现在,运夫是老大,百姓是老二,我是老三。我在我们
　　　　　家排行老三,外号"左老三"。

运夫们都乐了。

左宗棠　你有什么事？

青年运夫　我想当兵,加入你们的队伍。

左宗棠　好啊！不过你现在是老大,等你把粮食运到地方,再回来找
　　　　　我"左老三",好不好？

84.萝卜地

运粮车队路过一块萝卜地,中年运夫口干舌燥,忍不住跑到地里拔了
一个萝卜,在身上蹭了几下,便大口吃起来。

其他人也想去拔萝卜,刚巧被种萝卜的老农看到,他大喊起来。

老　农　哎！哎！干什么？

其他人连忙离开萝卜地。

老　农　你怎么随便拔我的萝卜？

中年运夫　老子千里迢迢运送粮草，口干舌燥，拔个萝卜解解渴，你吆喝什么？

老　农　你这个人好不讲理，我在这片干旱的沙漠边缘开荒种萝卜，费了多大的力气！这萝卜是给你吃的吗？

中年运夫　不给我们吃，给谁吃？左宗棠都尊我们为"老大"，吃你个萝卜，看把你小气的！

老农一把拽住中年运夫。

老　农　左大帅带的兵，都是不欺压百姓、不乱拿百姓东西的。你怎么敢违反军规？走，找左大帅评理去！

中年运夫　走就走！

85.左宗棠大帐

左宗棠正在看文件，外面传来嘈杂声。

左宗棠　谁在外面喧哗？

虞绍南　是来找大人评理的百姓。

左宗棠　哦？让他们进来。

虞绍南把老农和中年运夫带进来。

左宗棠　（笑）又见面了！

老　农　大帅！他拔我萝卜吃，还说是你让他拔的。

左宗棠　到底怎么回事啊？

中年运夫　是这么回事：路上我口渴难耐，看见一片萝卜地，就拔了一个。我没说是你让我拔的，只说"左宗棠都尊我们为'老大'，吃你个萝卜，看把你小气的"！

左宗棠　我尊你们为老大，没错，可你拔人家的萝卜就不对了。如果随便拔，萝卜拔光了，老农吃什么啊？

老　农　我就说嘛！左大帅的军队是不欺压百姓的！

左宗棠　我说过，运夫是老大，农民是老二，我是老三。现在老大因饥渴吃了老二一个萝卜，这算不了什么大事，不值得争吵。在我看来，老二种萝卜有功，老大吃萝卜合理。

老农一听傻了眼。

左宗棠　老二，你种萝卜不全是自家吃的吧？

老　农　自己留下一小部分，主要是拿去卖。

左宗棠　这就好办了。老二种萝卜，老大吃萝卜，我这个老三付萝卜钱，合情合理。

虞绍南一听左宗棠这么说，立即从内房里拿出一串铜钱，递给农夫。

左宗棠　够不够？

老　农　够了，够了！我再给他们一些萝卜。

86.驿道上

中年运夫把一些萝卜分给大家。

中年运夫　（得意地）这是左督帅托我送给大家的。

长龙一般的运粮车队，车轮滚滚，急流一般向前流去……

有人扯着嗓子唱起高亢的秦腔："天翻地覆世间稀，水往西流古今奇。进宫辞别王公主,去到唐营比高低……"

其他运夫也跟着吼起来。

87.老湘军营帐,夜

一群老湘军兵勇在聊天儿。

兵勇甲　我们生长在南方,去新疆沙漠地带,水土不服,气候也不适
　　　　应,恐怕是肉包子打狗——有去无回了!

兵勇乙　与其死在关外戈壁滩上,不如死在关内算了。

兵勇丙　听说新疆沙漠比甘肃还多,沙暴一来,全军覆没。

兵勇丁　还有,早晚气候温差大,那里是"早穿棉衣午穿纱,围着火炉
　　　　吃西瓜"。

兵勇戊　说是夏天的沙漠能把鸡蛋烤熟,冬季的大雪能把手指冻
　　　　掉……

众兵勇听了,浑身打寒战。

88.练兵场

众兵勇精神萎靡,毫无士气。

刘锦棠面对自己的亲兵。

刘锦棠　小兔子,你去打听打听,出什么事了? 我感觉不太对劲儿。

小兔子　是!

89.左宗棠大帐

左宗棠与施补华在写奏章。

左宗棠　大军即发,新疆失地尽可收复,奏请新疆建行省,改郡县……

帐外传来沉重的脚步声。

虞绍南　大人,刘锦棠将军求见。

左宗棠　快让他进来。

刘锦棠入账,拱手施礼。

刘锦棠　大人,末将有急事相报。

左宗棠　讲。

刘锦棠　老湘军即将出关,下面突然出现畏战、厌战的情绪。目前士
　　　　气低落,对出关作战非常不利。

左宗棠　是个别人,还是很多人?

刘锦棠　很多人。

左宗棠　如果是个别人,可杀一儆百,以儆效尤;若是人数较多,就不
　　　　好办了。要认真对待,不能简单化,要想办法鼓励他们去克
　　　　服困难。

二人沉默,各想心思。

刘锦棠　有了! 我有办法了!

左宗棠　哦,说说看。

刘锦棠　记得大人曾讲过,宋朝大将狄青用占卜的办法激励士气,收
　　　　效甚好,我们不妨也试一试?

左宗棠　(笑)利用这种办法调动军队的战斗情绪,可以试一试。

90.老湘军大营

兵马列队,旌旗飘扬。然而士气并不高涨。兵勇甲、乙、丙、丁、戊,神

情忧郁。

点将台上,一位将官高声宣布命令。

将　官　请钦差大臣、陕甘总督左大帅讲话!

刘锦棠陪着左宗棠向台上走去。

突然,一个兵勇从队伍中跳了出来,高声叫喊着向左宗棠冲过去。

兵　勇　左大人!左大人!我有要事报告……

保镖王青龙见状,急忙跑过去拦住他,不让他靠近左宗棠。

兵　勇　左大人!我是刘老将军派来的,有事要向大人报告!我是刘
　　　　老将军派来的……

那兵勇像疯了一样大声叫嚷,队伍顿时乱了起来。

左宗棠停下脚步,对王青龙挥挥手。

左宗棠　让他过来说话!

王青龙闪开身,那兵勇走到左宗棠身前,他双膝一跪。

兵　勇　大人,我是刘老将军派来的。刘老将军要出关打先锋,到新
　　　　疆去杀叛贼白彦虎,可是好久不发军饷了,无衣无食,怎么能
　　　　打仗?

左宗棠　你说的是哪个刘老将军呀?

兵　勇　难道左大人忘了老部下?刘老将军就是刘松山啊!他的队
　　　　伍不发军饷,怎么到新疆去打仗?刘老将军派我来向左大人
　　　　报告,快给我们发三个月的军饷……

左宗棠　(做恍然大悟状)放心吧,快去向刘老将军汇报,我现在就派
　　　　人发军饷。

那个兵勇听了,"啊呀"一声,仰面倒在地上,不省人事。

刘锦棠的亲兵上前把他扶起,有人唤他的名字:"二狗!二狗!你醒醒!"
被唤作二狗的兵勇,渐渐苏醒过来,挣脱开众人,像是什么事都没有发生过一样,走回原来的队伍里去了。

经过二狗这一闹腾,老湘营的队伍一片窃窃私语,兵勇甲、乙、丙、丁、戊更是面面相觑。

兵勇甲　老将军的灵魂还没走,一直在跟着我们?

兵勇乙　老将军死不瞑目啊!

兵勇丙　老将军要跟着我们一起去杀叛贼!

兵勇丁　我们一定要为老将军报仇雪恨!

兵勇戊忽然哭了。

兵勇甲　你哭什么?

兵勇戊　老将军就是死在我的怀里的……

左宗棠站在点将台上,刘锦棠站在他的一侧。

左宗棠　(高声)老湘营的将士们!刚才大家都看到了,老湘营的首领刘松山老将军的灵魂还在我们的军营中。他托人捎信来了,要去新疆剿杀叛贼白彦虎,还为老湘营的将士们讨要军饷,我很受感动。老将军的英灵在,老湘营的军魂就在。我在这里告诉大家,也告诉老将军:老湘营的军饷都准备好了,就在乌鲁木齐。到了那里就可以领了。

左宗棠的讲话让老湘营的全体将士激动不已。兵勇甲、乙、丙、丁、戊交头接耳,议论纷纷。部队的士气被鼓动起来了。

左宗棠　拿酒来!

刘锦棠的传令兵小兔子立即提了一坛子酒上来,倒了三碗酒。

左宗棠端起一碗酒。

左宗棠　这一碗,敬天,也敬刘老将军的在天之灵。

左宗棠说完,将碗中的酒向空中泼了出去。

左宗棠　(端起第二碗酒)这一碗,敬地,也敬老湘营埋在地下的壮士。

左宗棠说完,缓缓把酒浇在地上。

左宗棠　(端起第三碗酒)这一碗,敬出征的将士。给各队的领军先倒
　　　　上。今天就不能一一敬大家了。给大家讲个故事吧!这里
　　　　现在叫"肃州",西汉的时候叫"酒泉"。为什么叫"酒泉"呢?
　　　　有两个说法。一是因"城下有泉""其水如酒"而得名;二是传
　　　　说有一次,西汉大将军霍去病打了胜仗,皇上奖励他一坛美
　　　　酒,他想,这一坛酒哪里够全体将士喝啊,就把酒倒入泉水
　　　　中,让大家一起痛饮,后来人们就把这里叫作"酒泉"了。

左宗棠见台下领军酒已倒好,刘锦棠也端了一碗。

刘锦棠　等大家凯旋的时候,我们还在这里,在酒泉,开怀畅饮!我左
　　　　宗棠敬大家了!

左宗棠说完,一饮而尽。

刘锦棠也一饮而尽。

领军们也一饮而尽。

刘锦棠　收复新疆,还我河山!

全体将士　(齐声高喊)收复新疆,还我河山! 收复新疆,还我河山!

91.一组老湘军进军新疆的镜头

一幅收复新疆的地图,红色箭头在不断前进:古城——吉木萨尔——

阜康——古牧地……

叠印老湘军冲锋陷阵的画面……

旁　白　老湘营进军新疆,摧枯拉朽,所向披靡,攻古城,克吉木萨尔,平阜康,收古牧地……曾经不可一世的阿古柏匪徒,尽管有外国教官指导,有先进武器装备,但是在西征将士的猛烈冲击下丢盔弃甲,仓皇而逃……

92.迪化(乌鲁木齐),阿古柏伯克府

"伯克"系突厥语音译,意为"首领""管理者"等。

阿古柏　这个刘锦棠,到底是个什么人物? 我的精锐部队为什么在他面前不堪一击?

白彦虎　他是左宗棠手下的老湘营统领,善打硬仗。固若金汤的金积堡就是他攻下来的,城墙坚固的肃州城也是他攻下来的。

阿古柏　这么说来,你作为他的手下败将,也就没什么丢人的了。

白彦虎　伯克大人,你这是什么意思?

阿古柏　不是吗? 你从甘肃逃到青海,又从青海逃到新疆,屡战屡败,屡败屡逃,我说错了吗?

白彦虎　也对。那左宗棠和刘锦棠的厉害,你现在也知道了吧?

阿古柏　可是他们孤军突进,毕竟粮草供应困难,只要我们守住城池,他们是耗不起的。如果守不住城池,就把粮草都烧掉,绝不能留给他们!

白彦虎　伯克大人言之有理。

阿古柏　把你的人马调整一下,我们一起和官军对抗!

93.一组过场戏镜头

刘锦棠带兵进攻迪化(乌鲁木齐)城……

旁　白　光绪二年(1876年)六月二十九日,刘锦棠攻克乌鲁木齐,阿
　　　　古柏和白彦虎带领亲兵逃跑……

刘锦棠带兵攻打达坂城……

旁　白　光绪三年(1877年)三月,刘锦棠攻克达坂城……

94.达坂城

官军兵勇甲在给一群维吾尔族、哈萨克族的俘虏训话。

兵勇甲　你们谁会汉语?

一个俘虏举手。

兵勇甲　你叫什么名字?

俘　虏　库尔班·热合曼。

兵勇甲　好,库尔班·热合曼,你告诉他们,官军现在放他们回家,以后
　　　　不要再给阿古柏卖命了。

库尔班·热合曼　明白,长官。

兵勇甲　你带他们走吧!

库尔班·热合曼　谢谢! 长官。

95.托克逊,阿古柏住处

阿古柏的次子海古拉向阿古柏报告。

海古拉　父王,有一群从达坂城被俘又被释放的士兵,他们把达坂城

失守的消息传到托克逊,引起这里的极大恐慌。

阿古柏　这些瓦解军心的危险分子,你去把他们都处理掉! 绝不能让这种瘟疫一样的东西蔓延。

海古拉　是!

96.托克逊,阿古柏住处外

一个不大的院子,聚集了几十个人。

海古拉带着几个带枪的手下走来,下达命令。

海古拉　从达坂城来的人,集合!

库尔班·热合曼见势不妙,没有站过去,而是退到一些当地人的身后,躲到了大门外面。

有十几个人集合站队。

海古拉　都转过去!

等几个人转身之后,海古拉举手往下一挥,顿时枪响,十几个人倒了下去。

海古拉　谁再造谣惑众、动摇军心,就是这个下场!

其他人都战战兢兢、频频点头。

躲在门外的库尔班·热合曼撒腿就跑。

97.达坂城,"老湘营"大营

库尔班·热合曼带着十几个人跑来,找到兵勇甲。

库尔班·热合曼　队长!

兵勇甲　你们没走？

库尔班·热合曼　队长,我们到了托克逊,阿古柏说我们动摇军心,把
　　　　　　　很多人杀了。我们是侥幸逃出来的。让我们跟你干
　　　　　　　吧！阿古柏太凶残了！

兵勇甲　这个事,我得请示长官。

98.一组过场戏镜头……

刘锦棠带兵攻打托克逊,库尔班·热合曼等人也在其中……

旁　白　刘锦棠率领老湘营继续南进,直捣托克逊城,阿古柏仓皇逃
　　　　走……

99.库尔勒,阿古柏住处

阿古柏像一只困兽一般,烦躁地走来走去。

录事尼牙斯拿了一份文件进屋。

尼牙斯　伯克大人,这里有一份文件,有272名新疆上层人士签名。

阿古柏　什么文件？

尼牙斯　写给官军的求和信。

阿古柏上前将文件抓在手里,看也不看,几下撕得粉碎,用力摔在录事
的脸上,上去就是一脚,把录事踹倒在地。

阿古柏　(气咻咻地)混蛋！这种事情还要报告吗？尼牙斯,你是不是
　　　　想气死我？是不是？

尼牙斯　伯克大人,我只是在履行我的职责……

阿古柏暴跳如雷,又去踢他。

阿古柏　你还顶嘴！你的职责？你的职责就是来气我的吗？

艾克木汗　伯克大人，不要生气了，免得气坏了身体……

阿古柏挥手就给了艾克木汗一记响亮的耳光。艾克木汗被打得晕头转向，稍微镇定之后，他立刻像一只猛虎一样扑向阿古柏。

艾克木汗　阿古柏，老子早就受够了！

阿古柏大概没想到艾克木汗会进行反击，愣了一下，接着便和艾克木汗对打起来。

阿古柏　反了！反了！来人啊！

尼牙斯爬起来，把房门反锁，外面的人进不来。

艾克木汗　（边打边说）你死到临头了，还这么猖狂，你别想再欺负我
　　　　　们了！

尼牙斯听到艾克木汗说"你死到临头了"，忽然想起什么，从兜里掏出一个小瓷瓶，将里面的药面倒入阿古柏的茶杯。

阿古柏被艾克木汗打翻在地，不能动弹。尼牙斯拉着艾克木汗从另一道门逃走了。

阿古柏费力地从地上爬起来，气急败坏地踢开地上的东西，走到桌子跟前，端起茶杯喝水。

门外，阿古柏的二儿子海古拉走来，见几个保镖在着急地敲门。

海古拉　怎么回事？

保　镖　伯克大人喊"来人"，可是门被里面的人插上了。

海古拉　让开！

海古拉后退几步，助跑几步，用力撞开大门。

这时众人看见，阿古柏已经倒在地上。海古拉用手指试试鼻息，阿古

柏已经死了。

管家匆匆跑来。

海古拉　把我父王的玉玺、金库钥匙,都给我。

管　家　少爷,伯克大人有交代……

海古拉抽出短剑,横在管家的脖子上。

海古拉　父王交代说,如果你不给,就杀了你。

100.肃州,左宗棠大帐

左宗棠站在地图前凝思。

虞绍南　大人,少爷明瑞和月桂来了。

左宗棠　(大喜)快让他们进来!

左明瑞和董月桂入帐,拱手致礼。

左明瑞、董月桂　义父安康!

左宗棠　看你们满面春风,有什么喜事吧?

左明瑞　(从怀中掏出一个信封)义父,好消息,阿古柏死了! 阿古柏
　　　　的二儿子海古拉,也让阿古柏的大儿子伯克胡里给杀了。

左宗棠抽出信封里的战报看起来。

虞绍南给左明瑞和董月桂让座,传令兵湘伢子立刻送上茶来。左明瑞
和董月桂畅饮。

左明瑞示意湘伢子再来一杯。

左宗棠看过战报,十分激动,把战报交给施补华。

左宗棠　奏陈朝廷,给刘锦棠请功!

施补华　是!

左宗棠仔细打量左明瑞和董月桂。

左宗棠　怎么样? 刘锦棠、董福祥他们都好吧!

左明瑞　都好。原来没想到,阿古柏的军队就是一群乌合之众,欺负老百姓还可以,一遇到官军,跑得比兔子还快!

左宗棠　可不要轻敌啊!

左明瑞　嗯,我一定转告刘总统领。

左明瑞把手伸进怀里,犹豫了一下,没拿出来。

左宗棠　什么东西? 拿出来看看。

左明瑞　(拿出一个信封)这是催要军饷的报告。

左宗棠　我就说嘛,刘锦棠把你们派来,肯定还有别的事……

董月桂　义父,是我们自己要求回来送信的,我们想义父了……

左宗棠没看催款信,把信封扔在桌子上。

左宗棠　难得你们一片孝心。回去告诉刘锦棠,我这里也没钱,我再催催朝廷吧!

左明瑞　义父,刘总统领说,多放我俩几天假,等朝廷有回音了一起带回去。

左宗棠　(笑)好个刘锦棠,这是派你俩来"督办"啊!

101.紫禁城,养心殿

光绪皇帝和两宫皇太后听奏议政。恭亲王奕䜣和文祥等大臣在列。

慈　禧　刘锦棠收复新疆厥功至伟,赏刘锦棠骑都尉世职。

奕　䜣　是。

慈　禧　军饷的事嘛,你们再替他催催南方那几个省的协饷吧!

奕　䜣　臣遵旨!

102.紫禁城,养心殿外

众大臣走出养心殿。

奕　䜣　文大人,你看这催军饷的事……

文　祥　我来办吧!

奕　䜣　那就有劳文大人了!

103.肃州郊外

左宗棠和军民一起植树。

左明瑞　义父,古人说:"十年树木,百年树人。"十年以后,我们会在哪里?

左宗棠　你在地上,我在土里。

左明瑞愣了一下,然后"呸、呸、呸"吐了三声。

左明瑞　义父,不吉利!

董月桂　俗话说:"前人栽树,后人乘凉。"那我们就是前人了?

左宗棠　我是前人,你是后人。你还可以乘凉,我是等不到那一天喽!

董月桂　义父,不准说泄气话!

左宗棠　孩子们,老夫说的是实话、真话。人哪,一辈儿留一辈儿,就
　　　　那么回事儿。不敢面对真实的人生,就活不出个真实的自
　　　　己。成天搞那些假模假式,没意思!

左明瑞　(沉思)义父,孩儿记下了。

左宗棠交代参军刘见荣。

左宗棠　每棵树都挂上栽种人的名字,负责到人,保栽保活。道路两

旁新栽的树,每隔一段距离,就挂一盏灯笼,免得晚上被车辆
撞坏了。

刘见荣　遵命!

左宗棠面对左明瑞和董月桂。

左宗棠　种树这个事情,三分种,七分养。

董月桂　义父,一看您就是行家里手。

左宗棠　老夫原本就是湘上农人嘛!

左宗棠忽然"哎哟"一声,腰闪了。左明瑞和董月桂连忙上前扶住他。

104.左宗棠大帐,卧室

左宗棠趴在床上,大夫给他敷药。左明瑞和董月桂候在门外。

一阵马蹄声由远而近。

左宗棠　朝廷信使到了。快扶我起来。

大　夫　大人,什么信使?

左宗棠　你听,马蹄声。

105.左宗棠大帐

左明瑞和董月桂扶着左宗棠缓慢走进大帐。虞绍南手持一个信封从
正门进入。

左宗棠　朝廷信使呢?

虞绍南　我说大人身体有恙,他就走了。这是朝廷的信。

左宗棠打开看了,眉头不展。把信交给左明瑞。

左宗棠　你们可以回去复命了。

106.戈壁滩

左明瑞和董月桂率领十余名精骑兵快马奔驰……

107.达坂城,刘锦棠驻地

刘锦棠与董福祥和黄万友在聊天。

刘锦棠　老董啊！你这个妹妹和妹夫,怎么一走就没有影儿了?

董福祥　总统领让他们等信儿,没有信儿,他们也不敢回啊!

黄万友　拖欠军饷,队伍就不好带！要马儿跑,又不给马儿吃草。哪有那么听话的马呀!

刘锦棠的传令兵小兔子入内。

小兔子　报告总统领,左将军回来了。

刘锦棠　(喜出望外)叫他们进来！

左明瑞和董月桂入内,拱手施礼。

左明瑞、董月桂　总统领,我们回来了！

刘锦棠　有什么好消息?

左明瑞呈上朝廷上谕。

刘锦棠看完,递给董福祥。董福祥看了一眼,递给黄万友。

董福祥　总统领,朝廷赏你骑都尉世职,也是好事嘛!

刘锦棠　没有军饷,那个骑都尉是能吃还是能喝啊?

黄万友　那也是个身份待遇嘛!

刘锦棠　我现在最需要的是军饷！军饷！军饷！左明瑞,你再跑一趟,告诉大帅,再不发军饷,我不干了！

董福祥　总统领,息怒。这也不是左大帅能解决的。朝廷不给钱,他哪来的钱啊!

黄万友　各省拖欠的军饷不到位,朝廷光是催也不是办法啊!

108.左宗棠大帐

左宗棠咳嗽不止。大夫在给他诊脉。施补华在写奏折。

湘伢子端了一杯水递上,左宗棠喝了一口水,咳嗽好多了。

左宗棠　之前奏请朝廷到洋行借款一千万两,估计廷臣反对的人多,
　　　　迟迟不允。改一下,这回不多要,借四百万两吧!

左宗棠又咳嗽不止。

大　夫　大人,到床上侧身躺一下,或许能好一些。

左宗棠　人一老,身体就每况愈下。

109.紫禁城,养心殿

光绪皇帝和两宫皇太后在听奏议政。奕訢与文祥等大臣上朝。

奕　訢　启禀皇上、皇太后,陕甘总督、钦差大臣左宗棠奏请朝廷向洋
　　　　行借款四百万两……

慈　禧　他原先不是要借一千万两吗?

奕　訢　是的。

慈　禧　左宗棠真心为朝廷办事,也不能太难为他!四百万两也太少
　　　　了吧?

奕　訢　臣遵旨!

110.左宗棠大帐

虞绍南拿着一个账本面对左宗棠。

虞绍南　大人，现在各省所欠的协饷越来越多。就连过去一直不欠协
　　　　饷的浙江，现在也开始拖欠了。

左宗棠　哦？浙江巡抚杨昌濬可是个守信用的人，这次他怎么回事？

施补华　大人，浙江杭州最近出了点事儿。

左宗棠　什么事啊？

施补华　杨昌濬以下所有的湘军官员，全部被朝廷革职了。

左宗棠　（一惊）为什么？

施补华　说是因为一个冤案……

左宗棠　什么冤案？

施补华　据说，余杭有个姓葛的男人，他老婆喜欢穿绿色的衣服，腰系
　　　　白围裙，人送外号"小白菜"。有一天，这个姓葛的男人突然
　　　　死了，好像是被人毒死的。当地有个书生，姓杨，叫杨乃武，
　　　　有人说他和"小白菜"有奸情，因此怀疑是被他俩毒死的。余
　　　　杭知县刘锡彤审理此案。杨乃武和"小白菜"开始不承认，后
　　　　来经过上刑，"小白菜"认了。杨乃武的姐姐认为"小白菜"是
　　　　屈打成招的，就告状到杨昌濬那里。杨昌濬认为一审无误，
　　　　杨乃武的姐姐又通过关系告到刑部。刑部经过调查，认为是
　　　　冤案，死者是病故，不是毒杀。慈禧太后一怒之下，将浙江的
　　　　几十名官员全部革职，换成了淮军李鸿章的人……

左宗棠　你们怎么不早说？

施补华　山高路远，鞭长莫及，怕大人知道了着急上火，所以我们商量
　　　　了一下，就没跟大人禀报。

左宗棠　（长叹一口气）李鸿章这个王八蛋，这是要给我西征大军釜底

抽薪啊！一开始,他反对收复新疆,随后,他又通过手段把刘
铭传掉到陕西来,等着接我陕甘总督的位置。结果,弄了两
万人马到陕西来,什么也没干,白白花了朝廷那么多银两。
等到要刘铭传进军新疆了,他又装病辞职,回家养病去了。
两万大军也没去新疆。唉!

施补华　大人,还有个事。

左宗棠　什么事?

施补华　刘典将军以病请归,军务帮办的位置让谁来补?

左宗棠　有了,启奏朝廷,让杨昌濬来!

施补华准备纸笔。

左宗棠　(口述)启奏皇上,杨昌濬任浙江巡抚七年,以余杭案去官,
　　　　时论异同,臣固毋庸置喙;然观浙民去思之切,亦足见其无
　　　　负于浙人也。今军务帮办刘典以病请归,臣举荐杨昌濬续
　　　　任该职……

111.西北旷野路上

杨昌濬轻车简从,往肃州而去……

杨昌濬见沿路长满了柳树和杨树,喜不自禁……

旁　白　杨昌濬接到朝廷的任命,深感意外,立即动身赶赴西北。一
　　　　路上,他看到很多柳树和杨树,比他想象中的西北多了很多
　　　　绿色。一问沿途百姓,原来都是左宗棠带领的湘军所栽。于
　　　　是杨昌濬诗兴大发,留下了一首流传后世的诗作:"上相筹边
　　　　未肯还,湖湘子弟满天山。新栽杨柳三千里,引得春风度玉

关。"后世将这些湘军栽下的柳树称为"左公柳"……

112.左宗棠大帐

左宗棠骑马巡视归来,虞绍南上前报告。

虞绍南　大人,好消息。朝廷决定,借洋款五百万两,户部库存拨给二百万两,又向各省下达命令,要他们将西征协饷提前拨给三百万两。一共是一千万两,将分批下发。

左宗棠站在原地,仰头看天。

虞绍南也抬头看天,一脸狐疑。

虞绍南　大人,您在看什么呢?

左宗棠　我看看今天的太阳是从西边出来的吗?

虞绍南　(恍然大悟)大人这是高兴啊!

113.肃州城门外

城墙上贴着安民告示。告示前人头攒动。

回民老汉　谁认识字嘛?给老汉儿念一哈(下)。

年轻人　有的字我也不认得,我就给大家讲讲大概意思吧!

回民老汉　好的嘛!

年轻人　公告说了,春天来了,大家要设法安排生产,希望流浪在外的民众都回来,政府会分给大家土地耕种。没有钱买种子、耕牛,可以工代赈。凡是参加修路、打井、种树的民众,政府发粮食、发工钱。

回民老汉　总督大人还真是怜惜咱们老百姓啊!

华尔秃混在人群中,一副若有所思的表情。

114.肃州百姓家

左宗棠在刘见荣等人的陪同下到百姓家访察。

刘见荣　公告贴出去之后,反响很大,不少民众从外地回来了。

左宗棠　这样下去,有个三四年的休养生息,这座古城就会恢复生气。

左宗棠走进一户人家,一位老汉迎出来。

老　汉　欢迎总督大人!

左宗棠　你认识我?

老汉说　怎么不认识? 老百姓都偷偷叫你"左阿訇"呢!

左宗棠　"左阿訇"? 是说好,还是说不好?

老　汉　好嘛! 好嘛!

115.左宗棠大帐

左宗棠回到大帐,湘伢子在门口等候,面对左宗棠。

湘伢子　大人,有客人。

左宗棠进帐,看到杨昌濬在等他。

左宗棠　(喜出望外)昌濬老弟,一路辛苦!

杨昌濬　(拱手致礼)感谢督帅体恤小弟,挽救小弟于水火!

左宗棠　我这里就缺你这样的人才啊! 你休息两天,马上上任。

116.左宗棠大帐,夜

一轮圆月升上天空,大漠更显得孤寂。

帐内,左宗棠与杨昌濬饮茶交谈。

杨昌濬　死者的尸体在送往北京的途中被人调包,开棺后,知县刘锡彤发现尸体并非姓葛的那个人,当即瘫坐在地,无话可说。按道理,这样一个关键的证物,事前不可能没有经过反复查验。如果死者根本没有中毒,还千里迢迢送往北京,岂不等于送死?刘锡彤能这么傻吗?但是,他不可能再去找回那具尸体了,也无法找人证明尸体是不是姓葛的那人了。结果嘛,老兄都知道了。

左宗棠　(气愤之极)曾国藩已经死了,李鸿章这是要把湘军的人赶尽杀绝啊!

杨昌濬　浙江全部换上淮军的人了。我听说,西北的协饷也不给了?

左宗棠　上次朝廷来查我贪污军饷,无疑是他在背后捣鬼。

杨昌濬　大清国早晚得毁在他的手里!

左宗棠　大清国的兴与衰,咱们无能为力;大新疆的去与留,咱们还是能用上力的。得给子孙后代多留点疆土啊!

117.一组过场戏镜头

左宗棠和施补华一起写奏章……

旁　白　光绪四年(1878年)正月,左宗棠上疏朝廷:新疆改设行省,事关西北全局。十月,左宗棠复奏朝廷,详陈新疆善后方略,新疆应改行省,为长治久安之计。

白彦虎骚扰官军,被刘锦棠率兵打败……

崇厚出使俄罗斯……

旁　白　叛匪白彦虎多次袭扰被官军收复的城池,刘锦棠给予迎头痛击。十月,钦差大臣崇厚出使俄国,于十二月初八日抵达圣彼得堡,三日后开始与俄谈判……

118.左宗棠大帐外

虞绍南、施补华、杨昌濬、左明瑞和董月桂几人在商量事情,几个人神情都比较凝重。

虞绍南　这几天大人贵体欠安,我担心这个坏消息会让他受不了。

施补华　可是这么大的事情,也不好瞒他。

杨昌濬　瞒! 先瞒他两天再说! 反正这事也不是一天两天就能解决的。

虞绍南　杨大人,这事可是太大了……

杨昌濬　没事,让他骂我好了。

大帐内传来左宗棠的声音。

左宗棠　你们几个在外边嘀咕什么啊?

几个人顿时傻了眼。

119.左宗棠大帐内

左宗棠侧卧在长椅上。左明瑞和董月桂入帐,其他三人随后而入。

左明瑞和董月桂　(拱手施礼)义父安好!

左宗棠　是你们啊!

左明瑞　我怕打扰义父休息,因此在帐外聊天儿。

左宗棠　这次是来报喜还是催饷啊?

左明瑞　都不是，就是来看看义父。

左宗棠　我一个老头子有什么好看的？

左宗棠咳嗽起来。

左明瑞上前给他拍背。

左明瑞　听说义父身体有恙，就来看看。

左宗棠停止咳嗽，黑着脸。

左宗棠　胡扯！你又没有千里眼、顺风耳，怎么会知道我身体有恙？

　　　　什么事？说吧！

左明瑞不知该如何是好，用乞求的目光看着杨昌濬。

杨昌濬　大人，一些小事，我们已经处理完了。

左宗棠　什么小事，也说给我听听。

杨昌濬　也没什么，您就不要操那么多心了……

左宗棠　（冷笑）就你们那点小伎俩，还想瞒得过我？

左宗棠眼睛朝帐顶看了两秒钟。

左宗棠　（肯定地）崇厚出事了！

几个人全都傻了眼。

左宗棠向左明瑞看了一眼。

左宗棠　说吧，不要给我看报告，我最近眼睛不好。

左宗棠闭上眼睛。

左明瑞看看杨昌濬，杨昌濬点点头。

左明瑞从怀里掏出一包材料，有俄文报纸，有汉文译稿。

左明瑞　从俄国传来的消息说，崇厚大人几天前在俄国克里米亚半岛的里瓦几亚,与沙俄代理外交大臣吉尔斯签订了《里瓦几亚条约》十八条,主要内容有:一,中国仅收回伊犁城,但伊犁西境霍尔果斯河以西、伊犁南境特克斯河流域以及塔尔巴哈台地区斋桑湖以东土地划归俄属;二,赔偿"代收代守"伊犁兵费及恤款五百万卢布(合银二百八十万两);三,俄商在蒙古、新疆贸易免税……

左宗棠听完第一条,就气得喘气开始变粗,脸色渐渐地发紫;第三条还没念完,他就猛地一拍案几,大声吼起来。

左宗棠　这帮混蛋卖国贼!

接着,左宗棠大咳起来。

董月桂连忙上前给他捶背。

董月桂　义父息怒,义父……

董月桂急得眼泪都下来了。

左宗棠　(边咳边说)名义上把伊犁归还中国,却将伊犁南境的大片领土割让给沙俄……

忽然,左宗棠不言声了,眼睛直直地。

所有人都愣住了。

左宗棠"哇"的一声吐了一口鲜血。

湘伢子端来水杯,王青龙端来铜盆和毛巾。

虞绍南　大夫! 大夫!

120.左宗棠大帐卧室

左宗棠躺在床上闭目养神。大夫在给他把脉。

121.左宗棠大帐卧室外

董月桂面对左明瑞。

董月桂　（小声地）义父怎么猜得那么准？一下子就猜到是新疆的事情。

左明瑞　新疆的事情都装在他的心里：一个是战况，一个是军饷。这两个问题都解决了，需要隐瞒他的大事，只有伊犁的谈判了。

董月桂　义父真是料事如神！

122.左宗棠大帐卧室

左宗棠面对大夫。

左宗棠　（有气无力地）叫他们进来。

大　夫　（走到门口）请各位大人进来。

左明瑞、董月桂、杨昌濬、施补华、虞绍南依次进屋。

左宗棠　那些是崇厚的主意还是朝廷的意思？

左明瑞　这是从俄国传来的消息，说不定是假的。

左宗棠　俄国人造这个谣没意义。

左宗棠面对杨昌濬。

左宗棠　以我的名义，奏陈皇上、皇太后。我西征军将士浴血奋战，为国家收回来的疆土，绝不能再被沙俄拿回去。若不能实现这个愿望，我左宗棠……死不瞑目。

杨昌濬　大人，您放心吧！您不会有事的。我刚才问过大夫，您刚才是气火攻心，才有此状。好好养一养，很快就会好的。

左宗棠　但愿……

123.一组过场戏的镜头

养心殿议政,众大臣义愤填膺,慷慨陈词……

崇厚被押进监牢……

旁　白　事后查明,崇厚与俄国签订的《里瓦几亚条约》,并未得到朝廷的批准,是他擅自决定的。这个丧权辱国的条约在国内掀起轩然大波。朝廷也因此约"流弊甚大"而拒绝批准,并将崇厚革职交刑部治罪,定为"斩监候",秋后处决。后来,崇厚捐献了白银三十万两为军费以赎罪,得以释放,以原官位降两级予以使用。清廷颁发上谕,改派驻英法公使曾纪泽(曾国藩的次子)兼任驻俄公使,赴俄谈判改约。

124.左宗棠大帐外

大病初愈的左宗棠在大帐外面晒太阳。左明瑞和董月桂陪在左右。

董月桂　义父一听到好消息,病情就马上减轻了。看来心情是最好的良药!

左宗棠　嗯,这话有点道理。

左明瑞　义父病好了,我们也该回去复命了。

左宗棠　回去告诉刘锦棠,我已复奏朝廷,以战备支援曾纪泽赴俄谈判,三路出兵,进军伊犁。我给他写了一封信,在桌子上。

董月桂进帐取了信,交给左明瑞。

左明瑞、董月桂　(拱手施礼)义父多保重!

左宗棠　等等。这一仗打完了,你们就可以回家生娃娃了。

左明瑞、董月桂　是,义父!

125.左宗棠大帐

早膳前,左宗棠把虞绍南叫到跟前。施补华侍立。

左宗棠　你抓紧去办一件事,给我造个"千年屋"。

虞绍南一头雾水。

虞绍南　"千年屋"? 造它干什么?

左宗棠　我有用。你去办吧!

施补华　"千年屋"是个啥?

虞绍南　棺材……

施补华吃了一惊。

126.一组过场戏的镜头

虞绍南走家串户寻找木材……

虞绍南　这是什么木料?

财主甲　胡杨木。

虞绍南摇头否定……

虞绍南　(到另一家看木料)这是什么木料?

财主乙　檀木。

虞绍南　当地有好的木匠吗?

财主乙　有的,有的!

虞绍南　你这木料怎么卖?

127.左宗棠大帐

左宗棠在与几个将领开会。

左宗棠　据这些年在陕甘的经验,这里的回部"就抚"以后,"反水"的情况非常多。我现在最担心的就是,我们前面刚走,后面的回部武装"哗变"。这样就断了我们运送粮饷的通道,补给就会中断。

虞绍南　大人,马占鳌求见。

左宗棠　(对将领们小声)我担心的就是他。他这就来了。

左宗棠　请他进来。

虞绍南出帐,带马占鳌进帐。马占鳌还带来了他的长子马安良。马占鳌和马安良一起给左宗棠拱手致礼。

马占鳌　下官马占鳌携犬子安良拜见左大帅!拜见各位将军!

左宗棠　坐吧!这些人你都认识,我就不做介绍了。马头领有什么事?

马占鳌　听说大帅要出征,我想把犬子安良送到大帅这里来,让他跟随大帅见见世面。不知大帅意下如何?

左宗棠喜出望外,看了一眼将领们,对马占鳌。

左宗棠　马头领,你是一个很有头脑的人,将来你的儿子也错不了,会成为人才的!

左宗棠　刘见荣,马公子就交给你了!

刘见荣　是,大帅!

左宗棠　你要保护好马公子的安全,凯旋时,要完好无损地交还马头领!

刘见荣　我保证!

马占鳌　谢刘将军!

马安良　谢刘将军!

128.木匠房

虞绍南来到木匠房,面对木匠。

虞绍南　马师傅,怎么样了?

马木匠　虞大人,这是我做过的最好的棺材,已经刷了四遍漆了!

虞绍南看了看棺材,表示满意。

虞绍南　不错!

129.左宗棠大帐外

左宗棠围着棺材转了一圈儿,露出满意的表情。然后,他用手拍拍棺材,感觉声音不对。

左宗棠　打开看看。

几个人打开盖子。左宗棠一看木板很厚,就问虞绍南。

左宗棠　这是什么木料?

虞绍南　(得意地)檀木。

左宗棠　(拉下脸来)谁让你做这么好的棺材了?弄个杨木的就行了,
　　　　又轻,又便宜;你这个檀木的,又沉,又多花钱!我们到新疆,
　　　　要走多远的路啊!你跟了我这么多年,我以为你了解我。没
　　　　想到,你却办这种蠢事!

左宗棠说完,气哼哼地走了。

虞绍南傻站在原地,呆若木鸡。

130.财主甲家

虞绍南找到之前的财主甲。

虞绍南　把你的胡杨木卖给我吧！

财主甲　我听说你做了一副檀木棺材,怎么又要做棺材啊?

虞绍南　那副檀木棺材准备卖掉,有没有人买?……

131.木匠房

虞绍南面对木匠。

虞绍南　我要得急,你最短几天能做出来?

木匠说　做出来还要刷漆,三天吧!

虞绍南　好,三天后我来取。

132.左宗棠大帐外

虞绍南把新做的棺材拉来了,从外面看,与檀木棺材没什么两样。

133.虞绍南住屋

虞绍南在收拾东西。

湘伢子　虞大人,你这是要干什么?

虞绍南　(气哼哼地)回家!

湘伢子　回家?回哪个家?

虞绍南　小孩子莫问!

134.左宗棠大帐

左宗棠在收拾东西,嘱咐施补华。

左宗棠　林则徐林大人的那个木匣子,一定要收好。

施补华　大人放心吧!

湘伢子匆匆跑来,面对左宗棠。

左宗棠　大人,虞管家走了!

左宗棠　他去哪儿了?

湘伢子　说是回家,不知他回哪个家。

左宗棠　什么时候走的?

湘伢子　刚走。

左宗棠　怎么走的?

湘伢子　步行。

左宗棠　补华,你去把他追回来!

施补华　他要是不回来呢?

左宗棠　他的外号叫"骡子",性格犟得很。你带上二百两银子,带上
　　　　马。如果他不回来,就把银子和马送给他。

施补华　是!

135.戈壁滩上

虞绍南背着简单的行李匆匆赶路。

施补华骑一匹马,牵一匹马追上来。

施补华　虞大哥! 虞管家!

虞绍南站住。施补华下马。

施补华　左大人让我喊你回去。

虞绍南　谢谢你,兄弟!请你回去告诉左大人,我去意已决,不会回去了。

虞绍南说着要走,被施补华拦住,递上一个口袋。

施补华　大哥!如果你非要走的话,这些银子你带上。左大人吩咐的。

虞绍南　(推开口袋)路途遥远,这东西太沉。再说,江湖险恶,这么多银子带在身上,也不安全。谢了。

施补华　要不,你骑马走吧!

虞绍南　这个可以。谢啦,兄弟!

虞绍南翻身上马,飞驰而去。

施补华看着虞绍南渐渐远去的身影,流下两行泪。

136.左宗棠大帐

左宗棠在独自流泪。他见施补华独自回来。

左宗棠　(自语)他还是走了,我知道他不会回来。我伤他伤得太重了!他跟了我几十年,我不该这样苛求他。

施补华　银子他不要,马骑走了。

左宗棠　(点点头)我愧对他呀!

137.左宗棠大营

左宗棠在施补华、刘见荣、王青龙等人的陪同下,到各营检查出关的准备情况。

左宗棠　准备好了吗?

将领甲　报告大帅,我队准备完毕,请大帅检查!

左宗棠　好!士气怎么样?

将领甲　嗷嗷叫!这帮小子一听说大帅把棺材都准备好了,都说:大帅不怕死,我们怕什么?

左宗棠　诶,不怕死是好的。但我不一样,我老了,体弱多病,随便埋在哪里都行——当然,得是咱自己的国土。还有,这是要给俄国人看看,我左宗棠为了收回新疆,视死如归!

将领甲　大帅威武!

左宗棠　今天晚上,可让大家痛饮一番;不过,要把警戒安排好。

将领甲　请大帅放心吧!

138.商队营地

左宗棠看见大营边缘处有一个商人的驼队。

左宗棠　这些就是去新疆的商队?

刘见荣　是的,大人。

华尔秃在整理骆驼的驮袋,向这边看了一眼。王青龙认出了他,目光犀利地瞪了他一眼。华尔秃赶紧把目光移开了。

王青龙　那个人我以前好像在哪儿见过。

刘见荣　商人嘛!走南闯北。

139.左宗棠大帐,夜

左宗棠吃过晚饭,面对王青龙和湘伢子。

左宗棠　明天就要出征了,再去看看肃州! 这一去,还不知道能不能

　　　　　回来。换便装!

王青龙、湘伢子　是!

140.左宗棠大帐外,夜

左宗棠三人便衣走出大帐,都是江湖艺人的模样。

旁边的兵勇帐篷里,将士们正在举杯畅饮。

左宗棠举头望天,皓月当空。

141.肃州街头,夜

左宗棠一行三人在街头闲逛。一块写有"天下第一棋手"的木牌映入

左宗棠的眼帘。

左宗棠对这个木牌产生了兴趣。

左宗棠　进去看看!

这是一家药店。一位长须飘拂、仙风道骨的老者,一边包药一边向左

宗棠打招呼。

老　者　客官请进! 若不嫌弃,请进来喝口茶吧!

左宗棠看见墙上挂了一把宝剑,茶桌上摆了一副棋。

左宗棠　喝茶不必了,请问这"天下第一棋手"是何人?

老　者　鄙人就是。客官有何指教?

左宗棠　你既然是"天下第一棋手",我们对弈一局如何?

老　者　客官不像棋手啊?

左宗棠　在下年轻的时候研究过棋谱,也算精于此道吧! 主要是想见

识一下"天下第一棋手"的棋艺。

老　　者　我看还是算了吧,改日行不?

左宗棠　(哈哈大笑)我看你是怕我砸了你的招牌吧?

老　　者　(皱了皱眉头,略加思索后)既然客官口气这么大,老夫就舍命陪君子吧!

两人摆开架势。但看得出来,老者走棋比较轻率。

一组快速走棋的镜头……

老　　者　老夫认输。

左宗棠　再来一盘!

门外,王青龙和湘伢子窃窃私语。

湘伢子　你以前见过大人下棋吗?

王青龙摇摇头。

湘伢子　今天大人怎么突然来了雅兴?

王青龙手指"天下第一棋手"的牌子。

王青龙　都是它惹的祸。

屋内,左宗棠气势如虹。

老　　者　老夫认输。

左宗棠　(得意洋洋,起身)今天就下到这里吧。

老　　者　(恭送出门外)客官慢走!

左宗棠回头看了一眼"天下第一棋手"的木牌。

左宗棠　怎么办?

老者二话不说,将木牌取下来,"啪"地一掌将木牌震为两截。左宗棠一惊,又从开着的门中向挂在墙上的宝剑看了一眼。

左宗棠 依我看来,老先生还是练武之人。

老　者 练武谈不上,锻炼身体而已。

左宗棠 在下原是一介书生,半路出家练点拳脚和剑法,主要为了强身。今日有缘相见,与先生再切磋一下剑术如何?

老　者 既然客官有雅兴,老夫就陪客官耍耍吧!

月光下,两人各执一把宝剑,寒气逼人。老者出手不凡,左宗棠步步紧逼。两人你来我往,交手约三十回合,老者突然收剑,跳出圈外。

左宗棠收起长剑,有些得意地对老者拱拱手。

左宗棠 承让,承让! 在下多有得罪,告辞了!

老　者 (拱手施礼)祝君一帆风顺!

左宗棠 谢了!

离开药店,左宗棠仰望天空,长舒了一口气。

左宗棠 痛快!

142.左宗棠大营

重现片头序幕——

左宗棠行营,竖着两面大旗——橙黄色的"帅"字旗,大红色的"左"字旗。另有各色彩旗迎风飘扬,骑兵步兵列队齐整……

左宗棠骑在一匹高头大马上,士兵举着"钦差大臣""陕甘总督"两块高脚牌,站在两侧。旁边是一辆马车,车上装着一副枣红色的棺材……

左宗棠拔出佩剑,朝天一指,出征的号鼓齐鸣……

肃州民众夹道相送……

旁　白 公元1880年(光绪六年)5月26日,钦差大臣、陕甘总督左宗棠为了全面收复新疆失地,亲自挂帅出征。当时他已68岁,此去新疆,山高路远,战事连连,充满艰险,不知能否再回中原。左宗棠让部下做了一副棺材,以备后事,同时也表现了他为国献身、视死如归的豪迈气概……也是在这一天,大清政府驻英法公使曾纪泽启程前往俄国,就新疆问题进行谈判。左宗棠大军进发,成为谈判的坚强后盾……

143.塞外大漠

一望无际的黄沙。烈日炎炎,大军在烈日下行军,疲惫不堪。有人在吃背囊里的地瓜充饥解暑,不少人瘫倒在沙地上。

刘见荣策马来到左宗棠马车跟前。

刘见荣　报告大帅,各营所带饮水全部用完了。水土不合、体力不支、瘫倒的兵勇很多。

左宗棠　停止前进,就地扎营。

144.左宗棠大帐

左宗棠　水的问题必须要解决！你们谁有办法?

刘见荣　戈壁滩寸草不生,水源难觅啊！

左宗棠　林则徐林大人送我的木匣在哪里?

施补华　稍等。

施补华转身从一只木箱中找出木匣,递给左宗棠。

左宗棠　我好像记得,林公在一册笔记中有记载……

施补华　我也有印象,好像还有批注。

左宗棠快速翻阅,终于找到一页,只见上面有批注:"牲驼能嗅水性,此实务(际)也。"

左宗棠　骆驼能嗅到水源,这个很实用!

左宗棠面对刘见荣。

左宗棠　把军中所有的骆驼都聚集起来,让它们在前面开路,大队人马随后而行!

刘见荣　是!

145.大漠,湖泊

没有人牵的骆驼,在大漠上奔跑起来。大队人马紧跟其后。

不远处,出现了绿色。

到近前一看,是一个小的湖泊。

刘见荣　大帅,真神了!

左宗棠　全托林则徐大人的福啊!

一时间,人马欢腾,士卒畅饮,驼马饱食……

146.大漠

大队人马继续前行。骆驼依然为前锋。

147.左宗棠大帐内、外,夜

左宗棠在地图前思考问题。王青龙坐在大帐一侧,昏昏欲睡。

一个戴面具的刺客潜藏于大帐的一角,手持尖刀,一直犹豫不决。许久,刺客收起尖刀,准备从大帐侧门离开,不小心碰到了地上的铜盆,发出响声。

王青龙 (惊醒,大叫)谁?

刺客连忙逃跑。

王青龙 有刺客!

大帐外的哨兵闻声而动,挡住刺客的去路。刺客回身,与追来的王青龙相遇,展开一场激烈的打斗。

王青龙武艺高强,刺客渐渐处于下风。最后在众兵勇的帮助下,王青龙将刺客擒获。

王青龙将捆绑起来的刺客押进大帐,撤下他的面具。刺客原来是华尔秃。

左宗棠 你叫什么名字?

华尔秃 华尔秃。

左宗棠 谁派你来的?

华尔秃 白彦虎。

左宗棠 他派你来干什么?

华尔秃 刺杀总督大人。

左宗棠 你完全有机会得手,你为什么不杀我?

华尔秃 我下不了手。

左宗棠 拿了人家的钱,不办事。那你是缺乏职业道德啊!

华尔秃 我没有拿他的钱。

左宗棠 那他给了你什么好处?我不相信,一个刺客,不得好处会去杀人。

华尔秃　大人,杀你,是为了给我父亲报仇。

左宗棠　哦? 你父亲与我有什么仇?

华尔秃　我父亲与你没仇,是和官府有仇。十多年前,我父亲被大荔
　　　　官府抓去杀了。后来,白彦虎拉起队伍反抗官府,我就参加
　　　　了他的队伍。大人带领的官军来到西北,马化龙、马文禄、白
　　　　彦虎的队伍纷纷落败,白彦虎对大人恨之入骨。他在逃去新
　　　　疆之前,派给我一个任务,让我杀掉大人。我在找机会,也在
　　　　偷偷观察。我发现大人并不像其他朝廷的官员那样专横跋
　　　　扈、鱼肉百姓。大人体恤民众,帮助百姓重建家园,是个难得
　　　　的好官。所以我一直下不了手。

左宗棠　要不是我左宗棠还有点人缘儿,恐怕早死了好几回了!

王青龙气愤地踹了华尔秃一脚。

左宗棠　不得无理!

左宗棠走过去,亲自为华尔秃松绑。

华尔秃　谢大人不杀之恩。

左宗棠　你不杀我,我怎么能杀你? 坐下说话。

华尔秃　谢大人!

左宗棠　给他点儿水喝。

王青龙气哼哼地去端水。

左宗棠　下一步,你有什么打算?

华尔秃　隐姓埋名,浪迹江湖。不然,白彦虎非杀了我不可。

左宗棠　如果白彦虎自己都不在了,你还怕什么?

华尔秃没听懂左宗棠的话,用疑惑的目光看着他。

左宗棠　你是当地人,一定对周围环境比较熟悉。你是否愿意随官军
　　　　一起去新疆?

华尔秃　大人是想让我当向导,给官军带路?

左宗棠点点头。

华尔秃　我愿意!

左宗棠　到哈密后,我将荐报朝廷,表彰你的功劳。

华尔秃　我愿为大人效绵薄之力,非存他想。

148.戈壁滩

西征大军浩荡前行。戈壁滩上阳光刺眼。

华尔秃和刘见荣骑马走在前面。

华尔秃　前面路上的水源很少,有几个小泉眼,水量有限。大军最好
　　　　分批隔天而行,一批以千人为宜,否则水量不足人马饮用。

刘见荣　你的这个建议很好。

149.左宗棠木轮车上

左宗棠戴了一副墨镜,和杨昌濬在车上聊天儿。

杨昌濬　那个刺客不会把我们带到危险的地方去吧?

左宗棠　他几次有机会杀我,都放弃了。我想他没必要行此下策。

150.左宗棠大帐,晨

左宗棠走出大帐,传令兵湘伢子递给他一张纸条。

湘伢子　大人,华尔秃走了,留下一封信。

左宗棠　念。

湘伢子打开信,看了一眼,皱起眉头。

湘伢子　大人,这些字我认不全。

施补华　给我吧!

施补华　左大人,小民不明真相,被白彦虎迷惑,助纣为虐,为虎作伥,实属罪恶深重。承蒙大人豁达仁慈,对小民信任有加,还将向朝廷请功,小民感激涕零。然小民之所为,毕竟属于"卖主求荣",为世人所不齿。西进路上,多机关暗算,望大人细察,慎之慎之。华尔秃拜别。

左宗棠　这个华尔秃还挺仗义。走了也罢!他后面所说"西进路上,多机关暗算",是什么意思?

施补华摇摇头。

151.戈壁滩

西征大军浩荡前行。戈壁滩上阳光刺眼。

刘见荣骑马走在左宗棠的木轮车旁。

左宗棠透过墨镜向车外观察,吩咐刘见荣。

左宗棠　派出一些人,散开来侦察周围的情况。

刘见荣　大帅,这一望无际的戈壁,哪里藏得住人啊!

不断有中暑的士卒晕倒……

杨昌濬　白天行军酷热难当,中暑的人越来越多。我有一个建议,是否可以昼伏夜行?

左宗棠　很好!

152.一组过场戏镜头

戈壁滩,夜,西征大军浩荡前行……

戈壁滩,日,西征大军安营扎寨……

戈壁滩,夜,敌人偷袭,官军反击……

哈密城,刘锦棠带兵出城迎接左宗棠……

旁　白　左宗棠在进军哈密途中,宵衣旰食,忍受饥渴,与士卒同甘
　　　　共苦。因有白彦虎残部沿途偷袭,所以偶有战事,更增添了
　　　　征途的艰苦。光绪六年(1880)五月初八,左宗棠终于到达
　　　　哈密。

153.哈密城,左宗棠帅府

左宗棠召集将领开会。参加会议的有金顺、刘锦棠、张曜、董福祥、黄
万友等。墙上挂着一张很大的地图。

刘锦棠站在地图前,用教鞭指着地图。

刘锦棠　根据督帅的部署,我们已准备了三路精兵,进军伊犁:一路由
　　　　金顺率领,进驻精河,从正面佯攻;一路由张曜率领,从阿克
　　　　苏越过天山,进击伊犁南部;一路由刘锦棠率领,经乌什越冰
　　　　岭,直赴伊犁西面的后路。

154.一组过场戏镜头

"金"字旗、"刘"字旗、"张"字旗、"董"字旗等旌旗飘舞,官军队伍浩浩
荡荡……

旁　白　当时沙俄与土耳其关系紧张,加之左宗棠抬棺出征、不惜一
　　　　战,这让刚刚在土耳其吃了亏的俄国人,觉得强争伊犁代价
　　　　很大,最后不得不降低要求,以谈判解决问题。

曾纪泽　(义正词严地)你们强加给我国的《里瓦几亚条约》,我国政府
　　　　坚决拒绝。擅自签约的崇厚已被判死刑。我国断不肯为一
　　　　纸文书,将伊犁送与你们俄国!

旁　白　俄国人吃到嘴里的肉,是极不情愿吐出来的。在左宗棠大兵
　　　　压境的情况下,经过曾纪泽的努力,俄政府不得不让步,同意
　　　　修改原订的条约,但仍保留了原协议的部分内容……

155.紫禁城,养心殿

光绪皇帝和两宫皇太后在听大臣汇报。

奕　䜣　俄国交还特克斯河谷约两万多平方千米的土地和通往南疆
　　　　的穆扎素尔山口,仍割占霍尔果斯河以西一万余平方千米的
　　　　土地。设领事的地点也减为嘉峪关和吐鲁番两处,但"赔款"
　　　　由五百万卢布增到九百万,而且保留了一些商业特权。

文　祥　这仍然是一个不平等的条约,不过和旧条约相比,我国总算
　　　　通过新条约收回了一些权益。

奕　䜣　据曾纪泽的报告预测,俄国人彻底推翻旧协议的可能性几乎
　　　　没有。他们很担心左宗棠会动兵进行干预。

慈　禧　要是这样的话,就不要再节外生枝了。让左宗棠回来吧! 他
　　　　去西北的时间也不短了。

奕　䜣　臣遵旨。

156.左宗棠住处

左宗棠与刘锦棠、杨昌濬等人话别。

杨昌濬　朝廷让你回京述职,是什么意思?

左宗棠　朝廷对我不放心啊!

施补华把林则徐当年送给左宗棠的装新疆资料的木匣拿来,递给左宗棠。

左宗棠　这是当年林则徐林大人送给我的一些有关新疆的资料,特别是新疆水利灌溉和经济改革计划,值得一看。现在我转送给你,抽空看看,也许对你有用。

左宗棠说完,郑重地将木匣交给刘锦棠。

刘锦棠　我一定认真拜读。

左宗棠　有些时候,有的事情都是天注定的。林公是福建人,在广东虎门禁烟,谁也不会想到,朝廷会把他发配到新疆来。三十年前,林公因病返回老家休养,路经长沙,约我相见。那时我还是一个教书匠,并未涉足官场,又是第一次见面,他怎么就能预见到我这个湖南白丁日后会来收复新疆,到时会用上这些资料呢?

刘锦棠　这些材料还是我从湖南给督帅带到甘肃的,现在又回到我手里了。

左宗棠　天佑大清,新疆不该丢!

杨昌濬　我看还是事在人为!

157.哈密城

左宗棠在三千精兵的护卫下离开哈密……

刘锦棠、杨昌濬、董福祥等将领以及左明瑞、董月桂前往城外为左宗棠送行……

旁　白　经半年多交涉,曾纪泽于1881年(光绪七年)2月24日与沙俄代理外交大臣吉尔斯在圣彼得堡签订《中俄伊犁条约》和《改订陆路通商章程》,争回了大清国的一部分主权。尽管该条约仍然有不平等和不尽如人意之处,但清政府还是接受了。至此,大清终于收复了已经脱离本国管辖16年之久的新疆,收回国土一百六十万平方千米……

158.肃州街路

左宗棠坐在木轮车上,看到路边的很多树死了,一些树的树干上没有树皮。左宗棠不由得皱起眉头。

159.肃州,左宗棠大帐

左宗棠身穿便服,面对王青龙。

左宗棠　走,跟我出去看看,那些死了的树,是怎么回事。

160.肃州街路

左宗棠发现乡民骑驴进城办事,将毛驴拴在树上,其中有一头毛驴可能是饿了,在大啃树皮。

左宗棠大怒,面对王青龙。

左宗棠　把它牵走!

王青龙解开缰绳,见左宗棠大步往鼓楼走去,就牵着毛驴,紧跟在后面。

161.鼓楼

左宗棠　击鼓!

王青龙健步登楼,奋力挥臂击鼓。鼓声咚咚,传遍四方。

顷刻间,衙门大员和仪仗士兵、施刑武士等都浩浩荡荡前来,锣声阵阵,后面跟着一大群看热闹的百姓。

左宗棠　我离开肃州不过半年,路边树木枯死无数,很多就是被驴啃死的。今天我要"杀一儆百"!

审判官　是,大人。下官听大人吩咐。

左宗棠　此驴主人本应一并处斩,原谅其不知规矩,免其一死,下不为例。

衙门卫士又擂了一通鼓,审判官宣布。

审判官　各位同僚,各位乡亲!肃州的杨、柳、榆、槐是左大人及其部属为民造福、苦心所植。然而常有不法之徒肆意砍伐,更有愚昧之众不知珍爱。今左大人亲手逮住一头犯法的毛驴,它啃嚼树皮,罪该当斩。从今以后,若再有驴、马、牛、羊损毁树木,牲畜与其主人将与此驴同样下场!砍伐树木者,罪加一等!不要说本衙没警告你们!

毛驴旁边,站着两个杀气腾腾的刀斧手。大刀明晃耀眼,毛驴惊恐万状,它本能地觉得性命难保,便发出"呜昂——呜昂——"的悲哀长鸣。

审判官　开斩!

随着宣判官一声令下,刀斧手手起刀落,驴头滚落地面,驴身立即倒下。

围观的百姓发出惊呼之声。

在围观的百姓中,有一位老者,他就是曾经与左宗棠对弈过的"天下第一棋手"。

左宗棠看见了他。老者赶紧转过头去,匆匆离开。

左宗棠向王青龙挥了一下手,紧随老人的背影而去。

162.药店

左宗棠来到药店门口,见到"天下第一棋手"的木牌仍高挂在店前。

左宗棠神情不悦。

左宗棠刚近店门,老者便谦恭上前,拱手致礼。

老　者　不知大帅驾到,有失远迎。

左宗棠　你那个木牌不是砸了吗?怎么又挂上了?

老　者　大帅有所不知,此乃老汉的招客之法、糊口之技,摘了木牌,门前冷落,将断生计呀!

左宗棠　话倒说得实在,但以此牌张扬虚名,有伤大雅啊!

老　者　确实有此嫌疑,让大帅见笑了。不过……

左宗棠　不过什么?

老　者　请问大帅,您的棋艺,在京城能列第几位?

左宗棠　(自负地)起码也是二三名吧!

老　者　那我这块牌子挂定了!

左宗棠　(一愣)此话怎讲?

老　者　（示意左宗棠坐下）一盘定输赢。

左宗棠看看他，神情自若地坐下了。

一组快速走棋的镜头……

左宗棠　等一下，等一下。你这次的棋风与上一次大不相同。再来一
　　　　盘，如何？

老　者　大帅有雅兴，老汉愿意奉陪。

一组快速走棋的镜头……

左宗棠　没想到老先生如此厉害，布局新异，棋术高深。

老　者　我这牌子挂得不？

左宗棠　（沉思地点点头，自嘲）新疆之行，好像脑袋迟钝了。

左宗棠抬头看见挂在墙上的宝剑。

左宗棠　（用试探的口气）想不想再陪老夫舞几下剑？

老　者　老汉愿意满足凯旋英雄的任何要求。

左宗棠把剑鞘扔给王青龙，与老者再次比武。

两人交手之后，左宗棠的动作显得不是很灵活，而老者身轻如燕，剑法
奇特。不到二十回合，左宗棠便大汗淋漓，只好认输。

老　者　承让，承让！

左宗棠　老先生，我有一事不解。

老　者　请讲。

左宗棠　上次老先生的棋艺、剑法都不如老夫，今日却都变得如此精
　　　　道，其中必有原因。

老者示意左宗棠坐下喝茶。左宗棠落座。

老　者　老汉本名马青，河北沧州回民，出身中医世家，自幼出家在少

林寺习武,学得无影剑法;后为百姓打抱不平,闯下手刃枉法贪官的大祸,只好改名换姓,远走他乡。老汉每日除了行医治病,便以下棋、舞剑为乐。打出这块招牌,是为了招呼过路的棋手,切磋棋艺。上一次老汉与大帅下棋比武,知道大帅即将出征,为了让大帅保持旺盛的斗志和必胜之心,便故意落败。今日大帅凯旋,故而不再多让了。

左宗棠听到这里,立即起身。

左宗棠　先生高人不露相,心思缜密,格局宽广,暗助老夫一路豪迈。今日凯旋,请受老夫真诚一拜。

老　者　(慌忙还礼)大帅使不得,使不得,折煞草民!

163.路上

王青龙陪同左宗棠散步。

左宗棠　(喟然长叹)强中自有强中手啊!

164.北京,郊外官军大营

左宗棠示意刘见荣率三千精兵入官军大营,自己轻车简从直奔京城。

旁　白　从哈密到北京,左宗棠整整走了一百天。三千精兵交付丰台大营,然后轻车简从,直奔崇文门……

165.崇文门

左宗棠乘坐一辆骡子拉的木轮厢车,带王青龙、湘伢子和几个警卫,风尘仆仆,来到北京的崇文门(俗称"哈德门")。

守门的卫兵拦住左宗棠的坐车。王青龙上前通报。

王青龙　车上是钦差大臣、陕甘总督左宗棠左大人。

卫兵看看骡车，冷笑。

卫　兵　总督大人就坐这破车？

王青龙　（急了）真的是左大人。不信你过去看看！

卫　兵　（流里流气）哼！我又不认识他。

王青龙　（愤怒）你……要是在军营里，我能扒了你的皮！

卫　兵　你军营在哪儿？走！我看你是不是吹牛！

王青龙　新疆！

卫　兵　新疆在哪儿？我从来没听说过。你就吹牛吧！

王青龙气愤地要抽剑。

卫　兵　（露出一副泼皮相）来呀，来呀！

一个太监走过来。

太　监　出事儿啦？

卫　兵　（马上献媚）禀报公公，这个当兵的欺负小的。

太监看看王青龙，又看看远处的旧骡车。

太　监　外地来的？

王青龙　我们左大人从新疆来。奉旨进京，面见圣上。

太监伸出一只手，手指还勾动了几下。

王青龙一头雾水，不知何意。

太　监　你是个棒槌啊！

王青龙　什么意思？

太　监　还真是个棒槌！这点规矩都不懂。去报告你家大人，进入崇文门,需要先捐款,捐献多少,随官职大小而定。

王青龙无奈,面对坐在车上的左宗棠。

王青龙　大人,太监说,进门要先缴纳一笔捐献款。

左宗棠　你问问他,要给多少钱?

王青龙过去问小太监,左宗棠在车上看。过了一会儿,王青龙回来。

王青龙　太监说,要四万两银子。

左宗棠　(吃了一惊)四万两? 相当于我两年的薪俸了!

左宗棠走下车,面对小太监。

左宗棠　本官是皇帝下旨命我进京的。如果进入国家的京城向皇帝
　　　　报到需要付钱,那这笔钱应该由朝廷来付。

太　监　左大人,当年曾国藩曾大人统领湘军,攻克金陵,受封一等侯
　　　　爵,进京来领赏时,也是送上五万两银子才进这个门的。你
　　　　怎么能破这个规矩呢?

左宗棠　原来如此! 不过,我左某人没有钱,所以只好破了这个规矩!

太　监　你在地方当大官多年,捞了那么多钱财,还这么吝啬?

左宗棠　可能有人捞了钱财,但我没捞钱! 我从西北来,你不让进
　　　　京城,我便回西北去。谁不让我觐见皇上和皇太后,后果
　　　　自负!

太监被左宗棠的凛然正气所震慑,一下子目瞪口呆。

左宗棠扭头便走,太监"哎,哎"叫了两声。

太　监　(自言自语)还拿皇上和皇太后吓唬人,谁信哪!

左宗棠　正好找个地方休息休息,明天再说。

166.紫禁城,军机处

一个录事向文祥报告。

录　事　大人,外面都在传一个笑话,说是左宗棠左大人昨天回京,被
　　　　崇文门的卫兵给拦住了,卫兵让他交纳一笔捐款,他没有,就
　　　　走了!

文　祥　岂有此理!

167.一组过场镜头

文祥和奕䜣一起觐见慈禧太后……

慈禧太后示意他们去迎接……

文祥和奕䜣坐轿赶往崇文门……

168.崇文门外歇息处

左宗棠　你拿着我的禀帖进城,太监不会向你要太多钱。到军机处报
　　　　告,让他们来接我。

王青龙　是!

169.崇文门

王青龙骑马来到门前,下马。

卫兵向他伸出手,王青龙掏出几块碎银子,放在卫兵手上。卫兵晃着
手,不肯放下。

王青龙　军爷,没有了。

卫　兵　你不是有个大官老爷吗,回去找他要去。甭想用这么点碎银
　　　　子打发老子!

王青龙　我可是要去圣上那里办公事,耽误了事情,小心你的脑袋!

卫　兵　呦嗬!我还没见过这么豪横的土鳖,来人!

周围上来几个卫兵,把王青龙围在中间。王青龙三拳两脚,就把几个
卫兵打翻在地。太监一看慌了,拿出哨子刚要吹,就见两顶轿子过来
了,连忙上前,点头哈腰。

太　监　王爷、文大人……

奕　䜣　怎么回事?

王青龙一听是王爷,连忙致礼。

王青龙　报告王爷,下官是左大人的警卫。左大人进不了城,特派下
　　　　官给王爷呈送禀帖。

王青龙说着,将禀帖呈上。

奕　䜣　(看了禀帖)左大人现在哪里?

王青龙　就在外面不远。

奕　䜣　走,带我们去见左大人。

王青龙　是!

那些看门的卫兵和那个太监,此时都跪在地上,不敢抬头。

这时,左宗棠的骡车已来到门前。

左宗棠看见恭亲王奕䜣和文祥,急忙下车,快步上前,屈膝下跪。

左宗棠　臣左宗棠叩见王爷,恭请两宫皇太后、皇上圣安!

恭亲王　大帅一路辛苦了,皇上及太后命本王及文大人前来迎接大帅
　　　　凯旋。

左宗棠　（拱手施礼）感激皇太后、圣上恩遇,蒙王爷、文大人亲临城门

　　　　　迎接,下官愧不敢当。

170.紫禁城,养心殿门前

左宗棠拖着疲惫的身躯来到了养心殿前。他认真整了整衣冠,面对一个面目清秀的小太监。

左宗棠　前陕甘总督、协办大学士左宗棠奉诏求见皇上和皇太后!

小太监见左宗棠两手空空,便露出一副轻蔑的神态。

小太监　（冷冷地）左大人,你让我进去通报,又想进殿觐见皇上和皇

　　　　　太后,就不想想还缺点什么吗?

左宗棠　（火气陡升,怒道）我曾出入百万军中,无人敢阻挡,哪里会识

　　　　　你们这些鼠辈! 我的俸禄自用尚不宽裕,哪有余钱给你们?

　　　　　我这次是受皇命来京,觐见皇上、皇太后,你竟敢阻挡! 那

　　　　　好,我就返回西北去了!

左宗棠说完,便拂袖转身,走下台阶。小太监一见左宗棠真的要走,顿时不知所措,急忙进去悄声报告李莲英。

171.养心殿内

李莲英听完小太监的汇报,脸色大变,惶恐不安。

慈安见小太监和李莲英鬼鬼祟祟。

慈　安　小李子,你们在搞什么鬼啊?

李莲英　禀报太后,奴才的手下向左大人索要一点儿礼银,左大人一

　　　　　气之下,就走了!

慈　安　你们不自量力！此人功高性戆。先帝在位时,尚且对他十分
　　　　器重,可见他的面子有多大！现在只有一个办法:你们自己
　　　　向他乞哀告怜,请他宽容。

李莲英　赶快去追,多说好话,将他请进殿来！

小太监两条小腿加快频率,颠儿颠儿地去追。

172.养心殿外

从李莲英的视角看见,小太监先是作揖,后是磕头,这才将左宗棠请了
回来。

173.养心殿内

左宗棠觐见12岁的光绪皇帝和慈安太后。恭亲王奕䜣和文祥等大臣
在朝。

左宗棠　臣左宗棠拜见皇上、皇太后！

光绪皇帝　爱卿平身！

左宗棠　谢皇上！

慈　安　西太后身体有恙,今日只有本宫和皇上面见左爱卿。

左宗棠　祝西太后凤体早日安康。

慈　安　左爱卿,你衰老多了！唉,长期在西北荒漠之地领兵打仗,太
　　　　辛苦劳累啦！

左宗棠　臣奉旨西征,至今已15年。臣今年70岁了。身体衰老多病,
　　　　眼疾尤重。

慈　安　左爱卿,你怎么老是擦泪呀?

左宗棠　禀报太后,西北地区,长年风沙,臣见风见光就要流泪,平时
　　　　都要戴着墨镜。

慈　安　那你就把墨镜戴上吧!

左宗棠　谢太后!

左宗棠摸出墨镜,手一抖,墨镜掉在地上,镜片摔碎了。一时有点手足
无措。

慈　安　小鹿儿,我的镜台左侧,有一副用黄绸缎包的墨镜,快去拿
　　　　来,给左大人!

小太监　喳!

左宗棠　谢太后!

慈　安　听说你去西北这些年,家中多位亲人离世,想必十分伤感。
　　　　你是如何度过的?

左宗棠听到太后这句话,浑身战栗了一下,泪水更多了。他克制着内
心的激动。

左宗棠　臣在西北,家中先后有发妻周诒端、长子孝威、长媳陶氏、四
　　　　女孝瑸、家兄宗植、外母周夫人、妻妹周诒繁七人去世,数千
　　　　里外,噩耗传来,已是一月、两月之后,不能凭棺,不能临穴,
　　　　欲哭无泪,伤心已极。然王命在身,军情紧急,筹兵、筹饷、筹
　　　　粮、筹运等事不敢一日懈怠,不敢以私废公,只能强忍悲痛,
　　　　勉力从公。

慈　安　唉,我想起了先帝,是他识拔了你,为我大清保住了江山。二
　　　　十多年来,你南征北战、出生入死、身先士卒、餐风宿露、远离
　　　　家眷。多位亲人去世,不能见上一面。我知道你和夫人感情

诚笃,兄弟、父子之情也是至深。只是你身负朝廷重托,无可奈何啊！我和西太后第一次见到你,那时你虽年近六旬,身子却很硬朗;如今再见,你竟是须发斑白,衰病缠身,教我们母子如何能够心安……

慈安说到这里,已经控制不住自己的情绪,不断拭泪,声带哽咽,说下去了。

光绪皇帝也热泪盈眶。

这时,小太监将墨镜拿来了。

慈　安　这墨镜是洋人赠给先帝的,先帝生前常用,它还能治疗眼病。你戴上它试试。

左宗棠　谢皇太后！

左宗棠双手接过墨镜。

左宗棠　先帝的遗物赐给老臣,至高无上的荣耀啊！老臣肝脑涂地,也不能报答如此宏恩。

左宗棠老泪横流,跪地不起。

慈　安　皇帝,左爱卿为大清江山鞠躬尽瘁,你下座去扶他起来。

光绪皇帝立即起身下座要去扶。

左宗棠在文祥的挽扶下艰难起身,仰头瞻望太后慈容,泪如雨下。

左宗棠　谢皇上、皇太后！

慈　安　左大臣,你虽年纪大了,身子也差了些,但毕竟见识深远,多谋善断。咱们还要依靠你办事的。我和西太后、皇帝商量了,再安排你的事务。今日你就下去休息吧！

左宗棠　谢太后！

左宗棠戴着先帝用过的眼镜,退出养心殿。

174.养心殿外,广场上

左宗棠拖着疲惫的双腿,步履蹒跚地走在广场上。广场上空无一人。

旁　白　回京后的左宗棠,奉诏入值军机处,兼任总理各国事务衙门
　　　　上行走,管理兵部事务。光绪八年(1882)七月,左宗棠再次
　　　　奏请,应于新疆建行省,不可遽撤兵。光绪十年(1884)十月,
　　　　新疆正式设省,以刘锦棠为首任巡抚。光绪十一年七月廿七
　　　　日(1885年9月5日),左宗棠在福州病逝,享年七十三岁。
　　　　左宗棠离世二十六年后,大清国寿终正寝。左宗棠保住了新
　　　　疆,却保不住大清国……

［剧终］

参考书目

[1](清)左宗棠著,刘泱泱校点.左宗棠全集.长沙:岳麓书社,2014.

[2]顾廷龙,戴逸主编.李鸿章全集.合肥:安徽教育出版社,2008.

[3]杨东梁著.左宗棠.北京:人民文学出版社,2015.

[4]左景伊著.左宗棠传.北京:华夏出版社,1997.

[5]左焕奎著.左宗棠略传.武汉:华中师范大学出版社,1996.

[6](清)左宗棠著,杨书霖编.左文襄公文集.北京:朝华出版社,2018.

[7]秦翰才著.左文襄公在西北.长沙:岳麓书社,1984.

[8](俄)伊·费·巴布科夫著,王之相译.我在西西伯利亚服务的回忆(1859—1875年).北京:商务印书馆,1973.

[9]秦翰才辑录.左宗棠逸事汇编.长沙:岳麓书社,1986.

[10](清)罗正钧著;朱悦,朱子南校点.左宗棠年谱.长沙:岳麓书社,1983.

[11](美)贝尔斯著,王纪卿译.左宗棠传.南京:江苏人民出版社,2011.

[12]田卫疆著.正确阐明新疆历史.乌鲁木齐:新疆人民出版社,2001.

[13]纪大椿,郭平梁辑.周轩,修仲一,高健整理订补.清实录(新疆资料辑录).乌鲁木齐:新疆大学出版社,2017.

[14]王彦威,王亮辑编;李育民,刘利民,李传斌,伍成泉点校整理.清季外交史料.长沙:湖南师范大学出版社,2015.

[15](美)亚瑟·史密斯著;张梦阳,王丽娟译.中国人的国民性.北京:中国长安出版社,2014.

后 记

在本书的最后，我补充两点：

其一，作者是宜写短平快的畅销书，还是十年磨一剑的重要书？那就简述《晚清名将左宗棠全传》的写作经过与后效吧！

20世纪初期，我完成了"中华名舰系列"四部曲，想再写中国近代四位海军统帅。到福州船政考察后，我才知中国近代海军创始人是左宗棠，他又有收复新疆的丰功伟绩。于是，我用六年的时间，披肝沥胆、竭尽心力，为左宗棠写出了约125万字的三卷本全传。

书稿名称原为《民族英雄左宗棠全传》，此书责编、军事科学出版社现任总编张大禾先生经过慎重考虑，将书名改为《晚清名将左宗棠全传》，书中的阐述保持不变，目的是别过于抢眼。此书先后印刷了五次，荣获第四届中国传记文学优秀作品奖。该奖项五年一评，给本书的颁奖词是："古稀之年的陈明福，以高度的历史责任感和充沛的激情，历时六载，寻着晚清名将、中兴名臣左宗棠的足迹遍访关内塞外、天山南北、万里海疆，查阅搜集了数千万字的史料和不少趣闻轶事。作品气势恢弘、文笔流畅、叙事生动，成功塑造了左宗棠鲜明的人物性格，展现了这位晚清名将传奇的人生历程，填补了百余年来在左宗棠传记写作中的缺憾和不足,并对有关左宗棠的种种争议,亦力求给予客观公允的评价。"

2012年是左宗棠诞辰二百周年,军事科学出版社将此书精装再版,湖南湘阴组织了隆重的纪念活动,并购买了三百套作为礼品送给每位来宾,大家爱不释手。应邀来宾之一的高明正老师,是《爱国大将左宗棠全传》的作者,他也向组委会赠了书。高明正老师与我相识后热情地说:"陈教授,有了你这部大书,这个题材别人就不用写、也不敢写了。"我笑着回答:"高老师,此语过矣,折煞我也!"无独有偶,后来有一次与国防大学王长存教授相聚时,他见面就说:"关于左宗棠的事,看陈教授写的书就行了!"

中国有个成语叫"一本万利"。此书面世后,我的"利"也接踵而来。为了普及宣传左宗棠的伟业,军事科学出版社于2012年11月出版了《左宗棠传略》,封面上有两行醒目的字:

我之疆索,尺寸不可让人。

——左宗棠

中国近代史上抵御外侵六次大的战争中,收复新疆和谅山—镇南关大捷是仅有的两次胜利,都与左宗棠分不开。

好事还在继续。在参观柳庄左宗棠故居时,湘阴政协主席熊国庭先生与我同行。他说:左公故居参观的人甚多,需要一本有特点的书进行介绍,你给我们再写一本吧!我一听,头皮发麻,坚决婉拒:"不行,不行！哪能以炒冷饭为能,这挨人唾骂呀!"但他很执着,一磨再磨,我最后只好答应。于是,湖南人民出版社于2015年6月推出了精装和平装两版的《湖南出了个左宗棠》,书的封面上有两句话:

晚清官场有"国家不可一日无湖南,湖南不可一日无左宗棠"的论断。

读左宗棠,或可理解湖南近代抗击外侮人才辈出、将才辈出的精神之源!

紧接着,辽宁人民出版社副总编时祥选辗转找到我,热情邀我参与青少年读物"卫国英雄"丛书的撰写。丛书共写了十位英雄:戚继光、俞大猷、胡宗宪、郑成功、林则徐、左宗棠、冯子材、刘永福、丁汝昌、邓世昌。交给我的任务是写左宗棠和邓世昌。我义不容辞,答应按时交稿。校样出来后,封面是传主头大躯小的漫画像,我觉得有损英雄的形象。出版社责编说:"给孩子看的嘛,激发他们的兴趣,无妨!"看来,我真是老了,审美观落伍了。

封面宣传语也有特点:

湘上农人成功逆袭官场大佬。

未有败仗的晚清军神。

林则徐:一见倾倒,诧为绝世奇才。

梁启超:五百年来第一伟人。

其二，出大部头纸质书愈来愈难，原因在于读者群愈来愈少，购买数愈来愈低，加之出版体制改革，故必须识此时务。

为了摸清各个出版社出书的类型和特点，我在网上作了重点查阅，看到有一篇记者采访时任中华书局总经理李岩的访谈录《坚守文化担当，做硬派出版社》。李岩有段话入木三分："虽然说电脑已经普及，纸质书和电子书将会长期并存，原因在于电脑给人提供的是大量的、来不及思考的快餐式的信息，但人是需要看着纸质书静静地思考的，否则人的智力将会退化。""目前出版界的整体素养需要提升。中国消费者读书日益减少，造成出版业很多功利性现象产生，这些也是出版企业缺乏使命感的表现。老字号企业存活百年，不挣钱不可能，但挣钱要有底线，坚定文化担当，提供真正的好书。中华书局也要力争做有个性、硬派的出版社。"

这番话让我很欣慰——仍有出版社在坚守底线，做"硬派"出版社。

2021年下半年，战友、文友李忠效建议我写《左宗棠在西北的那些事儿》。这个主意甚好，我一口气写出32篇。我的昔日学生、人民日报社山东分社社长徐锦庚得悉后，觉得适逢其时，先在人民日报社山东分社微信公众号"东岳客"上连载，又在人民日报客户端、人民网上推送。接着，"金羽毛文苑"等新媒体也纷纷转载。青岛出版社看到后主动联系我，很快拍板决定出版。

能得到青岛出版社的青睐，我十分高兴，因为我同他们有缘。20世纪60年代到80年代初，我在驻青岛的驱逐舰部队工作时，青岛出版社的前身青岛出版办公室常向我约稿。更巧的是，青岛出版集团现任总编辑李海涛先生，竟是我的战友李延保之子。战友李延保曾在驱逐舰支队工作过。于是，我们立即建立微信联系，志同道合，情感融洽；知之深化，灵犀相通。

此书能在短时间内出版发行，人民日报社山东分社"东岳客"和"金羽毛文苑"的编辑，青岛出版社社科人文中心总编辑吴清波和责任编辑李康康等都付出了很多心血，在此一并表示衷心的感谢！

陈明福

2022年4月15日

（编者按：本书所参考的主要书目已于书后列出。编者通过各种渠道多方联系相关图书的作者，但由于许多书成书时间久远，其作者已难以取得联系。本书作者陈明福先生已于2022年不幸去世，书中内容如有其他不足之处，敬请谅解指正！）